高校社科文库
University Social Science Series

教育部高等学校
社会科学发展研究中心

汇集高校哲学社会科学优秀原创学术成果
搭建高校哲学社会科学学术著作出版平台
探索高校哲学社会科学专著出版的新模式
扩大高校哲学社会科学科研成果的影响力

田秀萍/等著

职业教育资源论

On the Vocational and Technical Education Resources

光明日报出版社

图书在版编目（CIP）数据

职业教育资源论 / 田秀萍等著. －－北京：光明日报出版社，
2010.4（2024.6 重印）

（高校社科文库）

ISBN 978－7－5112－0677－0

Ⅰ.①职… Ⅱ.①田… Ⅲ.①职业教育—资源开发—研究
②职业教育—资源利用—研究 Ⅳ.①G71

中国版本图书馆 CIP 数据核字（2010）第 046081 号

职业教育资源论

ZHIYE JIAOYU ZIYUANLUN

著　　者：田秀萍　等

责任编辑：刘　彬　　　　　　　责任校对：罗青华　刘学军
封面设计：小宝工作室　　　　　责任印制：曹　净

出版发行：光明日报出版社

地　　址：北京市西城区永安路 106 号，100050

电　　话：010-63169890（咨询），010-63131930（邮购）

传　　真：010-63131930

网　　址：http://book.gmw.cn

E － mail：gmrbcbs@gmw.cn

法律顾问：北京市兰台律师事务所龚柳方律师

印　　刷：三河市华东印刷有限公司

装　　订：三河市华东印刷有限公司

本书如有破损、缺页、装订错误，请与本社联系调换，电话：010-63131930

开　　本：165mm×230mm

字　　数：252 千字　　　　　　　印　　张：14

版　　次：2010 年 4 月第 1 版　　　印　　次：2024 年 6 月第 2 次印刷

书　　号：ISBN 978－7－5112－0677－0－01

定　　价：68.00 元

序

　　唐山是河北的工业重镇，有中国近代工业的摇篮之称。这里曾经诞生过中国的第一台蒸汽机车、第一条标准轨铁路、第一座现代化矿井、第一桶水泥、第一件卫生瓷……唐山工业职业技术学院就是在这样一座城市中诞生、成长、壮大起来的。由于从事职业教育研究的缘故，对于这所学校的办学经历和办学特色早有耳闻，也曾受河北省教育行政部门的邀请对该校进行过实地考察。该校宽阔的厂房、轰鸣的机器、繁忙的车间，都给我留下了深刻的印象。田秀萍教授作为一名长期在职业教育第一线辛勤耕耘的基层校长，能够撰写出这样一部视角独特的职业教育专著，既在意料之外，又在情理之中。

　　职业教育固有的开放性，客观上要求对职业教育资源进行整合，使更多的社会资源发挥教育作用。职业教育要提高质量，就必须转变人才培养模式；要转变人才培养模式，就必须融入产业、行业、企业、职业和实践要素，也就是进行社会资源和学校资源的整合。当前，一些职业院校的特色不够鲜明，突出表现在与行业企业联系不够紧密，为了办学而办学，专业设置与产业结构脱节，教学内容与工作内容脱节，学生学习与生产劳动脱节，不同程度地存在着"两张皮"现象。因此，当前职业教育改革的重点就是促进职业院校与企业的融合，包括办学、运行、教学和环境等方面的融合。换言之，职业教育资源的系统整合，是当前职业教育改革与发展的一个核心问题。

　　我国职业教育的先驱者——黄炎培先生早在20世纪20年代就指出了职业教育的社会性特征。他认为："只从职业学校做工夫，不能发达职业教育；只从教育界做工夫，不能发达职业教育；只从农、工、商职业界做工夫，不能发达职业教育。"他曾多次强调办职业教育必须沟通与整个教育界和职业界的联系，参与全社会的活动，不能就教育而论教育，就办学而谈办学。尽管一个世纪过去了，这一理念在当前职业教育改革中仍然具有重要的现实意义。离开行业、企业，职业院校不能完成专业开发，也不能完成课程开发。课程内容的选择，需要与行业企业实际的工作内容协调起来，不能滞后，也不能过于超前；教学人员不能只是学校的专职教师，企业人员需要大量地参与到职业教育的教学过程中；教学场地、教学设备一部分要由职业院校准备，还有一部分要由企业提供。正因为职业教育与经济是紧密联系的，情况也就千差万别，联系的方式也应该多种多样。例如，办石油开采专业的院校，在校内建生产性实训基地很困难，就可以与石油企业共建校外实习基地；办信息技术等专业的院校，建设校外实习基地也很困难，就可以创办校内的信息公司。总之，只有实现了职业教育与经济发展的紧密结合，有效促进社会发展，就说明资源配置和利用是合理的、科学的。唐山工业职业技术学院在这方面进行了大量的探索，从本书中可以看到他们的核心理念和实践轨迹。

这里顺便谈一下我对职业教育理论研究的观点。中国是世界上人口最多的国家，举办着规模最大的职业教育。然而，相对于德国等发达国家而言，我国职业教育专门研究机构的力量还很薄弱，远不能适应职业教育发展与改革的需要。职业教育实践工作者从事理论研究，不仅可以大大增强职业教育研究力量，形成我国职业教育研究的"联合舰队"，而且这本身也是对职业教育研究资源的有效整合，可以产生更多的优秀研究成果。在此，真心希望更多的职业院校人员将宝贵的实践经验付诸文字，以实现经验共享，促进我国职业教育的改革与发展。

上海市教育科学研究院副院长　马树超
2010 年 5 月 8 日

前 言

职业教育是我国国民教育体系的重要组成部分，是我国经济和社会发展的重要基础。推动职业教育的改革与发展，是实施科教兴国战略、促进经济和社会可持续发展、提高我国国际竞争力的重要途径，是加快人力资源开发、全面提高劳动者素质、发展先进生产力的必然要求，也是拓宽就业渠道、促进劳动就业的重要举措。国务院颁布的《关于大力发展职业教育的决定》以及中办、国办联合出台的《关于进一步加强高技能人才工作的意见》，都充分表明了党和国家对职业教育发展和高技能人才培养的高度重视。发展职业教育已经成为我国促进经济和社会科学发展的战略举措。

然而，不可忽视的是，我国的职业教育起步较晚，资源相对不足，特别是缺乏人才培养模式改革所需的教师资源和实训基地资源。如何立足中国国情和职业教育现状，挖掘资源潜力，发展新的资源，提高资源效益，是职业教育院校面临的一个重大课题。唐山工业职业技术学院经过30年的探索和实践，经历了由中等职业学校向高等职业院校的发展，从单纯的职业技能培训向学历教育的融通，将兼并、买断、接收的15个中小企业和学校资源加以整合，走出了一条"企业化管理，产业化运作，集团化发展"的办学之路，形成了"前校后厂，产学一体；服务区域，多元发展"的办学特色，对职业教育资源整合有着较为深刻的理解。

本书将职业教育资源作为重点研究内容，从教育学、经济学、管理学、社会学、文化学等多个视角，审视职教资源问题，按"提出问题—分析问题—解决问题"的思路，试图从职业教育的本质特征出发，以"校企合作、工学结合"为主线，理论紧密联系实际，以办学实践体验为依据，并参阅相关资料，通过较为综合的梳理、提炼和升华，给出了在现有条件下职业教育资源系统整合之实施路径及操作方法，与职业院校同仁共同交流，并力求提供一个可供参考借鉴的模式，通过对职教资源进一步的开发利用和深层次的改革创新，以促进职业教育又快又好可持续发展，完成为生产、建设、管理、服务第一线培养输送高素质高技能人才的迫切任务和神圣使命。

目前在企业管理和学校管理方面有大量的著作，专门进行资源开发研究的专著也有很多。但是，对职业教育资源的专项研究，特别是关于"校企一体"的集团化机构人力资源、物质资源、信息资源统筹管理的参考文献较少。目前，教育部正在组织建设100所高职教育示范校和1000所中职教育示范校，各省、市也在建设一批示范性职业院校。这些示范校首要任务是推行"校企合作、工学结合"的人才培养模式，要求建立校内生产性实训基地，这就需要将生产资源和教育资源进行系统整合。

参与本书编撰的人员还有陈玉阁、崔发周、张建军、胡珍芬。

由于条件和水平限制，本书肯定存在一些不妥之处，敬请读者谅解并提出宝贵意见。

田秀萍

2009 年 9 月

CONTENTS 目　录

第一章

职业教育资源概论

　　资源是一切可被人类开发和利用的客观存在。《辞海》对资源的解释是："资财的来源，一般指天然的财源。"联合国环境规划署对资源的定义是："所谓资源，特别是自然资源，是指在一定时期、地点条件下能够产生经济价值，以提高人类当前和将来福利的自然因素和条件。"显然，这种解释只是针对自然资源的。马克思在《资本论》中说："劳动和土地，是财富两个原始的形成要素。"恩格斯也谈到："其实，劳动和自然界在一起它才是一切财富的源泉，自然界为劳动提供材料，劳动把材料转变为财富。"① 马克思、恩格斯关于资源的定义中，既指出了自然资源的客观存在，又把人（包括劳动力和技术）的因素视为财富的另一不可或缺的来源。可见，资源的来源及组成，不仅是自然资源，而且还包括人类劳动的社会、经济、技术等因素，还包括人力、人才、智力（信息、知识）等资源。在信息社会中，所谓资源，指的是一切可被人类开发和利用的物质、能量和信息的总称，它广泛地存在于自然界和人类社会中，是一种自然存在物或能够给人类带来财富的财富。或者说，资源就是指自然界和人类社会中一种可以用来创造物质财富和精神财富的，具有一定量的积累的客观存在形态，如土地资源、矿产资源、森林资源、海洋资源、石油资源、人力资源、信息资源等。

　　教育资源是人类社会资源之一。教育资源包括自有教育活动以来，在长期的文明进化和教育实践中所创造积累的教育知识、教育经验、教育技能、教育资产、教育费用、教育制度、教育品牌、教育人格、教育理念、教育设施以及教育领域内外人际关系的总和。教育资源伴随着教育实践，不断积累着、扩展着、丰富着自身精神的和物质的内涵，成为今天的教育事业得以生存和发展的基础和土壤。历朝历代的圣贤们，基于对各种各样的与教育有关的资源的认

---

　　① 《马克思恩格斯选集》第 4 卷 . 1995 年 6 月第 2 版 . 第 373 页 .

识、利用和积累，使得教育资源逐步形成了今天这样内涵丰富、理念纷繁、结构庞杂、产业兴盛、自成一体的资源系统，成为源远流长的人类文明的精华和重要组成部分。

教育资源建设是教育信息化的基础，是教育改革与发展的基础条件，是需要长期建设与维护的系统工程。本书主要从我国职业院校发展的角度出发，以提高内部资源配置效益为目的，讨论职业教育资源开发与利用的相关问题。

一、职业教育资源的定义、特点与分类

1. 职业教育资源的定义

由于职业教育具有很强的开放性和职业性，导致了职业教育资源的复杂性和多样性，人们对它的理解各不相同，因而有不同层次、不同属性的职业教育资源。职业教育理念、职业教育师资、职业教育实训基地、职业教育课程等等，都是职教工作者一直都在努力开发建设的重要资源。所谓职业教育资源，主要是指促进职业学习者职业道德和职业能力发展的有形的和无形的各种要素。

职业教育资源具有层次性和结构性。从社会的层面说，社会经济政策、企业、校园、经费、校友、其他类型教育，乃至国外职教理念、课程、师资等，都是可利用的资源。早在上世纪 20 年代，黄炎培先生就看到了职业教育资源的广阔性，他认为："（一）只从职业学校做工夫，不能发达职业教育；（二）只从教育界做工夫，不能发达职业教育；（三）只从农、工、商职业界做工夫，不能发达职业教育。"即，办职业教育必须沟通与整个教育界和职业界的联系，参与全社会的活动，更多地探寻与职业教育外部环境的适应问题。这种思想在整个工业化和城市化的进程中都有着重要的现实意义。从专业层面来说，生源、教学团队、课程、实训基地、校园网络、图书资料以及专业协作组织等等，都是专业建设不可缺少的资源。从教师层面来看，能够调配和利用的主要是教学资源，包括实训实习设备、教材、网络资源、教室、学生等，其中网络教学资源是当前一个时期内对教学建设有着重要作用的资源。网络课程和素材类教育资源建设是基础，是需要规范的重点和核心。

2. 职业教育资源的特点

职业教育资源的构成，有其自身的规律和特点。职业教育资源除了具备社会资源的一般性特点外，还有以下特点。

（1）公益性。职业教育资源的公益性是指公众受益的特性。一方面职业教育活动与企业生产经营活动具有衔接性，另一方面学习者职业道德水平和关键能力的提高，对于整个社会发展都是一笔巨大财富。因此，职业教育整体上是一项面向社会的公益性事业，这是人们对职业教育的利益属性和价值特征的基本判断。职业教育资源的公益性决定了职业院校的校舍、实习基地、教学团队主要依靠政府投资，教育目标也是为区域经济社会发展服务。

（2）产业性。职业教育的产业属性是与工业化和城市化的发展，以及教育内容和教育模式的改革紧密相关的。一方面，职业教育可以直接促进行业、企业的发展，提高经济效益；另一方面，职业教育可以提高学习者的收入水平，改变居民家庭的经济状况。职业教育的产业性是制定学费政策以及企业发放实习补贴的基本依据。公益性和产业性是职业教育的两种基本属性。

（3）流动性或开放性。职业教育资源构成因素的多元性和复杂性决定了其本身的不稳定性。职业教育资源流动性主要表现在：教师资源的流动、学生资源的流动和经费资源的流动等方面。特别是在教师资源方面，需要有一支庞大的兼职教师队伍，他们既是企业的人力资源，也是职业院校的教师资源，这些兼职教师就像是流动着的"活水"，使职业教育永久地保持活力。一个合格的职业院校校长，一定是一个善于资源整合的大师。

（4）多样性。与其他类型教育相比，职业教育不仅需要师资、实训基地、职教课程等不同类型的资源，而且每一种资源类型也是多种多样。在师资队伍上，既要有高水平的专任教师，还要有满足需要的兼职教师；在实训基地方面，有校内基地与校外基地、专项基地与多功能基地等等；在课程方面，既有学科课程、显性课程和必修课程，又有活动课程、隐性课程和选修课程。职业教育资源的多样性决定了职业教育办学模式和职业院校管理的高度复杂性。

（5）继承性。和所有的资源积累一样，职业教育资源也不是现代人独有的发明创造，是伴随着职业教育的发展，逐步积淀而成的。特别是职业教育思想和职业教育理念，是古今中外职业教育实践经验的总结和许多先行者教育理论思维的结晶。我国目前的职业教育改革，一直都在借鉴国外先进的职业教育理念和陶行知、黄炎培等先辈的思想。职业教育资源的继承多以社会化公共产品为载体，以精神文化成果为体现，最终为实现职业教育自身价值服务。

（6）差异性。职业教育资源的差异性是由于社会经济发展的不平衡性、管理体制和供给方式的差异性、社会对人才需求的信息不对称等原因形成的。职业教育资源的差异不仅存在于不同区域、不同层次之间，也存在于不同学校和不同专业之间。在某些学校建设第二代校园网、推行校园一卡通的同时，也有一些学校连开展多媒体教学都很困难。职业教育投入的差异、环境及条件的差异、生均职业教育经费的差异、教师收入的差异、师资水平及教学质量的差异等，说到底都是职业教育资源的差异。

3. 职业教育资源分类

根据职业教育资源的不同属性特征，可以进行不同的分类。

（1）按形态分类。按照资源的实际存在形式，可以分为人力资源、物质资源、信息资源、文化资源等。人力资源包括教师、学生、管理人员以及校友等，既是资源管理的主体，也是资源管理的客体；物质资源包括校园物质环境、实训基地、教室、图书资料等，是职业教育活动的物质基础；信息资源主要包括教学信息资源和管理信息资源两种，前者包括教材、教案、题库、案例库、多媒体课件等，后者包括管理制度、基础数据、教学计划、调研报告等；文化资源主要是指办学理念、学院精神、校风校貌等。其中人力资源和物质资源是有形资源，信息资源和文化资源主要是无形资源。在信息社会中，信息资源和文化资源的作用越来越重要。

（2）按分布范围分类。按照资源的分布和来源，可以分为内部资源和外部资源。内部资源是学校内部可以随时利用的各种资源，如专任教师、校内实训基地、图书馆、校园网等；外部资源是在校外存在的可供学校选择并有益于职业教育活动的资源，如企业技术人员可担任兼职教师，工厂可作为校外实训基地。校内资源具有基础和平台的作用，是保证职业教育活动稳定性的前提；校外资源是校内资源的必要的有益的补充，是提高职业教育质量的必备条件。随着职业教育改革的发展，目前出现了一些校企共建的新型资源组合方式。

（3）按用途分类。按照资源在职业教育活动中所起的作用，可以分为基础资源、教学资源、实训资源和网络资源等。基础资源是所有职业院校共有的一些资源，如教学行政用房、餐厅、宿舍、道路、水、电、暖、通讯等；教学资源主要是指组织理论教学所需要的教师、教材、教室、电教设备等；实训资源是指为了让学生以真实或仿真的工作过程进行实践学习所需要的场地、设备及相应管理制度，通常分为校内实训基地和校外实训基地；网络资源是指通过校园网可利用的各种教学资源和管理资源，可分为自建资源和共享资源两种，其中共享资源的利用是提高办学效益的重要途径。

（4）按时间分类。按照资源开发利用的时间，可分为历史资源、在建资源和未来资源。历史资源是指已被开发利用，经过较长时间积累的资源，如校舍、办学理念、学院精神等；在建资源是指当前正在开发的资源，如师资队伍、课程、教材等；未来资源是指具有潜在作用，尚未被开发的资源，如高等学校的在校研究生可能会成为未来的职教师资，中小学在校生可能会成为职业院校未来的学生，各类企业都有可能成为未来的校外实训基地等。随着时间的推移，历史资源、在建资源和未来资源可以相互转化，历史资源可以再度开发，潜在资源可以转化为现实资源。由于职业教育活动的连续性，历史资源、在建资源和未来资源只是一种大致的划分，有时难以精确地进行界定。

二、职业教育资源在职业教育改革和发展中的作用

职业教育作为社会生产的前期活动，必然要投入相应的资源。否则，职业教育就无法进行。为了充分发挥职业教育资源的效益，最大限度地避免资源限制和浪费，首先应该正确认识职业教育资源的作用，达到"人尽其才，物尽其用，财尽其效，地尽其利"的目标。从我国职业教育改革与发展的实际来看，职业教育资源的作用主要表现在以下几个方面：

1. 对人才培养模式改革的基础作用

20 世纪 80 年代，我国的职业技术教育迅猛发展，一批普通中学改办为职业学校，建成了一批县级职业教育中心，掀起了职业教育的第一次热潮。这一时期的职业教育对于缓解当时职业技术人才青黄不接的矛盾起了重要作用。但是，由于职业院校刚刚成立，资源不足的问题非常严重。资源不足导致的直接后果是：（1）专业设置不能对接产业发展需要，重复设置现象非常严重，大量开办文秘、会计、计算机等办学条件要求较为简单的专业。一张课桌、一支粉笔就支撑起了一个专业，相当一批教师是由基础文化课教师改行而来的，办学经费也少得可怜，以至于人们误认为职业院校可以随时开设任何专业。（2）专业人才培养模式带有基础教育和普通高等教育的痕迹，基础课比重过大，教学内容与培养目标脱节，注重基础能力培养而忽视专门技能，尽管学生也进行一些支离破碎的技能训练，但无法完成系统化的工作任务。

通过总结正反两方面的经验，人们逐步认识到，职业教育要适应经济社会发展的需要，就必须采用工学结合、校企合作的人才培养模式。所谓工学结合，就是学习的内容是工作，在工作中学习。① 这样的培养模式要求职业院校

① 赵志群. 职业教育工学结合一体化课程开发指南［M］，北京：清华大学出版社. 2009.4：1.

配备比实际生产过程更优良、更先进的实习设备和技术水平较高的专业教师。换言之，职业院校需要拥有比企业更多更好的资源。缺少必要的资源条件，工学结合就成了一句空话。当然，工学结合并不是完全在校内完成，通过校企合作，实现生产资源与教育资源的共享，是职业教育资源配置的最佳模式。

2. 对学生职业发展的促进作用

职业教育的根本任务是促进学生职业道德的形成和职业能力的发展。学生职业素养的形成，除了必要的教学设备条件之外，还有两个最重要的条件：一是师资，二是文化环境。教师对学生职业人格和职业能力的形成具有直接作用，没有合格的教师，就不可能有合格的学生。具有良好人格和教学能力的教师，可以矫正学生的不良习惯，培养学生的责任意识、创新意识、质量意识、环保意识、安全意识和工作能力，成为学生职业生涯发展历程中的引路航标。而不合格的教师，不仅不能正确地对学生加以引导，还会使学生受到终生的伤害。在师资条件满足以后，校园文化环境就成为影响学生职业发展的一种间接因素。譬如，长期生活在桌椅摆放不齐的教室，设备脏乱不堪的车间，学生很难养成整洁有序的习惯。再如，如果教室中悬挂的都是科学家的画像，学生可能就希望升入本科院校继续深造，成就一个科学家的理想，反之，如果公共场合大量悬挂发明家的画像，可能就会引起学生技术创新的兴趣，立志成为企业自主创新所需要的技术技能型人才。一些行业性的职业院校，以职业服装作为校服，在校园中尽可能地摆放一些行业用品、工具、标志等，对于学生毕业后迅速融入职业环境具有重要作用。

3. 对教师专业化发展的促进作用

首先，教师的成长需要文化传承和制度保障。教师资源是职业院校的第一资源，也是资源开发利用的重点和难点，而教师的成长需要文化熏陶和制度保证，从这种意义上说，有利于师生发展的文化资源是职业院校最重要的资源。其次，规模适度、结构合理的教学团队，既是专业建设的主体，也是教师个体健康成长的良好环境。当团队整体水平较低时，优秀人才的作用将会不同程度地受到削弱。第三，职业院校教师培训需要大量的经费。职业院校不仅需要学生培养的经费，也需要教师培养的经费，在国家职业教育师资培养体系不完备的条件下更是如此。

4. 对专业设置与调整的重要作用

由于职业教育与经济发展联系紧密，经济结构、产业结构的调整必然会导致专业结构的调整。在农业经济和手工业经济时代，生产工具和生产工艺几十年不变，职业教育以师徒传授的方式进行，与生产活动同步进行，基本不涉及专业调整之类的问题。当今职业教育面临的形势则完全不同，目前我国正处于工业化与信息化相融合的阶段，工业化、信息化、城市化、市场化和国际化的潮流势不可挡，国家发展战略也由模仿跟进转向自主创新。职业院校只有适应这种变化，才能发挥出其应有的作用。专业结构的调整通常包括产业需求调研、调整方案设计、资源准备、人才培养方案设计以及招生准备等若干步骤，每个步骤都要耗费一定的资源。

5. 对社会服务的重要作用

职业院校，特别是高等职业院校，不仅提供经济社会发展所需要的新增职业技术人才，还要为企业技术进步提供技术研发、技术咨询、技术培训等社会服务。一所优秀的职业院校，应该成为区域内的实用人才培养中心、技术研发中心和技术培训中心。只有这样，才可能实现职业院校与企业的紧密结合，校企合作培养人才的活动才可能持续地进行。相对于人才培养来说，技术服务对人才资源、技术资源、设备资源的要求更高。首先，技术服务活动因企业技术进步的需要而产生，对教师的创新能力要求更高。我国教师的整体素质缺陷之一就是创新能力不足，职业院校更是如此，但在技术服务领域，缺乏创新能力活动就无法进行。其次，技术服务活动需要花费更多的时间，而且在程序上不如教学活动那样固定，并存在较大的风险，难以制定资源耗费计划。在资源相对不足的条件下，学校常常优先配备教学领域之所需，只有在资源充足的条件下，技术服务资源才能得到可靠保证。第三，技术服务活动需要在更大范围上进行资源整合，管理难度更大。职业院校不仅需要配备技术服务所需要的人员，也需要与之配套的相应管理人员。

6. 对职业教育现代化的促进作用

职业教育现代化的基本特征之一就是信息化。信息技术是21世纪最具冲击力的核心技术之一，已经渗透到人类生活的各个领域。信息技术在职业教育领域的应用，带来的不仅仅是教学手段的改变，而是一场深刻的革命。通过信息技术与教育科学的结合，使职业技术教育中难于用语言描述的生产技术过程能够形象地展示出来，大大提高教学效果。譬如，轧钢过程中的"堆钢"事故、龙门刨床上的"飞车"事故、建筑物的坍塌事故等，在正常的实习过程中很难见到，但通过虚拟现实技术，可以使学生很方便地观察和分析整个事故过程；而利用航海信息系统，学生可以在实训室中模拟远洋航行，随时可以显示所到之处的海水深度。这种教育技术条件，需要巨大的人力、财力、物力的投入，在资源贫乏的条件下是很难想象、很难做到的。

三、职业教育资源研究的主要任务

职业教育资源在职业教育活动中具有基础和促进作用。职业院校要提高职业教育质量，增强自身特色，更好地为区域经济社会发展服务，就必须按照系统思想和方法，科学地开发利用职业教育资源，提高资源利用效率。职业教育资源研究的主要任务，就是探索发现现代技术条件下职业教育资源规划、开发、配置、利用和评价的规律，提高效率，避免浪费，为职业教育改革与发展服务。

1. 职业教育资源的规划与配置

开发和利用职业教育资源，就要根据职业教育活动的实际需要，搞清资源需求的类型和数量，合理配置资源。需要说明的是，这里讨论的资源规划与配置主要是在职业院校内部进行的。

（1）职业院校资源的规划

职业教育资源规划是指使职业院校稳定地拥有一定质量和必要数量的相关资源，以实现教育目标而制订的一套系统化措施，从而使学校改革与发展过程中资源需求与资源拥有之间相互匹配。资源规划的主要项目包括校园建设规划、师资队伍建设规划、实训基地建设规划、教育信息化建设规划等。职业院校职教资源规划需要解决三个方面的问题：一是从职业院校的目标与任务出发，如何合理配备符合质量、数量和结构要求的各种资源；二是如何形成资源管理的制度保障；三是如何按照发展的观点保持各种资源的动态适应性。资源规划是一种战略规划，着眼于为未来的教育教学活动预先准备人力、财力、物力以及各种信息，持续和系统地分析职业院校在不断变化的条件下对资源的需求，并开发制定出与长远目标相适应的保证制度。

为制定出科学合理的资源规划，需要具体考虑以下几个问题：

①需要何种资源？分析所需资源的种类，不能遗漏。一般来说，师资、教室、实训室、教材、设备、图书馆、运动场、校园网、餐厅、宿舍、卫生室等都是必需的资源，随着办学条件的不断完善，心理咨询室、娱乐室也逐步成为重要的教育资源。

②需要多少资源？根据目标和任务预算出各种资源所需数量，并保证一定

的冗余度。一些不可拆分或是不易改变的资源，应按照长期需要来计算。分析资源需求不能仅仅根据以往经验，应充分考虑人才培养模式改革的需要。譬如，在工学结合普遍开展的条件下，对传统教室的需求数量就大为减少。

③现有资源是否满足需要？随着专业结构的调整和人才培养模式的改革，现存资源可能已经不能满足新的需要，在进行资源规划时，要对现有的师资、设备、教材等条件进行详细分析，列入改造和补充计划。

④需要的资源从何处获得？在校企合作的条件下，必须分清哪些是校内资源，哪些是企业提供的资源，哪些是可以相互替代的资源，哪些不能相互替代。譬如，在某些专业采用虚拟现实技术，就能减少对企业生产设备的依赖。

⑤何种资源是关键资源或稀缺资源？资源的重要性不完全取决于教育价值，生活资源应优先于教学资源，教学资源优先于文化娱乐资源。在教学资源中，近期所需资源优先于后期所需资源，基础性教学资源优先于改进性教学资源。有些资源非常稀缺，需要重点保障。如高级软件开发人员在人才市场上缺口很大，身价也很高，招聘时要比文史类人才难度大得多。

⑥现有资源还有无挖掘潜力？在计算资源增量时，需要充分挖掘现有资源潜力。如食堂可以通过增加窗口或流动车辆提高服务能力，教师可以通过培训适应新专业的需要，有些人员可以通过延缓退休或返聘来弥补人员不足。

⑦资源由谁来使用？要提高资源利用效率，必须考虑资源特性与资源使用者的协调问题。如尽管有了先进的设备和工具，但使用者水平较低，就无法发挥资源效率，甚至可能会达不到原有的效率。一般而言，应通过培训使教师和管理人员适应设备技术的改进，使业务水平较低的同事适应业务水平较高的同事，这样才能促进改革与发展。

⑧资源在何时使用？资源使用的时间是资源规划中必须考虑的一个重要因素。考虑时间因素主要有两个目的：一是提高资源的时间价值，资源占用时间越长，时间价值就越低；二是合理确定资源开发和配置的时机，配置过早可能造成浪费，配置过晚可能会影响正常的教育教学秩序。如任课教师宜在课程开始三个月之前安排，而某些餐饮原料只能在学生入学前一周之内购置。

⑨所需资源自身的动态变化情况？除了考虑资源外部要求的动态变化之外，还要考虑资源自身的动态特性。由于技术的快速发展，实验实训设备的寿命周期迅速缩短，有些设备可能在购置完之后就已经落后了。人员的流动性、成长性和可塑性都是制定资源规划是应该考虑的因素。

职业院校的资源规划一般包括六个步骤，即：现有资源核查，资源需求预测，资源供给预测，制定计划匹配供需，规划执行和监控，资源规划评估。其中资源的核查与预测是制定规划的基础，计划匹配与执行是规划的核心环节，资源规划的评估是规划质量与效果的保证。

（2）职业院校资源的配置

职业院校资源配置的任务，就是根据资源规划所确定的目标和内容，将资源分配到相应部门和人员支配使用。资源配置决定着职业教育教学活动的效率，是提高办学效益的关键环节。资源配置合理，不仅可以充分发挥资源效益，而且还会产生一定的附加值。相反，无论多么好的资源，如果配置不合理，就可能导致资源的闲置和浪费。

根据职业院校的建设经验，合理配置资源应当遵循以下原则：

①系统原则。在进行资源配置时，应该以全局和整体的观点观察各个部门、各个环节、各项工作之间的联系，使资源发挥最大效用。从系统的观点看，资源配置必须处理好两个关系：一是总量与结构的关系。资源投入不仅要达到以货币金额表示的总量，还要形成合理的部门结构、种类结构和层次结构。譬如，教师结构不仅要考虑总的师生比，还要考虑专业、性别、学历、职称等方面的结构问题。二是当前需求与长远需求的关系。要将不同时间上的均衡性与资源配置的周期性结合起来，不宜过于集中，也不宜过于分散。如图书的购置应该根据出版情况随时进行，不能集中在某个月突击进行。同样，教师招聘也应逐年进行，形成合理的年龄结构。而网络建设则要各部门同步进行，防止形成信息孤岛。

②适用原则。资源配置的一个基本理念是，"只有适用的，没有最好的。"如笔记本电脑携带方便，适合于教师流动授课，但上网就没有台式电脑方便。需要注意的是，资源的整体合理配置需要建立在人力资源合理配置的基础上，如果某个部门主管水平不适应岗位需要，可能会排斥优质资源，出现"武大郎开店"现象。

③适量原则。资源配置不是越多越好，适当的资源冗余是必要的，但过量的资源可能会带来额外的负担。譬如，贷款额度远远超出实际需要，管理贷款会付出很大精力；人浮于事导致的效率损失更是尽人皆知。职业院校在预测资源需求数量时，还要将校企合作作为一个重要原则，企业生产资源与学校教育资源之间具有相互替代性。在需求总量基本不变的条件下，兼职教师和校外实训基地规模扩大了，专任教师和校内实训基地规模就可以小一些。一般来说，通用性较强的计算机应用、数控技术、会计等专业主要由职业院校配置资源，

而专业性较强、生产工艺不能间断的一些行业，如炼钢、炼油、航运等，主要资源需要由企业配置。

④效率原则。俗话说："好钢用在刀刃上。"在资源相对不足时，一个必须遵守的原则就是效率优先。对具有特色的优势专业、教学效果优秀的精品课程和具有较强创新能力的优秀教学团队，需要优先配置资源，这样才能实现优胜劣汰的目的。一些院校从保持人员情绪稳定的角度出发，常常采用"撒芝麻盐"的方式，均衡分配资源，这种方式潜藏着巨大的危害，严重影响职业院校服务经济社会发展的能力。还有一种情况，就是将设备等物质资源投向人力资源较弱的部门，以一种资源的非均衡配置保持总体的均衡。这种方式更为有害，既造成资源的浪费，又阻碍整体效率的提高。在整个工业化阶段，效率优先、兼顾公平应该是资源配置的基本原则。可以说，国家确定的百所示范性高职院校，都是资源利用效率较高的学校。

⑤动态原则。组织的结构不是一成不变的，资源结构也需要不断调整。首先，随着办学规模的扩大，资源总量需要不断增加。这种增加不是简单地按照算术级数递增，而是以几何级数增加。举例来说，一个过万人的职业学院，就不是按比例扩充几个系，而是层次结构的改变和管理组织的改变，需要按照大类设置二级学院，职能管理部门也需要细分，原来由院长办公室行使的规划、外事、档案等综合职能，需要由专职部门来完成。其次，随着技术发展，资源的种类结构不断发生变化，其中最突出的就是计算机设备及其耗材的增加，与之相关的人员也不断增加。第三，改革不断进行，技术不断发展，资源也需要更新和补充。一般来说，越是接近技术层面，资源更新的速度就越快。教师和管理人员在达到或接近退休年龄时，一般来说知识老化非常严重，与新生力量在思想观念、操作方法以及工作节奏上发生冲突，这时退休就成为最基本、最有效的资源结构调整措施。特别是在一些原有基础较为薄弱的学校，由于学校的快速发展，一些曾经是骨干的教师和管理人员，在退休时尚不能达到一般教师的水平。

⑥环保原则。环保问题解决的是人与环境的协调问题。职业院校在配置资源时，不仅要考虑到内部的需要，还要考虑环境的需要。首先，职业院校在配置一些稀缺资源时，不能与企业、社会发生严重冲突，必要时可采用一些替代资源。其次，资源的使用不能给环境带来危害，一些带有噪音、废气、废水的车间，应注意远离居民区和其他教学场所。第三，应注意通过管理的改进减少资源占用，厉行节约。譬如，在汽车维修专业，让学生利用事故车、报废车完

成拆装练习，不仅可以大大降低成本，还可以收到新车所不能达到的效果。此外，还要注意废物利用。

2. 职业教育资源的开发与利用

职业院校资源的规划和配置主要是决策层和管理层的工作，处于宏观和中观层面。职业教育资源的开发和利用是技术操作层面的工作，具体过程比较复杂，但也有一些共同规律。可以说，整个教育教学过程就是一个开发和利用资源的过程。

（1）职业教育资源的开发

或许有人要问，职业院校是一个教育机构，主要是配置和利用教育资源，为什么还要开发资源呢？这是由我国职业教育的特点决定的。一般而言，资源开发是对地下矿物、土地、动植物、水力、旅游等资源通过规划和物化劳动以达到利用或提高其利用价值以及实现新的利用，后者也称资源再开发或二次开发。开发资源可以为人类提供新的物质财富，且避免因未被利用而造成的浪费；将废物作为资源进行再开发，可以充分利用有效的资源，减少废弃物数量进而减轻处理的负担；可以节约非再生资源，以便为后代多保留些生活资料。对于我国的职业教育而言，大规模的现代职业教育活动只是近三十年的事情，具有特色的系统化的课程资源尚未形成，也没有德国那样的国家级的课程开发机构。目前的课程开发工作只能由各个职业院校独立完成，特别是对于高等职业院校来说，还没有形成一个公共的师资培养体系，师资开发是由高职院校自身完成的。可以说，我国的职业院校承担着人才培养、课程开发和师资开发多重职能。事实上，一些职业院校已经成为较为稳固的社会性师资培训基地。

课程资源开发是职业院校资源开发的重点和难点，是人才培养模式改革的关键环节。课程资源是指课程编排和课程实施所需要的人力、物力、财力和信息资源，这里特指课程实施所需要的教学标准、教科书、课程手册、教案、课件、题库、辅导材料等。由于工学结合的一体化课程是将理论教学与实践教学结合成一体，彻底改变了传统的教学模式，目前这种教材几乎是空白，已有的所谓"一体化教材"不是实践分量过轻，就是理论分量不够。真正实现工学一体的教学，在资源上还需做大量的开发研究。根据赵志群博士的研究，工学一体化课程中的学习任务由若干个"课业"组成，而每个课业都需要一定的"学材"，如：工作页、自学卡片等。学材的内容结构是：课业名称，课时数，学习情境和学习任务描述，学习目标，学习内容引导，背景介绍，评价建议，学习建议与说明等。① 编写这些学材，是职业院校专业课教师的一项重点工作。

教师资源的开发是职业院校资源开发的另一项重点任务。目前职业院校配备的专业课教师主要有两种成分：一是由普通工程技术院校培养的专任教师，二是来自企业一线的兼职教师。这些教师共同缺陷是缺乏满足需要的课程设计和教学设计能力，只能满足"老师教，学生学"的"填鸭式"教学，一般不能根据学习者特征开展以学生为中心的项目教学。如何将这些面向生产岗位（物）的"专业技术人员"变为面向学生（人）的"专业化教学人员"，是职业教育工作中最为薄弱的一个环节，也是职业教育人力资源开发研究的重大课题。

实施新的人才培养模式，还需要开发专业教室、实训基地和"学习车间"等基础资源。传统教室（包括多媒体教室）主要是为开展理论教学而设计的，不符合工学一体化教学的需要。"在专业教室中可设置针对全班的理论教学区，并为每个学生设置一个实践工位。大的专业教室还可以划分为小组讨论区、资料查询区、实验区和实操区等，从而把理论和实践合二为一。"② 在校外实习基地，还需要建设学习车间、学习岛等环境。这对今后一段时间内的职业教育来说，无疑也是一项耗资巨大的工程。

从职业院校的改革实践来看，国家应该提供必要的制度设计，并组织编写资源开发标准，使职业院校能够协作完成资源开发任务。

（2）职业教育资源的利用

职业教育资源利用的过程就是职业教育活动进行的过程。资源利用的核心问题是减少浪费，提高效率。效率的高低只有通过比较才会发现，所谓效率高，就是相对于其他院校来说，单位资源创造了更多的价值。我国是一个资源相对缺乏的人口大国，需要接受职业教育的人口数量十分庞大，要培养与现代化建设相适应的数以亿计的高素质劳动者和数以千万计的专门人才，就要合理配置职业教育资源，提高资源利用效率。这里主要是从职业院校内部来分析职业教育资源利用的相关问题。

教育资源利用效率的比较分析一般有两种方式：一是与理想状态进行比

---

① 赵志群. 职业教育工学结合一体化课程开发指南［M］，北京：清华大学出版社 .2009.4：85 ~ 91.

② 赵志群. 职业教育工学结合一体化课程开发指南［M］，北京：清华大学出版社 .2009.4：111 ~ 113.

较。"学生努力学，教师认真教，教学内容合理，教学方法得当，学校管理有方"① 是一种理想状态，偏离这种状态就存在浪费。二是同类学校或是同一学校的不同专业进行比较。在教育质量相同的条件下，培养的学生数量相同而耗费较高，就存在浪费。职业教育资源利用效率的分析主要从人、财、物三个方面分别进行。人力资源利用的基本指标是生师比，比值越大，效率越高。物力资源利用效率分析比较复杂，主要指标包括生均教学行政用房、生均占地面积、生均图书、生均教学仪器设备总值等。财力资源的利用效率实际上是人力资源和物力资源消耗的货币反映，可用生均培养成本来考核。对于职业院校来说，可以用毕业生对口就业人数来反映教育成果，以教育费用来反映资源消耗，教育成果与教育费用之比就是教育资源利用的综合效率。由于目前职业院校面临的主要任务是通过人才培养模式改革来提高教育质量，资源利用效率分析还没有受到普遍重视，还有许多问题需要深入研究。

从职业院校的实际来看，资源浪费主要表现在以下几个方面：一是对口就业率偏低，主要原因是专业设置不合理，学生缺乏科学的职业生涯设计，产业结构、专业结构与毕业生就业结构不协调。二是毕业生质量不高，缺乏企业自主创新所需要的创造和创新能力，不能解决企业面临的技术难题。三是教学管理不当，专业培养目标和课程内容的设置不够科学，教师配备带有很大的随意性，教学评价制度僵化。可见，提高资源利用效率，减少资源浪费，是职业院校管理的基本内容。令人遗憾的是，目前的职业院校较为缺乏专业化的教学管理人员，大部分教学管理人员是从教学人员中选拔出来的，较为普遍地缺乏必要的管理知识和能力，这是改善资源管理的瓶颈所在。

提高职业教育资源利用效率的主要途径是实现科学管理。具体来说主要有以下几个方面：一是通过办学模式改革，加强资源的综合利用。生产领域的人员和设备与职业教育领域的人员和设备具有一些相同的属性，可以实现一定程度的共享。通过合理的办学模式，可以使这两种资源在最大程度上交互利用。二是通过人才培养模式改革，提高教育质量。由教师中心教学模式转变为学生中心教学模式，适应国家发展战略的转变，是人才培养模式改革的核心目标，也是制定一切改革措施的基础。如果不彻底改变以传授方式培养学生模仿能力的模式，就不可能从根本上改变职业教育资源效率低下的状况。三是通过管理体制改革，提高管理工作效率。在信息化的条件下，职业院校应通过建立高效

---

① 范先佐. 教育经济学［M］. 北京：人民教育出版社，1999.12：261.

的管理信息系统，提高校内资源的共享程度，真正做到人尽其才、物尽其用。

3. 职业教育资源的整合与评价

职业教育资源的整合与评价是一种在资源开发利用基础上进行的深层次的资源管理活动，也是下一步资源规划和配置的准备活动。

（1）职业教育资源的整合

资源整合，是职业院校战略调整的手段，也是学校管理的日常工作。职业教育资源整合就是通过优化内部资源配置，完善专业结构和课程结构，达到整体的最优化。在我国职业教育模式尚未完全定型，教学团队和实训基地还很薄弱的条件下，资源整合对职业院校的改革与发展具有战略意义。

资源整合的过程是职业院校对不同来源、不同层次、不同结构、不同种类的资源进行识别与选择、汲取与配置、激活和融合，改变其组织结构，使其具有较强的系统性，并创造出新的资源的一个复杂的动态过程。资源优化配置的目的，就是根据学校的发展战略和社会需求对相关资源重新配置，提高学校的社会服务能力，努力寻求职业教育活动与经济活动的最佳结合点。

职业院校的资源整合通常有以下几种方式：

①专业整合

在传统的职业教育办学模式下，教育目标是实现教育主体（职业院校）与教育客体（学生及家庭）之间的协调，专业设置是根据职业院校自身办学条件和学生的学习意愿而定的。这种模式的最大缺陷就是忽视用人主体（企业）的实际需求，是一种人才供给模式，用人单位只能被动地接受职业院校毕业生，对教育过程缺乏话语权。在职业教育总体规模较小，用人需求和学习需求都很强烈的情况下，职业院校的教育活动可以维持下去，甚至从表面上看还红红火火。事实上，许多地方就是以在校生人数的多少来评价职业院校的办学成果。但是，当职业教育的规模逐步扩大时，这种模式的缺陷就充分暴露出来：一是企业在人才市场的选择余地增大，某些专业岗位供求比例达到几倍、十几倍，使职业院校毕业生的对口就业率变得很低。二是企业对毕业生质量要求提高，是否具备解决生产技术难题的能力成为一个重要的选择标准，而绝大多数毕业生不具备这种能力，"高技能人才"这个名词就是这样产生的。政府仅凭直觉就能意识到这个问题的存在，因而对职业教育的投资极为谨慎。这种"学校主体式"的、封闭的、传统的职业教育模式，其根本问题可以归结为一句话，就是资源利用效率太低，或者说造成了大量的资源浪费。

从职业教育的本质属性来看，职业院校只是一种特殊的中介机构，功能是将人口资源转变为人力资源，供企业使用。人才的最终选择、使用、评价都是由企业完成的，企业用人的链条断裂，整个职业教育活动就无法进行下去。因此，职业教育应该适应经济社会发展的需要，实现"三大转变"，即：由"学校主体模式"转变为"企业主体模式"，由"封闭模式"转为"开放模式"，由"招生导向模式"转为"就业导向模式"。实现这一转变的突破口，就是进行专业整合，按照企业、行业、产业发展的需要设置专业，使专业结构与产业结构相吻合。在企业主体模式下，职业院校开设什么专业，主要由企业人员组成的专业指导委员会决定，校企合作配置专业资源。对于因盲目发展而过剩的数控技术、计算机应用技术、会计等专业，及时撤并或改办，而对企业急需的中小企业管理、市场营销、设备维修、软件技术、焊接技术等专业，及时调配资源，迅速形成培养能力。职业院校的招生、就业、教务管理等部门，应该适应由封闭模式向开放模式的转变，适量补充合格人员，深入企业、行业开展调查研究，主动为企业、行业发展服务。

②课程整合

专业整合为资源利用效率的提高奠定了基础。要真正能够培养出高素质的技能创新型人才，必须在课程层面进行资源整合，保证课程内容适合企业发展的实际需要。传统的课程模式主要是"文化基础课 + 专业基础课 + 实习"的学科课程模式，学生接触生产实际很少，课程内容是技术知识系统化的，而不是工作过程系统化的。学习情境主要是教室和课本，多媒体技术手段也主要是将课本内容以投影的形式展示出来。在这种课程模式下，学生不能形成解决实际问题的能力，进入工作领域后感到十分陌生。

课程资源整合的基本途径，是根据专业培养目标和实践工作者调研确定典型工作任务，按照教学规律将每个典型工作任务转化为一个教学领域，并将每个教学领域细分为若干课业。课业可以是理论性的原理知识，也可以理论与实践一体化的教学项目。确定课业内容的基本依据是典型工作任务的特征，自动化、信息化程度高的工作任务需要系统化的原理知识，而传统的、机械化的工作任务可采用工学一体的方式。在课程模式方面，高等职业教育与中等职业教育有着本质的区别。尽管两个层次的教育都是以就业为目标，但中职毕业生只有中级或初级职业资格，而高职毕业生从一开始就具备高级职业资格。也就是说，中职教育面向的是那些入门起点较低的职业，高职教育面向的是入门起点较高的职业。举例来说，中等职业学校的数控技术专业毕业生可以成为一个中级车工，经过在岗位上的"做中学"逐步成长为高级车工、技师，而高职院校的数控技术专业毕业生可以直接成为工艺员，然后成长为维修技师或工艺工程师。

课程资源的整合将导致学科课程模式与活动课程模式的融合。融合课程不是将学科课程和活动课程简单地叠加在一起，而是根据专业特点、学生特征以及课程实施的条件，将学科课程教学与经验课程教学交替进行，教学单元可以是一个学科，也可以是一项活动项目，更多地是学科与活动的"混合体"。融合课程有两层含义：一是在整体上实现学科与活动的融合，既保持知识的系统性，又保持工作过程的系统性，能够培养具有较强创造能力、创新能力和创业能力的应用性人才。二是在一个教学单元中将学科内容与活动内容相融合，实现理论与实践的紧密结合，可以将活动穿插在一个学科之中，也可以根据需要将知识点分散在一项活动之中。学科与活动项目混合的单元最能体现融合课程的特征，也是课程开发的难点所在。这种课程适宜于电气自动化技术、软件技术、机电一体化技术这样的高新技术专业。

由于工作对象的多样性和复杂性，融合课程的教学情境可分为真实情境、仿真情境、虚拟现实三类。真实情境最直观、最形象，理论与实际结合最为紧密，但在校内难以实现化工、石油、冶金等行业的真实情境。仿真情境简便易行，成本较低，便于在学校实现，但与现实距离较大。虚拟现实在现代信息技术条件下模拟生产现场的一种新型方式，可以非常逼真地再现冶金、石油等行业的生产现场，而且可以展示在真实情境中无法观察和体验的情景，是一种对职业教育非常适用的现代教育技术。

为达到理论与实践融合的要求，融合课程的教学场所需要进行独特设计。首先，校内外实训基地必须具有足够规模。其次，实训场所与理论课堂要融为一体，便于学生查阅资料和教师集中辅导。第三，实习组织应采用企业的生产组织形式，使学生受到接近实际情境的训练。

③师资整合

实践指导教师是实施融合课程的关键条件，也是目前职业院校师资队伍建设中的薄弱环节。实践指导教师既应该具备系统的专业理论知识和丰富的教育科学知识，又应该具备经验形态的实践知识，但目前我国尚不具备这种教师的培养体系，现有的教师多数来自于普通高等学校，既缺乏技术实践经验，又缺乏教育理论知识。解决这一问题的现实途径主要有两条：一是从企业聘请具有丰富实践经验、适合从事教育工作的技术人员作为兼职教师，与学校专任教师组成"双师"结构的专业教学团队。二是对校内教师进行实践锻炼和教育知识培训，使其具备"双师"素质。但是，这里需要解决的问题还有不少，要组成一支优秀专业教学团队，上述途径的实现还需要解决一些"桥"和"船"的问题。

第一个问题是，企业专业技术人员的工作对象是技术和设备，他们熟悉生产技术过程，这只是教师素质的一个方面，如果要与专任教师配合完成教学任务，就要与学生打交道，工作对象是人，掌握必要的教育科学知识是客观要求。但是，目前专任教师的教育学培训尚不能充分开展，让企业人员迅速掌握教育专门知识和技能并不是一件很容易的事情。

第二个问题是，校内教师与企业人员组成"双师"结构教学团队，这是一种重要的师资整合，双方如何分工、如何配合，如何度过艰难的"磨合期"，还需要进行大量的探索。

第三个问题是，一个团队配合完成的教学活动需要更加复杂的教学设计，然而，目前的教师最缺乏的就是教学设计能力，连简单的设计都很难完成，立刻就去做复杂的教学设计师是不现实的。事实上，职业院校的许多教师都是凭着自己多年的教学经验在组织教学，形成了某种教学习惯。企业人员要积累足够的教学经验需要较长时间，在短期内如何保证教学正常进行是一个重要问题。

第四个问题是，我国是一个发展中国家，企业技术人员较为缺乏，大多数技术人员本职工作十分紧张，如果大量地担任兼职教师工作，势必产生一定的工作矛盾，怎样建立一种协调机制，也是一个很大的难题。

第五个问题是，一些高科技企业有着大量的技术机密，一般不允许员工从事兼职工作，这就使得计算机应用技术、软件技术等专业寻找技术水平较高的兼职教师非常困难。

第六个问题是，人才培养模式改革后实践性课程比例很大，有些学校达到50％以上，如果这些课程主要由企业人员担任，将会导致办学成本的大幅提高，资源利用效率会不同程度地下降。如何有效地加以补偿，需要认真研究。

第七个问题是，兼职教师的部分教学活动是在校外实习基地完成的，场地分散，开放度高，如何建立起有效的教学质量监控体系和相应的激励约束机制，对教学管理部门来说是一个巨大的考验。

第八个问题是，职业院校专业教师的理想标准是"双师型"，"双师结构"教学团队只是为了降低操作难度而做出的一项现实选择。那么，专兼结合专业教学团队建设的终极目标是形成稳固的教学组织，还是形成一支"双师型"教学队伍，这个问题似乎目前还没有得到广泛的关注。

第九个问题是，作为一项新的制度设计，应该经过小范围的实验，并对实验结果做出科学评价。但是目前既缺乏数量足够的专兼结合优秀教学团队的范例，又没有一套成熟的评价标准和评价方法，而且缺乏教学团队改进提高的制度保障。

④信息整合

随着教学活动的复杂化，特别是学分制的实行，信息资源整合对职业院校来说越来越重要。实际上，管理信息系统本身就是整合专业资源和课程资源的有效技术手段。具体来说，信息资源整合包括以下几个主要内容：

一是建立信息共享机制。包括内部人员的共享和校企之间、校际之间的共享。众所周知，由信息共享（InformationSharing）而实现人才培养全程的可见性（Visibility），由可见性而实现人才培养全程的可控性（Controllability），由可控性而实现职业院校的适应性（Flexibility），由适应性而实现社会满意（Satisfaction）。这就是信息资源整合的基本逻辑。可以说，随着信息技术的发展及其在职业教育领域的广泛应用，许多职业院校都建立起了校园网，硬件投资很大，但往往忽视信息资源整合，特别是信息共享机制的建立。如果在校企之间不能够建立起相互信任、相互依赖、长期合作和共同发展的战略联盟伙伴关系，则再先进的校园网都不可能保证"无缝对接"。所以说，信息资源整合的要害就是建立校企之间的信息分享机制。说到底，职业院校的信息资源整合不是一个技术问题，而是一个管理问题。

二是决策机制的变革。信息共享意味着管理过程透明化和决策权的分散。这与管理信息系统整合教学管理信息的路径正好相反。一方面，专业建设决策必须有相关企业参与；另一方面，从专业设置、课程设置，直到课堂教学内容的选择，需要进行层层授权，调动所有人员的积极性。这是由企业需求的多样化和个性化特点所决定的。因此，以满足企业需求为价值导向的职业院校就要求决策权限的分散和前移，要求组织结构的扁平化。实际上，职业院校管理组织结构的扁平化并不是简单的取消中间管理层，而是要让决策层更贴近企业，贴近教师，要让一线教师拥有充分的决策授权。在信息整合的同时分散决策权限是提高资源利用效率的可靠措施。

三是职业教育知识管理。数据经过加工能够成为有价值的信息，信息经过合理组织就成为可利用的知识，知识被教师和管理人员吸收就成为教学和管理智慧。职业教育没有相应的专门知识支持就不能提高质量，也不能达到企业满意。发达国家的职业教育之所以能够将其教育管理模式在全球推广，就是因为拥有专门的职业教育知识。没有知识管理，就不能将职业院校在教育过程中获得的有价值的信息和经验转化为能够支持学校持久发展的资源。在这方面，我国职业院校要做的工作才刚刚开始。

前面所述各种整合方式并不是孤立进行的。实际上，各种资源的整合都是相互联系的，一种资源的整合将为另一种资源的整合提供支持。

在新的人才培养模式下，主要的师资和实训设备等重要资源都是企业提供的，职业院校的优势就在于具有教育资源整合能力，能够提供与企业自主创新相适应的员工培训方案，开发相应的培训课程、教学团队和教学环境，为企业提供"一站式"的培训服务。

（2）职业教育资源的评价

所谓职业教育资源的评价，是在一定的职业教育价值观指导下，按照一定的标准、方法和程序，对资源配置合理程度、资源利用效率进行科学分析的活动过程。职业教育资源评价涉及到职业教育活动的整个过程和各个方面，应该由职业教育专家、企业专家、教师和学生共同完成。为了保证评价公正和准确，要充分重视成本—效益分析的作用，在评价时要征求企业部门领导和院校系部领导人以及教师们的意见，因为他们是资源的直接受益者。

职业教育资源评价活动一般来说包括以下三个方面：

①资源配置方案评价

虽然资源需求和利用的结果只有在教育活动完成以后才能得到最终检验，但为了给职业院校资源规划提供正确决策的可靠依据，有必要事先对预测结果和配置方案进行预备性的初步评价。由专家、用户及有关部门管理人员组成评估组来完成评价工作。评价者应考虑以下具体问题：预测所依据的信息的准确性、广泛性、详尽性、可靠性，以及信息的误差及原因；预测所选择的主要因素的影响与资源需求的相关度，预测方法在使用的时间、范围、对象的特点与数据类型等方面的适用性程度；资源规划者熟悉职业教育问题的程度以及对问题的重视程度；规划和方案的制订者与提供数据和使用人力资源规划的各个部门之间的工作关系如何；在有关部门之间信息交流的难易程度（如资源规划和方案制订者去各部门询问情况是否方便）；决策者对资源规划中提出的预测结果、行动方案和建议的利用程度；资源规划在决策者心目中的价值如何；规划实施的可行性；预测结果是否符合社会、环境条件的许可，有没有途径取得达到预测成果所必需的人、财、物、信息、时间等条件。

为了提高资源预测的可靠性，有必要使评价过程连续化。除了上述因素可以对一项资源规划评价时提供重要参考外，还要对如下几个因素进行比较：前期资源占用及利用效果与预测结果的比较，资源成本与预算额的比较，行动方案的收益与成本的比较。

②资源利用过程评价

资源闲置和浪费所造成的损失是无法弥补的。尽管对资源规划和配置方案已经做出了评价，但仍难免会存在一些瑕疵，甚至是重大疏漏。因此，在资源利用过程中，需要建立必要的反馈机制，及时对执行方案进行必要的调整，最大限度地提高资源利用效率。

资源利用过程的评价需考虑以下方面的问题：各专业的招生数量和生源素质是否达到了预期目标，哪些专业出现了资源不足，哪些专业出现了资源闲置；学生对资源配置的态度如何，对哪些地方满意，哪些地方不满意；学生经常不满的食堂宿舍问题，到底是资源配置问题，还是利用问题；教师对资源配置的态度如何，对哪些地方满意，哪些地方不满意，对资源配置有哪些建议，对资源的质量有什么改进意见；各种资源质量检验的标准是否具体、科学、有效，检验的程序是否严格，合格率多高，不合格的原因是什么；资源的投入是否超出了预算标准，超出的原因是什么；是否充分利用了已经公开的国家精品课程资源，对这些资源作了哪些补充，课程效果是否符合精品课程标准；教学检查人员发现了哪些问题，是否属于师资配置不当，应该如何补救，无法补救时怎样进行调换，教学管理者的分析是否准确；有没有学生请求调换专业和班级的情况，具体原因是什么，学生管理者的分析是否准确；是否有新的人员调入，如果有，主要资源的分配方案是否需要做出调整。

③资源利用效率评价

资源利用效率的评价是终结性评价，可在每个学期或学年结束后进行一次。资源利用效率评价应由学校综合部门组织，人事、财务、总务、教务、学生等职能部门参与。既要对学校的整体效率状况进行评估，也要对每个专业的效率状况进行评估。组织者要制订出具体的评价标准、评价程序和评价方法，保证评价过程的顺利进行。对评价过程要进行详细记录，将评价结果按标准要求写入评估报告表。评估报告不仅要如实地报告评价结论，还要作出详细分析，提出改进建议。

第二章

职业教育人力资源

职业院校人力资源的涵义随着院校组织定义的不同而有所不同。广义来看，职业院校人力资源包括职业院校的院校长、教职员、学生以及校外的社区人员。狭义而言，职业院校人力资源则包括管理者、专任教师、兼职教师及学生等。

职业院校人力资源管理是指配合院校发展目标，提升学校效能，对于学校人力从事甄选策略、任用策略、发展策略及绩效评估策略的规划、整合、执行的过程与活动。

一、职业教育教师资源

"振兴民族的希望在教育，振兴教育的希望在教师，建设一支具有良好政治业务素质、结构合理、相对稳定的教师队伍，是教育改革和发展的根本大计。"① 职业教育教师是职业教育的第一资源，教师水平决定了学校的教学质量和办学水平，决定了人才培养质量，反映了学校的学术地位和综合实力。培养和建立一支高素质、有特色的职业教育教师队伍是发展职业教育的关键。

1. 职业教育师资的特点与作用

职业教育是教育事业中与社会经济发展以及产业结构等诸多社会经济因素联系最为直接和密切的一部分，是当前教育体系中涉及面最广、受教育人次最多的一种教育。由于职业院校培养目标的特殊性及培养对象的特点，决定了职业教育教师具备教师职业所必须的基本特征外，还要有其独特的内涵和区别于其他类型教育教师的职业特点。

作为一种相对独立的教育类型，职业教育与职业工作世界，与人们所从事

---

① 国务院. 中国教育改革和发展纲要［A］. 1993 年 2 月 13 日.

的职业密不可分。职业教育学者姜大源指出："任何职业工作和职业教育，都是以职业的形式进行的。它意味着，职业的内涵既规范了职业工作（实际的社会职业或工作岗位）的维度，又规范了职业教育（职业教育的'专业'，职业教育的课程和职业教育的考试）的标准。"① 可见，职业教育的职业性对于职业教育领域知识内容的特殊性产生着重要的影响。就职业教育教师而言，其知识领域不仅应涵盖普通教育学和教学论知识，还必然涉及职业教育学与职业教学论的知识范畴；职业教育教师所应掌握的专业知识，不仅应包括一般性专业科学的知识，还必须包括关于职业工作过程的知识。

具体来说，现代职业教育要求职业教育教师不仅应具备科学研究的能力、过硬的理论功底，即专业技术能力，还必须掌握与工作过程、技术和职业发展相关的知识；不仅要致力于职业专业知识的传授，还要具备从教育学角度将这些知识融入职业教学的能力；不仅须具备发现问题的能力，还要具备制定解决问题方案和策略的能力；不仅须熟悉相关职业领域里的工作过程知识，还要有能力在遵循职业教学论要求的前提下，将其融入课程开发之中并通过行动导向的教学实现职业能力培养的目标。由此，职业教育师资的资格就具备了双重的实践特征："一是作为职业教育教师的教学实践，它存在于教学的具体组织与实施过程中；二是作为专业技术人员的生产实践，它存在于生产劳动的具体组织与实施过程中。职业教育师资的任务，是使学生具备在企业从事专业技术工作必须具备的职业能力，因此职业教育师资的教学实践必须与不断变化的专业技术人员的职业实践相适应。"② 可见，职业教育教师的行动领域既涉及专业科学与职业专业工作的理论、模式和内容，又涉及学和教的学校职业实践、科学成果和理论的具体情境。即职业教育教师是在掌握与职业相关的专业理论与实际的职业性专业工作的基础上，在学校实践和职业实践之间展开行动的。

2. 职业教育教师的素质要求

教师素质是指教师在教育教学活动中表现出来的，决定其教育教学效果，并对学生德智体全面发展有着直接而显著作用与影响的思想观念、学识能力和心理品质的总和，具体包括如下几个方面。

（1）思想政治素质要求

思想政治素质是一个人的政治态度、政治观点、思想观念、理论素养和道

① 姜大源. 职业学校专业设置的理论、策略与方法 [M]. 北京：高等教育出版社，2002 年.

② 陈永芳，颜明忠. 德国职业教育的专业教学论研究 [M]. 北京：清华大学出版社，2007 年.

德品质等基本政治品质的总称。教师的思想政治素质集中体现在是否具有远大的理想，是否具有正确的世界观、人生观、价值观，爱岗敬业、团结协作，以及是否具有教育教学改革的积极性。

作为一名职业教育教师，首先，必须坚持以邓小平理论和"三个代表"重要思想为指导，深入贯彻落实科学发展观，学会用辩证唯物主义的观点去认识我国的国情，树立正确的教育观和终身学习的自觉性，成为推进素质教育的实践者。其次，还应清醒地认识到自己肩负着教书育人、提高民族素质、培养高素质应用型人才的使命，认识到职业教育对我国经济发展的重大作用以及职业教育发展现状和面临的诸多困难，每一位职业教育教师都有责任为办好我国的职业教育贡献自己的力量，为我国社会主义现代化建设事业而奉献终生。只有思想政治素质高的教师，才能引导学生树立正确的世界观、人生观、价值观，使他们健康发展，成为具有一定专业理论知识和较强实践能力的高素质应用型人才。

（2）职业道德素质要求

职业道德素质主要包括教师的事业心、责任感、工作态度和工作积极性等。教师的职业道德如何，不仅关系着学生道德水平的高低，也对整个社会道德建设有着很大影响。因此，加强教师职业道德教育是学校精神文明及整个社会精神文明建设的需要，是培养社会主义建设者和接班人的需要，也是加强教师队伍自身建设的需要。

①热爱职业教育，树立无私的奉献精神

职业教育教师必须充分认识到我国职业教育是科教兴国战略的组成部分，是把我国由人口资源大国变成人力资源强国的重要手段。每一名职业教育教师都应把自己的平凡工作与建设创新型国家、和谐社会紧密联系起来，形成热爱和献身职业教育事业的强大动力，兢兢业业地完成教学工作，这对学生是一种无形的教育。对教育事业的热爱，还反映在热爱学生上。很难想象一个不爱学生的教师会热爱他的工作，会出色地完成工作。只有热爱学生，才能教好学生，这是一名教师应具备的基本素质，也是教师职业道德的重要标准。

②为人师表，教书育人

师德是学校教育的灵魂，是教师队伍建设的基石。高素质的教师，不仅学识渊博，更要师德高尚。教师作为学生的指导者和引路人，其言谈举止、待人接物，对学生起着潜移默化的作用。

为人师表是教师职业道德的最重要特征。教书的目的在于育人，师表的作用也在于育人。教师的劳动特征之一是示范性,这便决定了教师在思想品德和作风上必须成为学生的表率。孔子说:"其身正,不令而行,其身不正,虽令不从。"教师不仅要以自己的学识去教人,更重要的是要以自己高尚品格去影响人。教师美好的心灵和高尚的品质是表率作用的基础。教师应当通过自己的言传身教使自己成为学生在政治方向、思想道德、文化素养和学识方面的楷模。职业教育的教师要有健康的心理品质。没有爱的教育是失败的教育。职业院校教师是一种特殊的职业,是用心灵浇灌心灵、技能培养技能、知识构建知识的职业,劳动对象是成长发展中的学生,教育工作的这一特殊性决定了教师素质的重要性。职业教育的教师由于所面对学生的特殊性及社会大环境对职业教育的认识偏见,更要具有健康的心理素质,具有积极的职业态度和对职业教育教师角色的认同,具有爱心和表达爱心的能力,具有开朗、乐观、积极向上的健康情绪,富有同情心和耐心等。

(3)业务素质要求

职业教育教师合理的知识结构是形成教育能力、科研能力和实践能力的基础。职业教育的特殊性对职业教育教师的业务素质要求更高。

①深厚的基础理论和较宽的专业知识

实践表明,基础理论深厚的教师适应能力强,有利于解决教学、科研、实践工作中出现的新问题,有利于自身的提高和发展。当代知识总量急剧增长,知识更新的周期不断缩短,而基础理论知识却是相对稳定的,甚至是长久不变的,它对教师的工作及进修提高的影响是长期的。基础理论深厚、专业知识较宽的教师,蕴藏着较大的创新潜力,有利于学术思想的开拓,使自己的专业知识产生质的飞跃。

现代科学技术和生产的发展,要求职业院校培养的人才具有更强的适应能力和创新能力,要求教学与实践、教学与科研更加密切地结合,因而必然要求教师具有更高的基础理论水平和更强的科研能力、工程实践能力,要求教师受过高学历教育。在通常情况下,学历反映一个人所受教育的程度,一定程度上也反映了其知识和能力水平。一般而言,教师的学历越高,适应能力和发展潜力就越大,而学历低的教师其基础理论水平和科研能力都有一定的局限性,这种局限性必然会影响其所担负的教学和科研工作。

②相关学科的基本知识

作为职业教育教师,知识面不仅要宽,而且要深入、精通。同时还应熟悉与本学科有密切关系的相关学科的基本知识。因为当今科学技术的发展呈现出信息化、群体化、知识与技术密集化趋势，学科发展具有横向关联性、交叉性和综合性的特点，不断出现新学科。新学科的产生对教师提出了新要求，因为职业教育的根本目标是满足社会需求，社会需求什么专业，学校就开设什么专业，因而更需要教师掌握相关学科的基本知识。

因此，职业教育教师应具备的知识，不仅要专而且要博和新。教师的知识渊博才能使教学内容丰富多彩，讲课生动活泼，融会贯通，举一反三。教师知识新，才能结合教学工作把较先进的技术介绍给学生。如果教师只精通自己所任教学科的基础理论、专业知识，而不熟悉相关学科的基础知识，知识面不广不博，那么就很难满足职业教育要求。

③必要的职业教育科学理论知识

职业教育教师应具有的教育科学理论知识主要是职业教育学、心理学的基本知识，熟悉职业教育的基本特征和基本规律。

如果说，职业教育教师精通所任教课程的理论知识是解决教什么，培养哪些方面的专业人才的问题，那么掌握教育科学，懂得教育规律，就是解决如何教，怎么培养人的问题。这就要求教师不仅有较高的学术水平，而且要有教育理论和技能的知识，懂得教育规律。职业教育是个十分复杂的过程，要求教师深刻地理解和掌握教学活动的规律、教育和教学的原理与方法，并把这些理论与方法灵活运用到实际工作中去，以使教育和教学工作富有成效。

（4）职业教育教师应有的教育理念

教育理念影响着教师的教学行为。职业教育教师应具备研究企业经营的理念、引导学生学习的理念、终身学习的理念、不断反思的理念等。

①企业经营的理念。企业经营是指企业在发达的商品经济条件下，以追求经济效益最大化为目标，通过市场交换，对投资、技术、财务、销售等进行运筹、策划和管理的一系列有组织的综合行动。教师知道企业经营的理念，才能更好地在教学中传达给学生。

②引导学生学习的理念。教育的过程是一个认知的过程，学习的过程，学生的知识是学会的而不是教会的；教师的作用不是把知识灌输给教育对象，而是引导学生掌握获得知识的方法，让学生自己去尝试，通过发现不断获取知识。学生是学习活动的主体，教师应全方位构建学生的主体地位，充分调动学生的学习积极性，引导他们直接参与到教学活动中来，促进学生主动学习。

③终身学习的理念。21 世纪的今天，教师的文凭只能代表一定的学历，不能代表一个人永远的能力水平。随着科学技术日新月异的发展，高新技术产

品不断涌现，对承担知识传授使命的教师的知识更新提出了更高要求。教师不仅是知识的传递者，还应是知识的组织者和学生学习的促进者。为此，教师必须具有较强的学习和再学习的能力，具有良好的学习习惯，不断地补充自己、完善自己。现代职业教育作为一种大容量、多层次的信息传输过程，特别是现代技术的日新月异，要求实践教学现代化，达到高效率。教师除具有较高文化基础素质，还要有较强的技术应用能力，这也是实践教学的基本任务。现代社会是学习型社会，职业教育教师要根据社会需要利用假期进行实践，了解和解决社会实际中存在的各方面问题。要求教师作为"研究者"的身份融入自己的教学实践中，成为一个对实践不断研究的实践者，从经验中学习。

④不断反思的理念。"学会教学，正如教学本身一样，总是一种过程，一种形式和转化的阶段，在此期间，一个人做了什么，他就能够学到什么。"①这段话反映了教师成长过程的哲理，学会教学是一种成长过程。梅尼（Van Manen）建议教学反思行为分为三个层次。在第一个层次上，反思的重点是教学过程中的专业技能和教学技能（教学技能、课堂管理技能、教学内容安排等）。在这个层次上，教师会考虑怎样用最优化的方法达到预期的目标。在第二个层次上，教师应该批判性地分析教育实践过程中一切行为的合理性，也就是说，教师要问自己这样一些问题："我们应该学会什么？""对每一个学生来讲，什么才是学习的最好方法？"在第三个层次上，教师要将课堂与更广阔的生态结构联系起来。②

3. 职业教育教师能力要求

职业教育作为以就业为导向的一类教育，与其他类型教育相比其最大的不同点是专业鲜明的职业属性。因此，职业教育的专业教学必须建立在职业属性的基础上。③ 基于此，对职业教育教师能力提出了更高要求。

（1）研究企业经营的能力

职业教育与市场结合非常紧密。教师不但要有企业经营的理念，更要有研究企业经营的能力，并整合为教学内容，体现在教学过程之中，实现学校与市场的零距离对接。

① （美）D, John McIntyre，（美）Mary John O'Hair 著，丁怡译. 教师角色［M］. 北京：中国轻工业出版社，2002.7.

② （美）D, John McIntyre，（美）Mary John O'Hair 著，丁怡译. 教师角色［M］. 北京：中国轻工业出版社，2002.7.

③ 姜大源. 职业教育学研究新论［M］. 北京：教育科学出版社，2007.1.

（2）课程开发能力

根据区域经济的发展规划、劳动力市场的预测和教育机构本身的特点进行课程开发，已成为职业教育机构自身生存与发展的第一需要，成为职业教育教学改革的关键任务。对教材的要求也发生了很大变化，根据课程标准由教师自己整合教材，是其显著特点之一。

（3）实践教学能力

实践教学是职业教育的重要环节，在教学中处于重要的地位。要求教师必须具备较强的实践教学能力。①熟悉相关职业领域内的生产一线或工作现场，掌握相关职业领域内的成熟技术和管理规范，有丰富的实践经验和处理现场复杂问题的能力，并具备相关的操作技能。②能够理论联系实际，即便是理论课，也具有强烈的应用色彩，具有较强的技术开发和技术创新能力。③具备良好的行业、职业修养，能将行业、职业知识、能力和态度融合于教育教学过程中。

（4）对学生就业的指导能力

职业教育培养的学生在毕业后将直接走向工作岗位。毕业生就业情况的好坏，也是衡量办学成效的重要指标之一。因此职业教育的教师不仅要传授给学生从事某一职业所需要的专业知识和技能，还要指导学生就业。随着社会进步和科学技术发展，个人职业生涯从一次从业型向终生创业型转变，这更要求职业教育要加强学生创业能力的培养。要着眼于学生的终生职业生涯，提高他们的就业能力，使职业教育培养的学生不仅能发现、获得和适应岗位，还要能为自己创造岗位。学生的职业意识、就业意识、创业意识，要从学生进校开始就需着力培养，贯穿于教育教学的全过程。因此，职业教育的教师必须具备就业指导能力。

（5）职业教育研究能力

我国现代职业教育起步较晚，就人才培养规格、培养模式、专业设置、课程体系、实践教学、考核方法等一系列涉及职业教育改革发展的问题，尚未取得共识、形成自己的特色。加之学习型社会的建立和知识经济的到来，促使职业教育的教育观、人才观、学习观等发生新的变化，使得职业教育研究问题更显突出。这就要求作为职业教育的教师具有较强的职业教育研究能力，特别是通过行动研究探索出适合我国国情的职业教育模式，形成职业教育特色。

（6）创新能力

江泽民同志指出："创新是一个民族的灵魂，是国家兴旺发达的不竭动力。"未来社会的发展靠人才，人才靠创新。创新是时代的特征，任何行业只有不断创新，才能继续发展，职业教育更是这样。创新型国家呼唤更多的创新创业人才，而职业教育创新是开展创新创业教育的基础。只有教师具备了创新意识和创新能力，才能在教学中不断提出和解决新问题，才能培养出具有创新能力的学生，来推动教育改革的深入进行。如果教师自己没有创新能力，思维僵化，他是不能培养出具有创新意识、创新能力的学生的。

（7）组织协调和人际沟通能力

组织协调和人际沟通能力是教师必备的能力素质，因为良好的人际关系是推动教学和增强教学效果的润滑剂。职业教育的教师接触面广，活动范围大，不仅要在校园内与学生、家长、同事和各教学部门协调、交往，还要与企业、行业从业人员交流、沟通；不仅要进行教学管理，还要组织学生开展社会调查、社会实践、顶岗实习，指导学生参与各种社会活动。因此职业教育的教师的组织协调和人际交往能力就尤显重要。教师在这一方面表现突出，也能够使学生在潜移默化中形成良好的组织协调和人际交往能力。

4. 职教师资来源与聘用

拓宽教师来源渠道，改善队伍结构，保证新增教师质量和数量是对当前职业教育教师队伍建设的基本要求。职业院校可以吸收大学毕业生、硕士生、博士生，尤其要注意吸收一些企业专业技术人员，有实践经验的能工巧匠，加强"双师"结构教师队伍建设。

（1）招聘兼职教师

职业教育的特性，要求职业院校的专业设置要紧密结合社会经济发展的需要，做到与时俱进，及时调整专业结构和教学内容，将新的专业理论、应用技术适时地充实到专业教学之中。同时又要根据新的职业或职业群的出现不断开发新的专业和课程，并在教学中把应用技术的训练和培养作为重要内容，以便学生毕业后能够适应某一职业岗位的需要。要达到这样的教学目标，单纯依靠职业教育院校的专任教师是难以完成的，需要建立一支专兼结合的"双师"结构教师队伍。特别是随着生产一线技术的发展和变化，应用技术训练内容发生变化时，由于学校专任教师脱离生产第一线，往往对这种变化了解不多或对应用技术的变化一无所知，难以将培养学生应用技术的工作全部承担下来，因此建设一支专兼结合教师队伍十分必要。聘请有丰富实践经验的工程技术人员做兼职教师，使学生及时掌握先进的应用技术，而且通过与兼职教师的接触，也使学生能够加深对实践生产的理解，保证学校的教学工作能紧密结合社会经济发展的实际。通过兼职教师的教学，还可以培养校内专任教师应用技术能力，也可以解决职业院校教师不足问题。

我国的职业教育院校在聘请兼职教师方面进行了积极的探索，积累了一定的经验。许多院校不仅制定了兼职教师工作条例，严格标准选拔兼职教师，而且在教学实践中注意充分发挥兼职教师的作用，让兼职教师承担讲座、做学术报告、指导课程设计、实践课程教学、顶岗实习指导、参与毕业设计的选题、参与毕业答辩的评审工作，基本实现了实践教学环节都有兼职教师参与，发挥了兼职教师的作用，使学生的实际工作能力大大增强。在聘请兼职教师方面，主要做法包括：一是吸纳能够承担教学任务的专业指导委员会成员作兼职教师。二是通过校内挖潜和利用社会教师资源，聘请校内有教学能力的技术人员作兼职教师。三是聘请其他高校的在职教师和具有高级职称的退休教师作兼职教师，承担学校的教学任务。四是面向社会的企业、事业单位招聘教师，招聘曾在生产、科研第一线工作多年具有丰富经验的公司经理、企业中的高级工程师、会计师、研究所中的研究人员，特别是聘请行业、企业的专业人才和能工巧匠到学校担任兼职教师。

因此，职业院校在加强师资队伍建设时应注意聘请兼职教师，并将兼职教师纳入到本校教师队伍建设的规划之中，逐步达到实践性课程主要由企业、行业技术技能骨干担任的校外兼职教师讲授为主的要求。

（2）培养和引进职业教育专门人才

目前，职业教育教师的来源大部分为普通高校毕业生。随着职业教育教师培养体系的建立，职业教育硕士将是职业院校师资来源的重要途径。同时应积极扩大教师来源，面向社会公开招聘。引进那些乐于从事职业教育事业，又有丰富实践经验，符合职业教育教师任职条件的工程师、工艺师、会计师、工程技术人员等充实教师队伍。为做好引进工作，一方面要利用人才市场积极招聘，另一方面还要到工厂企业招聘。与此同时还要制订相应政策吸引人才。

5. 教师能力开发

职业院校应充分利用校内外资源对教师采取多种方式培训，提高教师的综合素质和政治业务水平。

（1）利用校内资源积极开展教师培训

利用校内资源对教师进行培训主要有以下几种形式。

①岗前培训。对教师进行岗前培训，主要是针对刚由普通高校毕业的高校生或从企业调入的工程技术人员进行的上岗前培训。新教师缺乏对高职院校办

学特点的了解，对教育理论了解也不多，对教学的全过程还不熟悉。通过培训使他们了解职业教育，包括学校教学的特点以及理论教学、实践教学、实习教学的特点，了解所承担教学任务的具体要求，使他们尽快适应教师角色，更好地承担教学任务。

②岗位培训。对于刚刚进入新教学岗位的教师，对他们进行岗位培训。使他们能尽快熟悉岗位工作的特点和规律，适应新岗位的工作要求。

③专家学者讲座培训。为使教师及时了解科学技术的发展趋势、国内外职业教育改革的最新信息和交流教学经验，定期聘请专家、学者和有经验的教师开办专题讲座。通过讲座开拓教师的思路，培养提高教师的创新意识和综合素质。

④专项培训。为提高教师的某项素质或技能，开展专项培训。为了建设"双师型"教师队伍，促进基础课程和专业课程教师与实践指导课程教师的融合、迁移与互补，可以请本校有实践经验的教师对基础课程和专业课程教师进行实际操作的培训，请理论课程较强的教师对实践指导课程教师进行专业理论的培训。在提升教师的综合素质方面，可以请本校相关专业的教师进行专项培训。通过对教师进行专项培训，使教师的综合素质得以提高。

⑤通过开展科研进行培训。教师参加科研工作是教师综合运用专业知识和创新能力的具体体现。教师进行科研、教研的过程也是提高自身专业知识和实际应用能力的过程。学校应利用专业和地方优势，与相关行业、企业进行课题研究和研发，使教师得到锻炼。通过科研，不仅可以培养教师独立工作能力和研究能力，还会使教师发现新知识、新技术，更深刻地理解专业知识在生产实践中的应用，提高教师将专业知识与实际应用相结合的能力，提高教师及时将新知识、新技术应用于教学中的能力，提高教师课程开发的能力。

（2）利用社会资源积极支持教师校外培训

利用校内资源对教师进行校内培训是十分重要的，但校内资源毕竟有限，为了提高教师的综合素质，应充分利用社会资源积极对教师进行校外培训。

①普通高校培训。普通高校特别是一些重点高校物质基础雄厚、专业门类齐全、师资优良，职业院校都注意将教师送入这些高校进修学习，对那些青年骨干教师则创造条件让他们到这些院校攻读硕士，博士学位，提高他们的学历水平、专业理论水平和实践技术水平。

②国际合作培训。一些职业院校为了适应职业教育与国际接轨的需要，注意积极培养具有国际意识的新型教师。一方面积极选派教师到国外同类院校进

行学习或作为访问学者进行研修，学习国外的成功经验，另一方面还积极与国外有关公司、教育机构联合办学培训师资。如唐山工业职业技术学院在近两年先后派出三十多名教师分别到新加坡、爱尔兰、德国、加拿大、韩国、日本、瑞士等国进行学历进修、短期培训、访问，取得了显著的效果。

③校企合作联合培训。职业院校与企业合作联合培训教师，是增长教师实践经验、提高教师实践能力、促进老师掌握先进应用技术的一种培训方式。一些院校利用寒暑假派出专业教师到企业锻炼，允许部分专业教师兼任企业的技术人员或管理人员。更有个别院校派出专业教师到行业、企业挂职锻炼，成为企业的员工，以增强他们的实践经验，提高他们的实践动手能力，对他们成为一名合格的职教教师起到了重要的促进作用。

④产教结合培训。鼓励教师积极参与实习基地或实训中心产品开发、技术服务的工作，不仅促进了实习基地或实训中心的发展，对教师素质的提高也起到重要的作用。

6. 兼职教师管理

聘任兼职教师可使职业院校专业拓展和课程调整紧跟市场需求的变化，真正实施岗位教育。可见，我国职业院校聘任兼职教师不是权宜之计，而是一项长期的战略选择。

（1）兼职教师的聘任

聘任兼职教师首先需要制定聘任计划，然后在较大的范围内进行比较和挑选，最后才是正式聘任和建档。

职业院校人事部门应根据学校的发展目标和规划，在分析现有教师队伍的基础上，准确估计和预测未来几年教师的发展情况，拟定出该时间段内引进教师的人数和标准，并出台兼职教师可行性聘任方案。再根据学校目前的办学规模、各系部专业建设需求和课程设置变动，确定出拟聘兼职教师的具体数量。同时，结合专职教师队伍的建设，尽量使拟聘兼职教师的专业结构、职称结构、学历结构、性别结构和年龄结构更加合理，从而达到优化整个师资队伍结构的目的。

为了保证足够宽广的兼职教师挑选范围，职业院校教师管理相关部门应转变工作作风，变被动为主动，积极深入拟聘教师工作第一线，多渠道汇集有意向到本院（校）兼职的备选人员。企事业单位和科研机构的行业专家、技术人员、能工巧匠，其他高校的高职称高水平教师，踏实勤奋的在职研究生，教学经验丰富、身体健康并愿意将余热献给高职教育事业的退休人员，只要符合兼职教师聘任计划要求，都应该在备选之列。

由于职业院校入学门槛低，可通过面谈首先淘汰对职业教育事业维持长久热情或对职业教育学生缺乏足够爱心、信心和耐心的人员。面谈之后，职业院校人事部门工作人员可以通过恰当的途径，多侧面地了解相关人员的业务水平、技术熟练程度、曾取得的工作业绩以及教育教学能力，择较优者进行最后的试讲。试讲时，院校管理部门应组织人员认真听课，对每一位试讲者的学识境界、技术水准、传授艺术、工作态度、气质形象等进行客观的评估和论证，在全面比较的基础上择优录用。

对通过试讲的被录用人员，职业院校应颁发聘任书，并与其签订较详细的聘任合同：兼职教师的工作任务、责任和地位、权利、待遇以及双方的违约赔偿等诸多事项都应有明确的规定。最后，对签订合同的人员，学校人事部门应该建立兼职教师师资数据库。数据库可包括两大块内容：年龄、性别、职称、学位、现场工作年限或高校从教年限、从事兼职的经历等个人背景资料；在本院（校）兼职过程中将积累起来的从教专业、讲授课程、工作业绩等个人工作档案，可作为日后续聘或缓聘的依据。

（2）兼职教师的培训

许多兼职教师并不是师范院校出身，多数人没有从教、尤其是在职业院校从教的经历。因此，对兼职教师进行培训是必要的。

①职业教育理论知识的培训。帮助兼职教师了解职业教育大背景、行业发展和专业人才需求情况、本院校的办学宗旨和特色以及具体专业的学生素质状况等，可使兼职教师比较准确地把握职业教育规律，加深对培养对象的了解，树立正确的职业教育人才观、质量观、教学观，利于他们即将开始的施教实践。

②职业教育学和心理学知识培训。这方面知识的补充，可使兼职教师在教学过程中遵循教育学原理和心理规律来设计自己的教学，启迪学生思考，开发其智力，培养其创造性思维和创新能力。

③教学技巧和艺术、尤其是现代教育教学技术的应用能力的培训。传授技巧和艺术、尤其是现代教育教学技术的应用能力，已是今天职业教育教师必备的基本功。让优秀教师进行高水平的表演与示范，无疑给兼职教师提供了样板和努力方向，可加速提高其教育教学能力。

④专业带头人的引领作用。组织专职教师和兼职教师对兼职教师要主讲的课程教材进行仔细分析，并辅以学生接受能力等的针对性介绍，这种培训可使

教学内容选择得当、宽窄有度、深浅适宜，也可使教学方法和手段的采用甚至语言艺术更为得体。

⑤师德教育。职业院校一定要深入考察所聘兼职教师的职业道德素养，对其师德言行提出明确要求。以师德标兵的典型事迹或报告会感化、感染和感动兼职教师，帮助他们对自己的新角色正确定位，更深刻地认识教师职业的社会意义。

（3）兼职教师的作用发挥

加强管理，尤其是教学质量的管理，是发挥兼职教师特长求得更佳教学效果的前提条件。对责任心不强或教学效果不好的兼职教师，依据合同条款予以辞聘。完整的教学质量监控体系是不可或缺的。教学督导随机抽查听课并作好记录，课后对兼职教师的授课当面进行实事求是的得失点评；教学班级信息员将班上同学的想法和评论收集起来，上报兼职教师主管部门；教学主管部门、教研室主任通过教学检查获取第一手信息。综合这三方面情况，兼职教师主管部门学期结束时对每位兼职教师的教学质量进行评定，将评定结果与改进建议反馈给他们，并可将课酬与评定结果挂钩。

兼职教师大多来自生产、建设、服务、管理第一线，他们不断地把实践中的新内容、新技术、新工艺、新材料、新方法、新经验巧妙地充实到教学过程中去，使教学向"零距离就业"的方向前进。他们对行业实际运作机理的分析，使可操性课程、实践性教学环节更显生气更具效果。而他们对行业资格标准的深刻理解，又有助于学生考取职业资格证书，利于"双证书"教育。

除了抓好教学管理，让学生确有所得之外，职业院校应以最诚恳的态度，创造条件，邀请兼职教师参与到学校的改革和发展中来。主动打破自我封闭状态，就学校的重大决策和关键事宜征求兼职教师的意见和建议。有意识加强专、兼职教师之间的沟通，定期组织二者之间的座谈、研讨、经验交流和联谊活动，帮助他们共同提高，更好地发挥作用。邀请兼职教师直接参与专业设置和人才培养方案制定、课程开发、教学评价等活动。另外，可充分利用兼职教师的优势，使其在校外实习基地的建设、学生就业单位的推荐等方面发挥作用。

（4）兼职教师的激励

兼职教师的必要流动是正常的，但兼职教师队伍同样需要一定的稳定性。而要想兼职教师心情舒畅地拿出真本事，恰当而成功的激励是必要的。

首先，物质激励。实行多劳多得、优劳优酬的分配制度，对做出重要贡献或深受师生赞誉的兼职教师,除精神表彰之外在薪酬上也要适当考虑。按劳取酬、按贡献取酬,既体现了市场经济的内在原则,又满足了兼职教师的基本物质需求,并会激发出他们内心深处的自豪感、责任感、使命感。

其次,工作本身是最好的激励。帮助兼职教师协调好兼职和本职工作的矛盾,帮助甚至代替其处理繁琐的日常教学事务,为其借阅图书提供方便,从而使他们全身心地投入到工作之中去。工作激励满足的是其自我实现的高层次精神需求。

最后,情感激励。关心兼职教师的生活,倾听他们的心声,引导他们树立事业观念,邀请他们与专职教师合作搞科研开发等,都是情感投入。切实改变观念,营造一种尊重兼职教师的氛围,要为他们提供最优质的服务。把兼职教师的心拴住了,其贡献也就留下了。

7. 教师绩效评价体系的建立

职业教育教师的工作绩效管理体系,是根据职业教育以及教师工作岗位的特点,参照国家人力资源和社会保障部有关文件中对事业单位工作人员德、能、勤、绩的基本要求而建立的评价体系,是在把握政治思想表现的前提下,以教师的工作岗位职责和评价期内的工作业绩作为主要指标,通过定量与定性相结合的评定方法,将教学能力、课程开发能力、教研能力、鉴定与评估能力、行业联系能力、专业发展能力、公共关系能力与完成工作的数量、质量结合起来,对教师工作质量进行过程监控和全面综合评价。为了简化评价过程,根据各项指标的重要程度,对各项指标配以不同的权重,构成教师工作绩效评价指标体系。(见表2.1)

表2.1 教师工作绩效评价指标（示例）

内容	一级指标（权重）	二级指标（权重）	三级指标	参与评价者（权重）	评价工具
教师工作质量总体评价（1.0）	教学能力（0.4）	资料收集与信息的分析（0.2）	知识前沿性与技能的先进性	学习者（0.3）同行（0.2）管理者（0.2）教学督导（0.2）自我评价（0.1）	问卷访问座谈书面报告观察
		讲授知识、演示技能（0.3）	口语表达实际操作等		
		组织实施教学（0.5）	教学方法、教学手段、批改作业、重点难点处理、技能培养、辅导情况、教学效果、治学态度、教学时间等		
	课程开发能力（0.1）	撰写教学文件、进行课程开发（1.0）	人才培养方案、课程标准、教材编制、课件制作等	同行（0.2）管理者（0.2）教学督导（0.2）行业代表（0.3）自我评价（0.1）	问卷访问座谈书面报告观察
	教研能力（0.1）	开展教学研究（0.7）	教学科研成果论文	同行（0.3）管理者（0.3）教学督导（0.3）自我评价（0.1）	问卷访问座谈书面报告观察
		进行调研活动（0.3）	行业调研的内容和次数		
	鉴定与评估能力（0.1）	对学生实施鉴定及评估（0.6）	对学习者鉴定的公平性、公正性、可靠性、有效性等	学习者（0.2）同行（0.2）管理者（0.2）教学督导（0.2）行业代表（0.1）自我评价（0.1）	问卷访问座谈书面报告观察
		对课程进行评估（0.4）	全面性、公正性、客观性、权威性、科学性等		

内容	一级指标 （权重）	二级指标 （权重）	三级指标	参与评价者 （权重）	评价工具
教师工作质量总体评价（1.0）	行业联系能力（0.1）	到企业参加工程实践（0.6）	在企业工作内容、时间、学校与企业合作方面的贡献	同行（0.2） 管理者（0.3） 行业代表（0.4） 自我评价（0.1）	问卷 访问 座谈 书面报告 观察
		参与技术开发、咨询（0.4）	承担课题的数量、完成的质量		
	专业发展能力（0.1）	自我发展（1.0）	进修、自学	自我评价（0.5） 管理者（0.5）	书面报告
	公共关系能力（0.1）	与他人交流和沟通（0.4）	与学习者、同行、管理者、教学督导、行业代表等	学习者（0.2） 同行（0.2） 管理者（0.2） 教学督导（0.1） 行业代表（0.2） 自我评价（0.1）	问卷 访问 座谈 书面报告 观察
		对学生实施教育管理（0.6）	师德修养、教书育人、管理的方法与手段等		

二、职业教育学生资源

职业教育是面向人的教育，学生是最重要的基础资源。新中国成立后，职业教育一直是培养技能型人才的摇篮。改革开放以后，特别是进入新世纪以来，国家就确定了大力发展职业教育的方针，把发展职业教育放在更加突出的位置。

当前，我国的职业教育在改革创新中取得了重大突破，规模迅速扩大，结构得到合理调整。2008年，全国初中毕业生1800万，其中840万进入高中，810万进入中等职业学校。我国高等职业教育在高等教育规模扩张中快速增长，在高等院校数量、在校生数量和招生数量均已稳居半壁江山。

我国是世界人口最多的发展中大国，还处在工业化中期，现代化建设需要大批高技能人才。因此，深入分析职业教育生源的特点，对加强学生职业能力的开发，优化就业指导，帮助学生正确认识自己、认识学习、认识社会，从而在职业教育的天地里寻找自身成长的空间，成为全面建设小康社会的高素质、高技能人才，是颇为有益的。

1. 职业院校学生的特点与生源分类

（1）职业教育生源个体智力类型

职业院校的学生与普通高中或普通高等学校学生相比，在智能结构和智力类型是有根本区别的。根据美国哈佛大学加德纳教授的智能多元理论，学生个体大体上独立存在着七种智能，即中国人传统偏爱的逻辑整理智能和言语、语言智能，偏重于技艺、技巧、技能的音乐、节奏智能和视空间智能、身体动觉智能，体现现代研究成果的偏向于心智操作的交流、交往智能和自知、自省智能。因此，每一学生个体组成的智能结构和由此表现出来的智力类型是有很大差异的。与此相关，我国学者研究认定，概括地说，每一学生个体的智能倾向结构大致可分为抽象思维和形象思维两大类。前者，通过教育和培养，则可以成长为工程型、学术型专门人才；后者，通过教育和培养，则可以成长为技术型、技能型、技艺性专门人才。实践表明，职业教育对象主要的智能结构倾向为形象思维型。不论是中等职业学校，还是高等职业院校的学生，与相应层次的普通高中或普通学校学科学生相比，只有智能结构和智能类型的不同，并无智力高低贵贱之分。

"职业学校学生学习与创业的实验与研究"课题组于2003年7月至9月对学生智力状况的调查显示，有70%以上的学生认为自己不擅长逻辑思维，50%以上的学生认为自己擅长形象思维。北京、浙江海盐、广州市各教育组织的相关调查，也都得到了同样或相似的结果。这说明，职业教育培养人才功能的发挥必须对生源的智能类型有科学的定位。研究表明，具有不同思维结构、智能类型的学生对知识、能力的掌握具有不同的指向性。教育实践证明，形象思维强的人能较快地获取经验性知识和操作性能力，而这正是职业教育的优势，也正是职业教育学生的优势。

（2）职业院校学生的心理特征

职业教育学生主体包括高职生和中职生。他们年龄和学业经历有明显不同，其心理特征也必然有着明显差别，限于篇幅，本书只简要探索和介绍高职学生的心理特征。

①高职院校与本科院校大学生共性心理特征

高职院校与本科院校的大学生由于年龄相仿，所受基础教育相近，所处社会环境相同，所以有其共性心理特点。概括地说，主要有以下五点：勤于思考，独立自主的人格意识，批判性思维，情绪不稳定，情感敏感而丰富等等。

②高职院校大学生心理特征

由于高职教育的特殊性和专业的职业特征，高职生与其他高校生比较具有如下不同的心理特征：

理想与现实之间的落差引发的不满心理。高考失败的阴影在他们进入高职院校后无法迅速挥去，再加上进入大学后，理想中的大学与现实相差很远，导致其不能很快调整心态面对现实。在学习上缺乏奋斗的目标和动力，对生活悲观失望。

独立意识与依赖性之间的冲突引发的自闭心理。进入高职院校后，学生身心迅速发生变化，他们精力充沛、朝气蓬勃、渴望获得更多、要求得到尊重、渴求独立处理自己的事情。然而由于缺乏生活历练和独立生活能力，更因交往能力欠缺而产生害羞、恐惧、自卑等自我否定的负面情绪，自觉不自觉地流露出依赖长者庇护和帮助的情绪，或者本能地自我封闭。特别是来自贫困家庭的学生，因为经济窘迫更易引起自卑、孤僻、不合群、甚至对立的情绪。

对爱的渴求与现实局限性之间的冲突引发的焦躁心理。高职学生生理发育已成熟，异性交往由吸引期走向浪漫期，加之不少学生远离故乡倍感孤单，在潜意识中对异性的渴求尤为强烈。但在恋爱与性的问题上缺乏健康科学的认识和态度，认识问题往往简单片面，情感易冲动，加之学院对恋爱的不鼓励性"规定"和现实物质环境条件的局限，使部分学生产生情感焦虑和困惑，由此易引发诸多心理问题。

专业学习与现实就业之间的矛盾冲突引发的自卑心理。在严峻的就业形势下，使高职学生在就业与学业方面面临两难选择，从而出现焦虑不安的自卑心理，进而对自己的能力开始产生怀疑，"美好的理想"逐渐淡化和消逝，使生活失去稳固的支点，而导致各种心理问题。

③针对高职生心理特点的教育对策

高职在校生的心理问题不是简单个别的心理问题，而是关系发展生产力、为社会主义现代化建设培养高素质劳动者和实现人力资源可持续发展的战略问题。针对高职在校生的心理特征，应从以下几方面着手解决：重视校园文化建设，用校园软环境的优化弥补硬件不足；将心理健康教育纳入正规教育体系，培养学生处事的良好心态，造就其完美个性品格；加强思想道德教育，积极引导学生树立正确的人生价值观，提升人生理想，科学规划自己的三年学习生活和未来的职业成长生涯，努力成才、成人、成事业；改革和创新人才培养模式，创造适合高职学生特点的教育教学环境；邀请创业精英、技术能手、业务骨干和优秀毕业生来校讲座。

2. 院校学生组织与管理

院校学生组织是高职院校适应时代发展，延伸工作手臂，推进素质教育的重要依托，是共青团通过充分发挥组织动员、教育引导、关心服务青年大学生的重要载体，同时也是代表和维护青年学会合法权益，吸引和凝聚青年的有效组织载体，是学生通过"自我服务、自我管理、自我教育"实现自身科学发展的重要渠道。院校学生组织的良好运行能够进一步整合学校资源，协调关系，有效联动，最后形成院校发展的合力，有助于更好地开展院校管理工作。院校学生组织的良性发展提高了学生参与的热情，为促进高职院校完成人才培养任务提供了丰富的方式方法。因此，加强对学生组织的引导，使得其发展具有科学性和可持续性，对院校的发展和学生的成长、成才、成人、成功有着十分重要的作用。

（1）学生组织的原则

总体来说，院校学生组织的建立、发展和实践行动应该遵循以下原则。

①纲领性原则

院校学生组织的设立必须经过相关主管部门审查并通过其行动纲领。各学生组织须严格根据纲领阐述的宗旨、目标与任务开展工作，主动承担纲领所赋予的使命，合理行使职权，保证工作的正确性与效率性。纲领是学生组织能够持续科学发展的导向，同时也是检验学生组织发展优劣的重要内容。

②高效性原则

每个学生组织开展的活动都应该具有高效性。要有利于学生成长成才与学校发展大局的前提下，合理分配资源，尽量减少学生组织之间职能直接或间接的重复，减少职能浪费，提升管理效率，提高资源使用率。学生组织应该人员精干，内部人员分工明确，能够顺利完成自己承担的任务。

③合作性原则

在学生组织内部，工作人员之间应该强调分工合作和协调，共同完成本组织承担的任务，促进组织的合理健康发展。各学生组织，则应强调在院校党委的领导下，在团委直接指导下，按照思想道德培养目标各司其职，各尽其力，相互协调配合。

④规范性原则

院级学生组织作为相应学生群体的代表，在人事任用、成员绩效考核、工作业务及流程、监督约束机制等方面必须做到有章可循、有法可依。学生组织内部成员也应该严格地按照规范进行升、降、奖、惩。

⑤持续发展性原则

本着服务于学生成长、成才，服务于学院发展的大局，为适应新形势和新要求，学院党委学生工作部门可根据实际工作的需要，按照组织原则，科学整合现有学生组织，必要时也可以成立新的学生组织或取缔旧的学生组织。同时学生组织本身也应该注重持续发展性，在人员的培训和位置的更替衔接上做好传承。

（2）学生组织及其职能

①学生会

学生会是面向学生，开展自我服务、自我管理、自我教育工作，由党委（党总支）领导、团委指导的学生组织。依据校、系两级管理体制，学生会相应分为校学生会和系学生会两级。原则上来说，院学生会领导系学生会。

校学生会由主席、副主席、秘书处、生活部、外联部、宣传部、学习部、体育部、文艺部、女生部、自律部等组成。每个岗位、部门都有自己的职责要求和奖惩规定。各系建立系学生会，结构和校学生会大致相同。

学生会的主要职能为：团结和引导同学坚决贯彻党的路线、方针和政策，组织同学认真学习马克思列宁主义、毛泽东思想、邓小平理论和"三个代表"重要思想，贯彻落实科学发展观，坚持以大学生素质拓展为中心，为学院的改革发展服务、为广大同学的成长成才服务；充分发挥"桥梁"和"纽带"作用，倾听和反映学生的建议、意见和要求，代表和维护同学的正当权益，参与涉及学生的系校事务和民主管理，倡导和组织同学进行自我服务、科研、文体、公益等活动，积极负责地完成上级组织布置的工作任务，培养和造就德智体美全面发展的高素质人才。

②学生社团联合会

学生社团联合会的性质。学生社团联合会是由多个学生社团和组织组成的，是全院学生自愿组成的学生群众性组织，是大学生自我组织、自我管理和自我教育，服务全院的学生组织。对丰富学院的校园文化、锻炼大学生的实践能力和提高其综合素质起着不可替代的作用。

学生社团联合会的组成。学生社团联合会下辖多个学生社团。以唐山工业职业技术学院为例，学生的社团主要有28个，即：大学生通讯社、大学生文艺社、大学生礼仪队、心理协会、创业者学会、书画协会、博弈棋社、足球协会、武术协会、天雨文学社、英语协会、平凡人剧社、时事先锋社、治保会、宿管会等。每个学生社团相对独立，社团的内部结构虽据其内涵不同有所差异，但大致结构相似，一般由社长统领，部长、部员负责。每个社团根据自己制定的规划在社团联合会的统领下定期开展活动。

学生社团联合会的活动形式。每个社团一般都在学生业余时间开展活动，形式生动多样，丰富了大学生的文化生活。以唐山工业职业技术学院为例，学生社团联合会所辖的28个社团都定期开展活动。大学生通讯社活动主要是以校园广播的形式展开，社团内部的结构分工明确，从人物的采访、资料的采集、整理到最后的节目播放和信息的反馈都有固定的渠道和负责机制。足球协会、篮球协会、武术协会等则通过举办一系列体育竞赛开展活动，活动过程中的策划、比赛和总结等都有具体的分工。文艺社、书画协办、平凡人剧社、舞蹈协会等定期开展大型的文艺活动，通过台上和台下的双向互动，达到锻炼能力提高综合素质的目的。时事先锋社的活动主要是通过寻找主题，定期开展讨论、讲座、辩论、演讲、办报纸等。

学生社团联合会的活动原则。学生社团联合会在院团委和院学生会直接领导下开展活动。学生社团必须坚持以马克思列宁主义、毛泽东思想、邓小平理论和"三个代表"重要思想为指导，坚持四项基本原则，严格遵守国家法律法规和学校规章制度，不得危害国家的统一安全和民族的安定团结，不得影响学校正常的教学、科研秩序与安定和谐的校园氛围。学生社团的活动应遵循既要发扬民主，又要加强纪律，既要活跃气氛，又要保证秩序的活动原则，完善自我管理，确保健康发展。

3. 学生职业能力的评鉴

经过第一轮高职人才培养工作水平评估，高职院校相继引入学历证书和职业资格证书"双证书"制度，统筹学历和职业要求，兼顾专业课程教学内容覆盖和职业资格要求。通过做中学，做中教，突出职业能力培养和职业素质养成，把相关专业学生获得相应资格证书作为毕业的一个条件，充分利用学校的实训实习基地、校内职业技能鉴定机构、考务管理等基础条件，在颁发专业学历证书前，使毕业生通过职业技能鉴定获得高级工以上的职业资格证书。实践证明，"双证书"制度的引入，推动了学生职业能力评鉴的制度化，促进了专业教学质量的提高，并对满足企业用人要求提供了制度性保障。唐山工业职业技术学院国家职业技能鉴定所成立以来，已顺利完成了本院各届毕业生6500人次的高级工鉴定任务，毕业生高级工资格通过率达93%，有力地促进了毕业生顺利就业。时下，正学习新疆克拉玛依职业技术学院等学院的先进经验，进一步推进"双证"融通深度。对此，该学院努力在专业建设中实现三个统筹兼顾：一是统筹专业人才培养方案，兼顾专业教学覆盖职业标准和专业标准，在完成学历教育的同时，达到职业资格标准；二是统筹专业课程体系，兼顾专科学历教育知识与职业资格能力；三是统筹考核评鉴，兼顾学历标准和行业企业要求，完善保证体系，使学生真正成为高素质、高技能人才。

总之，学历证书和职业资格证书的"双证书"制度，不仅使学生职业能力的评鉴更科学合理，而且使学历与就业有效衔接，促进毕业生高质量就业。

4. 毕业生就业指导与追踪

（1）毕业生就业指导

毕业生就业指导随着我国社会主义市场经济的发展而应运兴起和发展。一方面高校持续扩大招生规模，到 2009 年全国毕业生已达到 610 万人；另一方面，受世界金融危机的影响，我国企业用人需求明显下降，就业形势更加严峻。

职业院校毕业生就业指导工作历程不足十年。随着劳动力市场形势的变化，毕业生从"计划"到"市场"，从"卖方市场"到"买方市场"，从"有形市场"到"网络市场"，形势变化很大。由于党和政府重视、人民关心，职业院校毕业生就业指导取得了重大成效。截止到 2009 年 7 月 1 日，教育部公布应届毕业生就业率已达 68%。中等职业学校学生的就业情况，由于毕业生就业标准相对较低，就业率相对要高。但总体而论，职业院校的毕业生就业指导工作仍难尽人意。在就业形势日趋严峻的时下，就业指导的有效开展显得尤为重要。

①毕业生就业指导的现状

毕业生就业指导已成为职业院校的重要工作之一，但对就业指导的认识仍有待深化。这主要表现在对就业指导与专业教学、招生、学校规划工作之间的关系认识缺失，对就业指导的管理、指导和服务三项职能之间的关系认识不到位。所以毕业生就业指导作用还未能充分发挥。

就业指导的形式业已多样化，但总体上仍限于形式化。这主要表现为指导教材内容理论性强，不能切合学生的实际需要；指导过程呆板，缺少互动；针对性、个性化不足，泛泛而谈；一、二年级指导学时偏少，毕业班则临时突击。因此，就业指导的质量不高，收效不大。

就业指导队伍已相对稳定，但专业化程度低，实践经验欠缺。时下，指导团队大都由专职和兼职人员组成，专业素质不尽人意，难以担负工作重任。加之平时忙于多头事务，很难做到静下心来指导、潜不下心来研究，指导工作大多流于一般化。

②毕业就业指导的几点思考

职业院校毕业生就业指导是根据学生个人特征和经济社会需要，引导和帮助学生规划职业发展、培养职业能力、选择适宜职业，以促进学生个人与社会和谐发展而实施的有组织、有计划的教育实践活动。有效的毕业生就业指导，需要转变就业指导的观念，正确构建就业指导课程体系，建设专业化就业指导团队。为此，必须提高对就业指导的认识。

简单地说，职业院校毕业生就业指导，就是要"以学生为本"，采用创新实用的理论、有效的方法，从学生个体发展的实际情况出发，为他们提升广泛的、系统的职业生涯教育，使其早日走上符合经济社会需要的岗位。

职业教育是就业导向的教育，学生能顺利地就业是职业教育的自然要求，也是国家现代化建设的紧迫需要。这是职业院校最基本的办学理念。就业导向并不是为了获得一个"饭碗"，职业教育，尤其是高职教育，培养的是高素质、高技能专门人才，他们的就业（含创业）应该有属于自己的专业岗位。岗位不是他们的唯一，适合自己的岗位才是他们所应该追求的。对此，就业指导工作者必须有清晰认识。同时，由于就业市场始终处于发展变化之中。产业的调整，行业的更替、新技术的应用、新岗位的涌现、商品交易方式的变化、百姓消费方式的改变等等，都关系到毕业生就业的对口和质量。因此，要真正使就业指导发挥实效，职业指导者就应随时了解和研究市场对人才的要求，从而加强就业指导的针对性、实效性。同时，还应强调指出的是，对大学生来说，实现就业（包括对口就业），不过是职业发展和成长的第一步，只是获得一个赖以谋生的职业岗位，而全面发展才是志存高远大学生的最高价值目标。

职业院校的就业指导工作是一个动态的过程，应把握各种教育时机，开展指导服务。在招生时，要认真了解学生的全面情况，指导他们选准专业，避免盲目定位；在教学中，将就业指导融入课堂教学，帮助学生确立正确的学习目标，端正学习态度；在日常管理中，通过管理和开展各项活动，使学生学会设计自己的职业生涯，树立终身学习的观念，全面提高自身的综合素质；在进行毕业教育时，要有针对性地进行就业指导和帮助，使学生端正择业态度，增强就业知识和技巧。此外，职业院校还应注意对低年级学生侧重基本职业素质和综合职业能力的培养，对高年级学生着重培养独立思考和继续学习能力，培养他们的创新思维和创新能力，为创业奠定基础。

就业指导模式改革要坚持突出针对性和实效性原则，立足毕业生就业的需求，着力培养学生的就业意识和就业创业能力。为此，一要改革现有课堂讲解的呆板模式，采用灵活多样、吸引力强的指导形式，增强学生的学习兴趣。二要实现从"教师主体"到"学生主体"的转变，加强互动性、主动参与性。三要加大实践类指导的比例，使学生就业技能有实质性的提高。四要重视心理辅导环节，培养学生健康的心态和自我心理调控能力。

对职业院校毕业生的就业指导是一项专业性很强的工作，需要具备专门知识、能力和素质的指导人员，需要市场意识强、对市场非常了解、对相关政策法规非常熟悉的指导团队。为此，职业院校要对相关教学人员和指导工作人员进行专业化培训，进行职业资格认证。对涉外联系较多或与国际院校间互派留学生交流的院校，还可借鉴国外职业指导的理念、经验和科学培训方式，不断提高毕业生指导教学团队的水平。

此外，还应充分利用信息技术手段，提高就业指导的工作效率。

总之，职业院校就业指导工作，任重道远，除了学校自身的努力，还需要政府的政策引导和社会各界的广泛参与。

（2）毕业生就业跟踪调查

实施毕业生跟踪调查，不仅是学校毕业生指导的继续和延伸，更是院校教育教学工作的重要组成部分，是职业院校掌握人才培养质量状况的一种有效途径，更是一种对学生负责、对社会负责的必要举措。

①建立毕业生跟踪调查制度的必要性

建立毕业生跟踪调查制度是职业教育按需办学的要求。按需办学是职业教育的一大特点，它要求职业院校必须根据不断变化的人才需求，利用多渠道收集信息，围绕市场设置专业、开设课程和组织实习。职业教育的开放性、灵活性、务实性、针对性要求职业院校主动开展毕业生跟踪调查，了解市场，了解需求。及时掌握毕业生的就业状况，针对就业市场基本行情的变化，及时作出专业设置调整和招生计划的调整。通过毕业生跟踪调查，了解职业岗位对某一欲开设专业的知识、能力和素质的要求，确定新专业的建设方案。

建立毕业生跟踪调查制度是职业教育质量评估体系的重要内容。毕业生进入社会工作，往往是最佳的教育质量验证期。毕业生的教育效果评估是教育质量评估体系的重要内容，只有通过对毕业生跟踪调查，才能获取相关信息。否则，学校只能零星地、片面地、被动地获得一些毕业生工作信息，无法得到全面、准确的教育效果信息。通过毕业生的跟踪调查，对毕业生反馈的信息进行分析，然后指导教学改革，积极推进专业课程体系的调整和课程内容的选择，进一步推进人才培养模式的完善和教学方法的改革。

建立毕业生跟踪调查制度是体现职业院校负责态度的手段。学校与毕业生的信息交流，实质是学校与用人单位的一种交流。通过开展对毕业生跟踪调查的合作，建立长期的供求关系，可以提高用人单位的人才质量，拓宽职业院校学生的就业渠道。依据跟踪调查的结果，还可以按相关的需求继续对学生进行针对性的择业、创业指导。

建立毕业生跟踪调查制度是建立职业院校校外实训基地的途径。用人单位是学校最好的实训场地，通过毕业生跟踪调查，与用人单位建立长期联系，可以利用用人单位的场地和设施作为校外实训基地。

②建立毕业生跟踪制度的基本思路

专人负责，纳入计划，共同参与。职业院校应把这项工作纳入有关部门的职责范围，有目的、有计划地开展毕业生跟踪调查工作，使学校与毕业生的联系做到经常化、制度化，充分获取毕业生信息。

确定制度，定期交流，派专人调研。职业院校有关职能部门应定期让教师或教学行政人员到毕业生工作单位调研，主动获取信息，加强同用人单位的交流，同时考察用人单位的技术设备状况，向学校领导提供各种信息。在调研过程中，教师也能够在实践中更新知识，发现原先教学中存在的问题，使以后的教学更具针对性和先进性。

建立与用人单位良好的合作伙伴关系。毕业生跟踪调查工作，实际上是学校与用人单位交流的一个纽带。由于企业与学校之间具有互补性和互利性，通过毕业生这一媒介，为企业与职业院校之间的交往创造了良好的氛围。学校领导和职能部门更要大力参与，广泛而深入地与用人单位建立良好的合作，为构建开放的职业教育体系营造更有力的外部环境。

合理利用企业的人才和设备资源。企业有丰富的实践型人才资源、先进的生产工具设备和工艺流程。通过对毕业生的跟踪调查，与用人单位建立长期的合作伙伴关系，学校可以聘请有经验的技术人员为专业建设指导委员会成员，为学校教学内容与社会生产现状同步提供保证。

③毕业生跟踪调查的实施

毕业生跟踪调查的实施是一项系统工程，需审慎而严密地组织。制定好实施方案和细则，是做好毕业生跟踪调查工作的基础和前提。

调查目的。一般而言，职业院校进行毕业生跟踪调查主要是了解毕业生就业情况。通过学生在走向工作岗位后，对就学期间学院的教学运行管理、学生工作、就业工作等方面的反馈意见，以及用人单位在选用毕业生后的反馈意见，及时发现职业院校在人才培养工作中的不足，为职业院校人才培养模式改革工作提供具体参考意见。

调查对象。毕业生跟踪调查对象是毕业生和用人单位。根据调查目的的不同，调查范围和覆盖面，即抽样率有所不同，可以是全体毕业生也可以是一届或一个班的毕业生，可以是所有毕业生的工作单位也可以是部分毕业生或部分专业毕业生及某个专业、班级毕业生的工作单位。

调查手段。针对毕业生生源、专业分布相对分散，就业形式流动性较大的特点和现实的可操作性，可采用网上填写、邮递、个别访谈等形式，以求尽可能广泛地了解毕业生的真实情况和想法。针对用人单位的调查，考虑到回收的时间要求，可采用邮寄、访问、访谈等形式。采用邮寄问卷形式时，问卷寄出后最好通知毕业生，向用人单位说明情况，并请人事部门填好调查问卷及时反馈信息。

调查设计。调查问卷的设计分为自编、网络、专家设计等几种方式。通常职业院校问卷题目的设计来源于有关职能部门，由有关职能部门设计出相应题目，汇总专家意见后，再根据本次调查目的进行修订而成。也有职业院校委托第三方进行调查问卷的设计，其好处在于客观、公正、科学，但必须需建立在对职业院校充分了解的基础上，把握调查的目的和重点。

调查问卷的形式。一般秉承"客观题型"为主，"客观题型"和"主观题型"相结合的原则。题量不能过大，每个问题的选择不可太多，力求不给被调查个体或单位增加很大的工作量，以保证问卷的回收率。

调查问卷的内容。针对用人单位和针对毕业生的调查问卷要分别设计。对于单位而言，包括被访人姓名、单位名称、单位性质、被访人是否直接指导过职业院校毕业生及所要调查的内容。所要调查的内容依调查目的的不同而不同。就综合调查来说，主要包括用人单位对毕业生的总体评价及对职业院校培养目标的建议；对毕业生专业和非专业能力的评价及对院校适应国际化市场的建议；对毕业生的进一步需求量，录用毕业生时所侧重的方面及优先选择高职毕业生的原因等。对于毕业生而言，包括被访人资料（被访人姓名、就业单位及部门、就业单位性质、具体工作岗位或职务、从事此工作年限、毕业专业、毕业时间）；就业基本情况信息（是否对口就业、目前职业层次、目前的学历层次）；对招生就业工作评价（当初优先选择高职教育的理由、对职业满意程度）；对教学工作的评价；对学生社团工作评价及对学校建设和发展的意见和建议等。

④调查结果分析与利用

毕业生调查问卷的分类统计。在调查结束后，对收回的有效问卷及访问、访谈的记录进行分类汇总统计，得到调查结果。

毕业生调查结果的分析。通过对毕业生跟踪调查问卷统计结果进行分析，对所要调查的问题作出基本判断。如上述调查问卷设计的内容中毕业生对口就业率、目前职业层次、毕业生当前的学历层次和用人单位对职业院校培养目标的建议等调查结果，反映培养目标的实现程度；毕业生日常工作中各种职业活动的比例，对毕业生专业和非专业能力的评价和用人单位对职业院校适应国际化市场的建议等，反映教学内容合理先进程度；通过用人单位对毕业生的进一步需求量，用人单位优先选择高职毕业生的原因，学生当初优先选择高职教育的理由，毕业生对职业满意程度等，反映职业院校的社会声誉和市场占有情况。

毕业生调查结论的利用。综合调查问卷结果，尤其是综合分析毕业生本人及用人单位两方面的问卷，得出培养目标的实现程度、教学内容合理先进程度、院校的社会声誉和市场占有情况等教育教学工作成果和不足。在充分认识调查结论的基础上，扬长避短，将教育教学过程中不能满足用人单位和毕业生需要或缺乏的项目、内容、方法、手段加以剔除、修改、补充、完善或重新建立，以适应新形势、新要求。这就要求，职业院校的管理者、教师要不断更新教育理念，加强教育改革，创新人才培养模式，建立适合高素质技能型人才的培养课程体系，改革教学手段和方法，最大限度地满足社会、企业、学生的需求，把职业院校办成人民满意的职业教育学府。

三、职业教育管理者资源

职业教育管理者资源是职业教育资源的重要组成部分，职业教育资源作用发挥的效果如何，在很大程度上取决于职业教育管理者资源的配置与作用的发挥。因此，配置好职业教育管理者资源，并充分发挥他们的作用，是职业教育资源管理的一项重要任务。

1. 职业教育管理者概述

职业教育管理者是管理者群体中的重要一员。从宏观上看，两者的共同点是所从事的都是管理工作，都需要掌握一定的管理知识，具有一定的管理能力；从微观上看，前者所从事的是职业教育管理，故还需要掌握一定的职业教育知识与能力，而后者所从事的是其他行业的管理，对职业教育知识与能力并无直接要求。

（1）职业教育管理者概念

职业教育管理者是指在职业院校从事教学管理、学生管理、人事管理、后勤管理、党务管理等各项管理工作的人员。一般而言，职业教育管理者具有以下特点。

①思想道德素质与修养较高

职业教育管理者多是校、系两级骨干。他们在党组织的培养教育和自己的努力下，具有较高的思想道德素质与修养。主要表现在：能够认真执行校党委、校行政的决定，组织纪律性强；对学校有关规章制度理解较为深透，能够做到照章管理，秉公办事；以学校的发展为荣，有较强的事业心，在市场经济条件下不过多计较个人得失，肯于奉献。

②教学、科研能力较强

在职业教育管理者队伍里，有不少人曾长期工作在教学、科研第一线，有的已成为教学、科研与管理的复合型人才。特别是校、系两级管理队伍的负责人，往往又是专业（学术）带头人，他们在教师中有较大影响，具有一定的威信。

③管理能力不断提高

我国职业教育管理者队伍是一支肯于学习、善于学习的队伍。他们结合各自的教学、科研和其他工作实际，结合学校的具体情况，学习职业教育管理理论和其他学校管理的做法、经验，适时更新管理理念，改革管理模式，完善管理制度，管理能力不断提高。

（2）职业教育管理者分类

职业教育管理者分类有三种，是按管理范围分类，有校级管理者与系级管理者，按承担任务分类，有专职管理者与兼职管理者，按肩负责任分类，有管理负责人与一般管理者等。

①校级管理者与系级管理者

校级管理者包括校级领导、学校各管理职能部门人员。校级管理者的主要责任是负责全校性管理改革、管理建设和管理运行。包括全校性管理机制的构筑与改革，全校性规章制度的制（修）订，日常管理的检查、督促与指导，按规章制度有关规定对重大违规事件的处罚等。

在校级管理者中，校级领导是决策者，起着关键作用。党委书记和校（院）长是第一责任人，其领导水平、工作状态如何，在很大程度上决定了全校的管理水平和管理状态。校级领导中的各位副职，分管全校某一方面管理工作，是党委书记或校长的助手，中层部门的导师，具有承上启下的重要作用。

校级管理者中人数最多的是学校各职能部门，包括教务处、学生处、后勤处、人事处、财务处、办公室等。他们的任务是根据校党委、校行政的决定和规章制度的规定，以及校领导的要求，为学校某一方面的管理出谋划策提建议，开展全校性某一方面日常管理工作的检查、督促与指导。在学校各职能部门里，又分为负责人和一般工作人员。职能部门负责人负责所在处、室日常管理的组织、指挥和人员的调配，以及向分管的校级领导汇报、请示工作，提出改进管理的意见与建议。职能部门的一般工作人员的职责，是按照处、室负责人的安排，搞好自己分管的那一部分管理工作，以及向处、室负责人汇报、请示工作，提出改进管理的意见与建议。

系级管理者包括系级领导、系级一般管理人员。系级管理者的主要责任是负责本系、部的管理改革、管理建设和管理运行，包括根据校党委、校行政的决定和全校性规章制度的规定，以及各职能部门的要求，结合本系、部的实际情况，制定各项管理的实施细则、向校级领导或职能部门提出管理改革、管理建设和管理运行的意见、建议。大力提倡系级管理者、特别是系级领导将组织纪律性与创造性有机结合起来，在不违背学校总体要求的前提下，敢于创新、善于创新，努力形成本系、部的管理特色。

在系级管理者中，系级领导是组织者，他们的工作、思想和管理水平在很大程度上决定了系、部的管理水平。系主任和系党总支书记是本系、部管理的第一责任人。系级领导中的各位副职，分别负责本系、部某一方面管理工作的组织，是本系、部某一方面管理工作的第一责任人。

系级一般管理人员包括系秘书、系办公室其他人员、辅导员、班主任等。他们中有的是专职管理人员，有的是兼职管理人员。这些人工作在职业教育管理的第一线，直接面向广大教师和学生，对教风、学风情况最有发言权。校、系两级领导在加强对这支队伍管理的同时，更应重视对他们的培养、教育，努力提高其管理水平。

广大教师在完成教学、科研工作的同时，还肩负着职业教育日常管理，特别是对学生日常管理的重任。这种管理不但体现在课下，更多体现在课上，即将育人融入教学之中。一个称职的教师，必须是既教书又育人的教师；一个优秀的教师，必定是教书与育人都突出的教师。

②专职管理者与兼职管理者

专职管理者指在一段时间内，专门从事职业教育管理的人员。兼职管理者指在从事职业教育管理的同时，还从事学校计划内的教学、科研和其他工作任务的人员。上述这两种管理者在校级管理者与系级管理者中均存在。

专职管理者是职业教育管理者资源中的主要组成部分。由于该部分管理者将全部精力用于职业教育管理，故对管理情况掌握得更为全面、透彻。显然，这对保证职业教育管理的连续性、深入性是必要的、有益的。因此，学校各级、各管理者资源中都应配备一定数量的专职管理者，特别是一些专业性较强的职能部门，如教务处、财务处、后勤处、人事处等，都必须配备一定数量的专职管理者。另外，各系、部，特别是教师、学生人数较多的系、部，也要有一定数量的专职管理人员。

兼职管理者是职业教育管理者资源中的重要组成部分。之所以在学校各级、各管理者资源中配备一定数量的兼职管理者，是由职业教育管理的特点所决定的。职业教育管理要求在管理者中，要有尽可能多的人员熟悉职业教育理论、职业教育过程和职业教育现状，尤其是对本学校的教学、学生等状况要有较为清晰的了解。由于兼职管理者在从事管理的同时，还承担着当前的教学、科研等任务，从而有助于提高管理的针对性和管理的效果。

③管理负责人与一般管理者

管理负责人是各级、各类管理的领导者、组织者。他们在职业教育管理者资源中的地位、作用在前面业已交代，现不赘述。至于一般管理者，他们是管理者资源的主体，日常管理中大量具体工作都要靠他们来完成，其在职业教育管理中的作用是无可代替的。

为搞好管理，必须摆正管理负责人与一般管理者之间的关系。首先，两者之间是领导与被领导的关系。这就要求一般管理者要服从管理负责人的安排和调遣，按时向管理负责人汇报工作，接受管理负责人的指导。其次，管理负责人要合理安排一般管理者的工作，最大限度地调动起每一个人的积极性，让大家自觉工作、快乐工作。再次，管理负责人也要虚心地接受一般管理者的意见、建议，善于把大家的智慧变为自己的智慧，把所在部门、单位建设成团结、和谐的集体。

（3）职业教育管理者素质特点

职业教育管理者的工作对象是全校所有人员，主体是广大教师、学生。由于管理对象的高素质，势必要求管理者要有更高的素质。其素质特点除了思想道德素质与修养普遍较高以外，还需具备"三有三强"。

①要有一定的职业教育底蕴，专业能力较强

在职业教育管理者中，要有一定数量人员正在或曾在教学、科研第一线工作，少量还应是专业（学术）带头人、专业（学术）骨干，专业能力较强，并在教师中有较高的影响力和威信。对专业性较强的职业教育管理部门、单位，应由内行来管理。

②要有厚实的理论基础，管理能力较强

职业教育管理者要通过脱职学习或在职学习，增进对职业教育管理理论、方法的全面理解，才能将管理理论、方法与专业实践结合起来，用于职业教育管理之中。在日常管理中，要适时总结经验教训，更新管理理念，改革管理模式，提高管理能力，从而达到提升管理水平的目的。

③要有严谨的工作作风，亲和能力较强

职业教育管理是一个复杂的系统工程，只有严谨的工作作风、踏实的工作态度、一视同仁的工作原则，才能使管理者有较强亲和力。与此同时，才能做到有序、有力、有效管理，最终实现职业教育管理的科学、合理。应明确的是，良好工作作风的养成要靠长时间的砥砺，良好工作作风的保持更要有高度的事业心、责任感。

2. 职业教育管理者的培养

做好职业教育管理者的培养，是职业教育管理者资源建设的一项重要内容，其重要性不亚于教师队伍建设。为做好职业教育管理者的培养，须做到有计划、有安排、有措施、有落实。

（1）培养理念

根据职业教育管理的需要，考虑到职业教育建设、改革和发展的现状与走向，要有计划、有步骤地安排好各级、各类管理人员的培养。在培养内容上，将管理理论水平的培养与管理方法的培养结合起来。在培养形式上，要做到灵活多样，讲究实效。在培养机制上，以激励为主，激励与约束相结合。各级领导和管理部门负责人应带头参加培养，带头接受考核，带头将培养的成果应用到管理实践中去。

（2）培养内容

培养内容主要包括职业教育管理理论和职业教育管理方法，以及管理行为学、管理方法学。

①职业教育管理理论

为掌握职业教育管理理论，首先必须了解职业教育的基本理论和基本情况，包括职业教育的性质、办学理念、办学机制、职业教育各项建设的原则与方法、职业教育各项改革的走向与重点。对职业教育管理理论，要重点掌握职业教育管理的基本原则、基本方法和校、系两级管理的架构设计理论、监督与保障体系设计理论，以及管理行为学、管理心理学等。

在学习中，应注意以下三点：一是对教育管理理论的学习，要注意在普遍学习的基础上，对重点问题予以重点学习。务求把握内涵实质，学深学透。二是对国内外职业教育改革的新理论，要及时了解、及时掌握。三是对理论学习一定要做到联系实际，要把学习的理论与本校、本系（部）、本部门、本人的管理工作结合起来，做到学以致用，勇于创新。

②职业教育管理方法

对职业教育管理者培养的另一个重点，是职业教育管理方法。通过学习，要明确各种管理方法的适用范围、适用条件、优点与不足。在教学管理上，要重点掌握专业建设管理、课程建设管理和教师队伍建设管理的方法。尤其是对在教育教学改革中出现的工学结合、"教、学、做"一体化育人模式如何管理，应予以深入学习与探讨。在学生管理上，对在管理中如何坚持以人为本、怎样加强对顶岗实习学生的管理等，应作为学习和研究的重点。

（3）培养方式

为培养职业教育管理者，可采用多种多样培养方式。主要方式有：按培养地点来分，有校内培养与校外培养；按培训时间分配来分，有集中培养与分散培养；按岗位情况来分，有在岗培养与脱岗培养等方式。

①校内培养与校外培养

校内培养与校外培养是指培养地点分别在校内、校外。校内培养包括在校内举办的各种管理培训班、各种管理讲座与报告、各种管理研讨会等。校外培养包括在校外举办的管理培训班、研讨会、讲座与报告以及职业教育管理的学历、学位攻读等。一般来说，采用后一种方式的收效会更快、更大些，但培养成本相对较高。前一种方式的长处是受益面大、培养成本相对较低。

②集中培养与分散培养

集中培养与分散培养的主要区别在于，前者培养所用时间相对集中，而后者则相对分散。前者的长处是连续性强、效率高、效果好，但参加的人数相对较少。而后者的益处在于对日常的管理工作影响较小、参加的人数相对较多、受益面更大些。

③在岗培养与脱岗培养

在岗培养是指培养对象在培养期间，前者是不脱离日常工作岗位，边工作边培养；脱岗培养是指培养对象脱离日常工作岗位，全身心地参加培养。对这两种培养方式，学校应从兼顾眼前管理工作和长远需要出发，灵活选择。

3. 职业教育管理者的使用

使用好职业教育管理者具有重要意义。现就职业教育管理者的分工、合作、交流、专业化发展，逐一予以阐述。

（1）职业教育管理者的分工

职业教育管理者的分工可从多个视角来审视。从党、政系统的视角看，分为党务管理者和行政管理者；从行政本身视角看，又分为教务管理者、学生管理者、人事管理者、财务管理者、后勤管理者等。

①党务管理者

党务管理者包括在组织部、宣传部、统战部等党委统辖职能部门工作的人员，以及各系、部党总支、党支部的工作人员等。组织部人员的主要职责是抓全校日常党的建设、党员的管理、系级以下党员领导干部的考察和任免建议等。宣传部人员的主要职责是抓党的思想、路线、方针、政策的宣传，以及用正确的世界观、人生观、价值观武装党员和群众的头脑。统战部人员的主要职责是抓对各民主党派人员和无党派人士的统战工作。各系、部党总支、党支部的工作人员的主要职责是根据学校党委的要求，抓所辖系、部以及下属单位党的各项日常工作。

②行政管理者

行政管理者包括在教务处、学生处、人事处、财务处、总务处等学校行政职能部门工作的人员和在各系、部以及其他教学、教辅单位从事行政管理工作的人员。教务处人员的主要职责是根据学校的要求，负责全校日常教学建设、教学改革和教学管理。学生处人员的主要职责是负责全校的学风建设和学生的日常管理等。人事处人员的主要职责是抓好人员调配、人事档案管理、工资管理、年终考核与奖惩等。财务处人员的主要职责是财务的预决算和日常财务管理、开源节流、保证学校运转的经费需要。总务处人员的主要职责是为教学、科研和广大师生工作、学习、生活做好后勤保障工作。各系、部以及其他教学、教辅单位从事行政管理工作的人员职责是根据分工，分别做好本单位的日常教学管理、学生管理和其他管理工作。

（2）职业教育管理者的合作

为做好职业教育管理，在明确职业教育管理者分工的同时，还需搞好管理者之间的合作。包括部门、单位内的合作和部门、单位之间的合作。对此，应注意以下几点。

首先，要加强宣传、教育。使大家认识到，合作既是做好工作的需要、全局的需要，也是每一个人自身发展的需要。其次，要建立起加强合作的激励与约束机制，将合作的好坏作为对部门、单位和个人考核的内容之一。再次，各级领导要以身作则，为下属做出榜样，成为合作的模范。最后，对在合作中出现的问题，有关领导要及时协调，化解矛盾，避免矛盾扩大化。

（3）职业教育管理者的交流

开展职业教育管理者的交流，不仅可以开拓管理者的管理领域，提高管理能力，而且有利于学校管理者队伍素质的提升和全校管理水平的提高。交流分为校内交流和校外交流。校内交流是指管理者在学校内有关部门、单位之间交流。校外交流是指管理者在学校之间交流。交流时间的长短，则根据需要与可能而定。

①加强交流的计划性

为提高交流的规范性、有效性，学校要制定出职业教育管理者交流的计划。对交流的目的、意义、形式、要求、领导等给予明确界定。注意将眼前需要与长远发展结合起来，将交流与日常管理工作统筹起来。加强交流的计划性，是搞好交流的必要前提。

②加强对交流的管理

交流是对职业教育管理者培养的一种有效方式。无论哪一种交流，都会取得相互学习、取长补短、共同提高的效果。为了提高这种效果，各级领导和有关部门要加强对交流的管理，对每一位参加交流的人员都应做到交流之前有要求、交流之中有检查、交流结束有总结，将对交流的管理贯穿全过程。

（4）职业教育管理者的专业化发展

职业教育是专业性很强的工作，其管理同样具有很强的专业性。因此，职业教育管理者走专业化发展的道路，是提高职业教育管理的有效性、科学性必循之路。但是，是所有职业教育管理者还是其中部分人走专业化发展的道路，不可一概而论。但对一些专业性很强的管理部门和管理单位以及个人，则必须走专业化发展的道路，如财务处、人事处、教务处等管理岗位。

①选拔有管理背景的人员从事管理工作

职业教育资源论

对一些专业性很强的管理岗位，应选拔有该专业背景的人员上岗。如财务处的人员应由有一定财会知识基础和财会工作经验者组成；教务处的主要成员应为来自不同专业的教师；人事处管理工资人员最好受过工资管理类专业培养或培训等。

②注意对职业教育管理者的专业化培养

职业教育管理者的专业化发展必须要有专业化培养来保证。培养的方法和途径应根据需要与可能性而定。一般而言，自学与外出进修相结合，以自学为主；集中学习与分散学习相结合，以分散学习为主。为督促管理者的专业化发展，还应定期对管理者进行考核，将激励与约束结合起来，以激励为主。

4. 专业带头人的管理

专业带头人的管理是职业教育管理的一项重要内容。其管理状况不仅反映了管理的水平，而且还直接关系到专业带头人队伍的建设，乃至整个教师队伍的建设。在专业带头人的管理中，应把握住三个要点，即管理的针对性、管理的人性化和管理的前瞻性。

（1）管理的针对性

任何一种管理，都强调管理的针对性。针对性是提高管理效果的基本要素。在对专业带头人的管理中，针对性更显得十分必要。这种针对性主要体现在以下四个方面。

①管理者的选择要有针对性

专业带头人管理的对象是专业造诣高，在广大教师中具有影响力、号召力和较高威望的优秀教师代表。一般来说，他们不仅在专业上很有造诣，而且思想道德素质也为大家所认可。因此，在选择管理人员时，一定要选择那些管理能力强、人品佳、懂专业的人员。如果管理者本人也是专业带头人，其管理效果会更佳。反之，若由不懂专业人员来管理专业带头人，因其在专业上缺乏共同语言，不仅管理者本人管理底气不足，而且也很难让被管理者信服。最终，必然会导致管理效果的大打折扣。

②管理过程要有针对性

这种针对性主要体现为管理要合理，管理要管到点子上。只有管得合理、准确，才会实现管理者与被管理者之间的和谐，收到管理的预期效果。为此，管理者应针对不同专业的不同特点，采取有区别的管理办法。正如毛泽东同志在《学习和时局》一文中所说："列宁说，对于具体情况作具体分析，是'马克思主义的最本质的东西、马克思主义的活的灵魂'。"

③管理重点要有针对性

针对不同时期和教学建设、教学改革的不同侧重，应对专业带头人提出不同的要求，并调整管理的重点，将对专业带头人的管理与推动当前的重点工作结合起来。比如，一些高职院校正在进行学习领域课程改革，对此，就应将开展校企合作、工学结合和"教、学、做"一体化教学模式情况，作为对专业带头人管理与考核的一个重点。

④要因人而宜

不同专业带头人除专业背景的差异外，学历学位、专业特长、教学风格、科研方向以及脾气秉性、兴趣爱好都会有所不同。对专业带头人的管理，除了因专业而宜外，还要因人而宜。做到在管理中既要考虑被管理者的共性，又要考虑被管理者中每一个人的个性，将个性管理寓于共性管理之中。这样，才会实现管理者与被管理者之间的内心沟通，形成宽泛的管理共识和最大的管理合力。

（2）管理的人性化

管理的人性化是与管理的严格化并生并存的。对专业带头人的管理也同样要强调严格化与人性化这两个方面，但考虑到管理对象的特点，应将人性化摆在更为突出的位置。实践证明，在对专业带头人的管理上，人性化管理是严格化管理的前提和基础，只有搞好人性化管理，才能使严格化管理落到实处。人性化管理最根本的体现，是在管理的全过程都要坚持以人为本。

①做被管理者的朋友

坚持以人为本，首先要摆正管理者与被管理者之间的关系。管理者与被管理者只是分工不同，两者之间是平等的关系。管理者既要对被管理者实施管理，又要接受被管理者的监督。被管理者在自觉接受管理者的管理同时，有权对管理者提出意见或建议。两者的总体目标是一致的，那就是通过加强管理，保证和促进教育教学建设与改革以及推进科研工作，提升教学、科研和办学水平。基于上述分析，管理者一定要摆正自己的位置，做到既要严格管理又要努力拉近与专业带头人的感情距离，成为被管理者的朋友，使专业带头人有话愿意找管理者谈，有事愿意找管理者商量。

②讨论式分析出现的问题

在对专业带头人的管理中，难免会出现这样或那样的问题。对此，管理者应如何处理，是大有讲究的。在大多数情况下，管理者应以讨论的方式与专业带头人共同分析出现问题的原因，找出解决问题的办法。既然是讨论式，那就要态度诚恳，认真听取对方的意见，对一时难以达成共识的问题，也不要强加于人，可以先放一放，以后找机会再讨论并统一认识。通过讨论，管理者要勇于修正自己原先不成熟、不正确的看法和意见，做到坚持真理而不固执己见。

③将管理与帮助解决实际困难结合起来

专业带头人在进行教学改革、科学研究中经常会遇到一些问题和困难。对此，有些要靠本人努力来解决，有些则需要外界的帮助方能度过难关。此时，管理者一定要尽所能帮助其解决问题。不论是硬件方面还是软件方面，凡是要求合理、又能够解决的，应尽快解决；须请示领导解决的，要及时请示，妥善处理。管理者要通过自己的工作使被管理者体会到，其所面对的不仅是严格的管理，还有真诚的帮助和炙热的情感。只有将管理与帮助解决实际困难结合起来，才可能实现管理效果的最大化。

④协助被管理者总结成果和经验

通过不断努力，专业带头人在专业建设与改革、科学研究上取得成果和经验时，管理者要主动根据专业带头人需要，协助其总结成果和经验。对此，需注意两点。一是管理者要尊重专业带头人的意愿，帮助应是在对方愿意接受前提下的行为。如若专业带头人不愿接受这种帮助，管理者决不可勉强。强加于人是对被管理者的不尊重，即便是好事也切不可做。二是要帮助，不要包办。帮助不等于大包大揽，帮助更不等于管理者说了算。这里的帮助主要是协助、咨询、建议与提供相关信息。

（3）管理的前瞻性

科学的管理是有前瞻性的管理。这里的前瞻性是指从管理目标来看，不仅考虑当前，还要顾及今后；从管理内容来看，既要以眼下需要为主，又要兼顾以后发展的需要。为实现管理的前瞻性，须注意以下三点。

①理念的前瞻性

进入 21 世纪以来，伴随着职业教育的蓬勃发展，职业教育的改革、尤其是高职教育的改革不断深入。这种以职业教育教学理念改革为先导的改革不论是在深度上、还是在广度上，都是前所未有的。这种改革至今仍在发展之中。从办学模式看，由封闭办学到开门、开放办学；从培养目标来看，由培养有一定动手能力的一线应用型人才到培养高素质、高技能、可持续发展的人才；从培养模式来看，由理论与实践脱节到工学结合和"教、学、做"一体化；从教学内容看，由本科压缩型到由实践课程系统与基础理论课程系统组成的"双系统"课程体系。教育教学理念的转变势必要求管理理念也随之更新，包括对专业带头人的管理理念的调整。特别是对专业带头人的评价理念，必须从以学术为主转变为以能力为主，能力、理论与素质相融合。管理理念的前瞻性还应表现在，管理者要对教育教学改革的基本走向作出预判，并根据预判调整自己的管理思路。

②工作的前瞻性

伴随着管理理念的转变，日常的管理工作内容和方法也需随之调整。特别是考虑到目前正在一些职业学校兴起的学习领域课程改革，对专业带头人提出了新的要求。例如，要求专业带头人要有将工作领域转化为学习领域、进而设计学习情境的能力；要有将理论教学与实践教学融为一体、实现"教、学、做"一体化的能力；要有深入行业企业、与技术人员一起进行技术攻关、技术开发的能力；要有不仅自己是"双师"型教师，还要指导学生取得职业资格的能力等。对此，专业带头人的管理者必须将日常管理工作超前一步，对已具备上述能力和素质的专业带头人，促使其进一步巩固和提高；对当前还不具备或不完全具备上述能力和素质的专业带头人，督促、帮助他们尽快过好这一关，并带领其他教师在教育教学改革中不断取得新成绩。

③服务的前瞻性

服务的前瞻性是指，管理者对专业带头人的服务不仅要考虑到当前的需要，还要考虑到他们可能的需要和明天的需要。对服务要有计划，做到胸中有数，而不是仅限于随机做做。一些服务要有一定超前量和预留量。例如，对专业带头人的培养，应有一个长远打算，提前做好计划安排。再如，对专业带头人的科研工作的服务，也要步步走在前头，特别是对成果的鉴定、报奖等，管理者都应提早帮助谋划，做好各项准备工作。

5. 管理者群体结构与优化

一支管理队伍的水平，不仅在于成员的个体素质，更在于群体的结构与优化。对职业教育而言，由于其具有科学性、教育性和社会性等基本属性，从而对它的管理者群体提出了更高要求，即这支队伍的结构要更加合理、更加优化。对于此点，前文中业已不同程度地论述过。现仅从年龄、专业两个方面再加以分析。

（1）年龄结构与优化

管理者群体年龄结构合理与优化，是其整体结构合理与优化的重要组成部分。这是因为，它不仅关系到现在的管理，还关系到今后的管理、乃至职业教育的发展。那么，如何做到管理者群体的年龄结构合理与优化呢？对此，应重点抓好以下几项。

①老、中、青结合，以中、青年为主

在管理者群体中，老、中、青都应占有一定的比例。老年管理者经验丰富，办事老练、稳妥，往往是群体的主心骨和掌舵人。中年管理者年富力强，融干劲与经验于一体，是群体的中坚力量。青年管理者思想活跃，精力充沛，有较高的计算机和外语应用能力，是群体的新鲜血液和未来希望。三部分的比例究竟是多少，则因校而宜，因单位、部门而宜，不可一概而论。但从发展角度来看，中、青年应占较大比例，整个群体要以他们为主，并侧重对他们的培养。

②管理的领导者要形成梯次结构

对校、系（部）两级管理机构的领导者，其年龄结构更是一个必须优先考虑的问题。原则是老、中、青要形成梯次结构，以保证不因个别人的退休或工作变化而影响日常管理；实现三方面的合理匹配，以求在年龄上的互补。对校级管理群体来说，校级领导是由上一级党委任命，但学校应从梯次结构原则出发提出自己的意见和建议。对各系（部）、处、室管理群体的负责人，学校则完全可以本着德才兼备的原则来搭建其梯次结构。

（2）专业（学科）结构与优化

管理者群体专业（学科）结构与优化，是其整体结构与优化的另一个重要方面。这是基于学校专业设置的多学科性所决定的。现在大部分职业学校、特别是高职院校所设专业往往涉及工、经、管、文、法等多种学科。不同学科之间，在能力、知识体系与结构等诸多方面有许多不同，所对应的行业职业也存有差异。尽管职业教育的管理存有共性规律，但不同学科的专业有着各自的特点也是客观事实。这就要求管理者在管理上除了要遵循共性规律外，还应顾及不同类专业的特点。将共性管理与个性管理结合起来、统一起来。只有这样，管理才更具有针对性，也才能够收到更大的效果。

①管理人员群体要有一定的专业（学科）覆盖面

在组建职业院校校级管理群体时，领导者应根据全校专业的学科分布，有针对性地选择具有不同专业（学科）背景的人员作为管理者，并尽可能地将其放在能发挥专业（学科）特长的职能部门及管理岗位上。要使具有专业（学科）背景的管理人员所涉专业（学科）具有较大的专业（学科）覆盖面。特别是对学校的重点专业，领导者应尽量将其置于覆盖面之内。需要指出的是，强调专业（学科）覆盖面是对全校总体而言，不可片面地扩大到每一个管理职能部门。

②重视管理负责人的专业（学科）背景分布

除强调管理人员群体的专业（学科）覆盖面外，还应特别重视校、系两级管理负责人的专业（学科）背景分布。首先，要重视学校领导的专业（学科）背景分布。尽可能做到每一个人都有一定的专业（学科）背景，并从事与专业（学科）背景相关联的管理领导。其次，学校各管理职能部门的负责人，一定要是所辖部门的管理内行。比如，教务处处长应是从事过教学、并在教书育人和执行规章制度方面表现突出的人员。科研处处长应是搞过科研、并做出过成绩的人。

③系（部）管理负责人要专业（学科）对口

学校的二级管理单位，即各系（部）管理负责人处在管理的第一线。他们每天都要面对具体的教学、科研工作，直接与广大教师、学生接触。这就要求他们不仅要掌握职业教育管理的宏观理论和能力，还能处理具体的专业建设、课程建设、日常教学管理和科研项目的申报、科研过程管理、科研成果鉴定以及突发事件的处理等一系列专业性很强的日常管理工作。基于此，各系（部）管理负责人不但要有一定的专业（学科）背景，还需专业（学科）对口。概言之，各系（部）管理负责人应是专业（学科）管理的内行。否则，不仅管理负责人缺乏管理的话语权，而且会使管理的效果大打折扣。

6. 管理绩效考核

绩效考核是由绩效与考核所组成。"绩效"（performance）的含义是"表现"，即个体和群体的工作表现、直接成绩和最终效果的统一体。"考核"的含义是评价、评估，由一定的人员给被考核对象评价和打分。本书中的绩效考核是指对管理者在管理过程中的工作业绩（工作的数量、质量和管理的效果等）、工作能力、工作态度以及个人品德进行评价，据此判断管理者是否满足所承担的管理职责要求。绩效考核是职业教育管理者资源开发与管理的一项重要内容，其目的是肯定管理者的管理成绩，找出存在的问题和不足，进而改进工作，提高管理的效率和效果。

（1）绩效公式

管理者的绩效取决于多种因素，是管理者个人素质和管理环境共同决定的。可以用以下公式来表示：

$$P = f（s，m，e，o）$$

式中，P（Performance）为绩效；s（skill）意为技能，在此为管理者的工作能力，即基本素质；m（motivation）意为激励，在此为管理者的工作态度，包括工作的积极性和价值观等因素；e（environment）意为环境，在此指管理者进行管理的客观条件，包括硬件条件和软件条件；o（opportunity）意为机会，在此指可能性或机遇。

（2）绩效考核的种类

绩效考核种类的划分没有统一约定，完全根据需要与可能来选择。通常采用下列几种。

①定性考核与定量考核

定性考核是指考核是由考核人对被考核人作出较为概括的评价。这种方法的优点是方法简便、易操作，缺点是受考核人主观影响较大，考核过程不够科学，考核结果也不够准确。定量考核是指考核按预先制定的考核指标体系来进行。其优点处是较为客观、随意度低，缺点是对考核指标体系很难考虑周全，量化的范围有限，使得此种考核的适用面受到影响。

②不同主体考核

从考核主体来看，有上级考核（部门、系、部负责人对所辖管理者的考核）、组织人事部门考核、下级考核（管理者对部门、系、部负责人及学校领导的工作做出自己的评价）、自我评价（按照统一标准，管理者本人对自己的工作作出评价）、相互评价（管理者之间进行评价）、专门考核（由各方面人员组成的考核组对被考核人进行考核）等。

③不同形式考核

从考核形式来看，分为口头考核与书面考核、直接考核与间接考核、个别考核与全体考核等。

④不同时间考核

从考核时间来看，分为日常考核、期末考核和年终考核等。

（3）绩效考核的内容

该部分包括绩效考核的基本内容、考核内容指标体系的建立、考核项目的权重及分值分配。

①绩效考核的基本内容

在确定绩效考核的基本内容时，必须从职业教育的基本属性出发，充分考虑人才培养目标和教书育人的总职责。做到看管理成绩和管理效果，但又不唯此论，兼顾管理者的工作作风、工作态度和将管理与服务相融合的状况。在确定了考核基本内容后，各不同部门、系（部）可根据各自的管理特点，确定绩效考核的具体内容。

②绩效考核的指标体系

在确定了绩效考核的具体内容后，还需将其细化，建立一个考核项目指标体系。为此，首先要对整个管理工作进行系统分析，根据考核和职业教育的发展与管理的需要，将细化后的考核内容分解为具体的考核项目。然后对考核项目进行整理、归类，建立起考核的详细指标，并形成最终的考核指标体系。

③项目的权重及分值分配

建立起绩效考核指标体系后，考核主管部门要根据绩效考核的重点以及不同指标的重要程度，对各项指标分别给予加权及分值。这样，不仅以量化的形式体现了不同指标在绩效考核中的重要程度，而且还会对管理者的行为起到导向作用。

（4）绩效考核的原则

为使绩效考核更好地起到激励与约束双重作用，在考核中应坚持以下各项原则。

①公开性原则

公开性原则主要体现在三个方面。一是在制定绩效考核指标体系时，要征求并认真听取被考核者的意见和建议。二是绩效考核工作要公开，尤其是考核结果要公开。三是绩效考核要以事实作为评价依据，杜绝考核者掺杂个人的亲疏与情感。

②反馈性原则

在绩效考核过程中，考核者要及时将考核结果与被考核者沟通，以利于被考核者发挥自己的优点和长处，克服缺点与不足。

③制度化原则

制度化是使绩效考核具有科学性的重要体现。同时，制度化还有利于绩效考核的组织和被考核者的主动参与，有利于绩效考核的健康发展。

④可靠性原则

只有保证绩效考核的可靠性，才能做到考核结果的公平、可信，从而实现绩效考核的初衷，进一步调动起被考核者的积极性和主动性，促进和谐校园建设，为职业教育教学建设、改革和学校的发展提供更有力的管理保证。

第三章

职业教育实训基地资源

实训是职业技能实际训练的简称，是指在学校可控制状态下，按照人才培养规律与目标，对学生进行职业技术应用能力训练的教学过程，也是职业教育教学过程的一个重要环节。① 实训包含但不局限于一般意义上的实验、实习环节，突出了职业能力的训练，具有实验中"学校能控"、实习中"着重培养学生职业技术性"的显著特征。职业教育的实训环节主要依托于特定的环境，包括师资、场地、设备及技术支持等。

一、职业教育实训基地的功能与作用

实训基地是实训教学过程实施的实践训练场所，它可使学生接触受训所需要的各种软、硬件要素，即技术、人员与设备等。作为职业教育的实训教学与职业素质训导、职业技能训练与鉴定及高新技术推广应用的主要场所，实训基地成为职业教育人才培养过程不可或缺的资源，其教学基础设施与工作状况直接反映学校的教学质量与教学水平。

1. 职业教育实训基地建设的目标和任务

职业教育实训基地建设要坚持以服务为宗旨、以就业为导向、以学生职业能力训练为核心，充分体现职业教育特色，立足为所在区域经济和社会发展服务，培养面向生产、建设、管理、服务第一线需要的技能型人才。② 要突出职业岗位需要，构建真实或仿真的职业环境，以利于学生在职业活动环境中，经受岗位实务训练或仿真训练，提高技术应用能力、培养综合职业素质，达到国

---

① 石伟平. 时代特征与职业教育创新 ［M］. 上海：上海教育出版社.
② 吴启迪. 加强实训基地建设推进职教发展（在 2004 年职业教育实训基地建设新闻发布会上的讲话）.

家（或国际通行）职业资格证书认定的标准，使实训基地成为学生巩固理论知识、练就实践能力、培养职业素质的实践性学习与训练场所。

通过进一步建设，职业教育实训基地应能够开展应用项目研究、科技成果推广、生产技术服务、科技咨询和产品开发等服务活动，融满足教学需要与企业需要于一体，使职业教育更好地服务于经济和社会发展对技能型人才的需求。

2. 实训基地的基本功能

实训基地是职业院校实施专业实践教学的主要场所，一个完善的实训基地应具有专业实践教学功能、产学研训相结合的功能、职业技能培训与鉴定功能、对外服务功能、"双师"素质师资队伍的培训功能等。①

（1）专业实践教学功能

职业教育的目的是培养合格的技能型人才，实践教学是极其重要的教学环节，能使学生在学校学习期间就接触本行业的新技术、新工艺，因此专业实践教学功能应是实训基地的基本功能。实训基地应能够根据专业人才培养方案要求，对学生进行专业岗位基本技能训练、模拟操作训练和综合技能训练。

深圳职业技术学院借鉴香港理工大学的经验，创建了校内实践教学基地——工业中心，建筑面积九万余平方米。目前，该中心建有 26 个实训室（104 个实训分室）。各实训室（分室）仿照真实的职业环境，打破按学科组建的格局，分别按照技术模块、工艺流程、生产流程和实务流程进行建设，针对性强。教学内容设计和设备配置努力做到"三个贴近"（贴近生产、贴近技术、贴近工艺）。其中既有三坐标测量仪，Festo 液压、气动设备，海德堡四色全自动胶印机等高端贵重设备，也有大批能够反映当前高新技术，在实际生产第一线应用广泛的各种设计与技术应用软件，如 UG、PRO/E、CAD/CAM 软件，MoldFlow、CAE 计算机辅助分析软件，Cimatron 计算机辅助制造以及 SmartGroup 制造信息化管理软件，港口、航运和货运代理企业生产管理操作模拟软件，金蝶、用友财务软件，3Dmax、Maya 三维动画应用软件等，学生使用的是当前较先进的仪器设备和软件，学到的是较前沿的技术和工艺，实现学校与用人单位的"零距离"对接。

（2）产学研训相结合的功能

职业院校的发展离不开科研工作，科研工作是提升办学品位、树立学校良

---

① 吴玖玖. 高职院校实训基地建设与实训教学探索 [J]. 实验技术与管理，2005，（9），120～122.

好形象和增强学校办学实力不可缺少的因素，是职业院校自我发展的内在动力，是学校上水平、上质量、上品牌的重要手段和途径，也是职业院校教师专业发展的需要。实训基地的建设必须体现科研功能，应能为教师提供良好的科研环境。实训基地不仅要有优良的科研场所、先进的仪器设备，同时还应具备有利于科研工作开展的管理体制。通过加强校企合作、工学结合，实现校企双赢，既为企业人才的培养、技术能力的提升提供运作的平台，也为职业教育建立校外高水平的实训基地，为学生的课堂与实践教育结合创造良好的实习环境。

天津职业大学围绕实训基地建设和实践教学等问题开展科研工作，曾获得两项国家级教学成果二等奖，以及天津市科技进步奖、天津市优秀教学成果一等奖、国家专利等。

（3）职业资格技能培训与鉴定功能

国家劳动部门正在逐步要求各个工种职业岗位实行持职业资格证上岗，因此，培养学生的职业资格技能也是职业院校办学的基本出发点之一。实训基地最有资格成为职业资格证书的培训点和考试点。目前国家劳动部门一般都在职业院校设有职业技能鉴定所（站），在这种情况下，职业院校的实训基地应具备职业资格技能实训能力，充分发挥职业技能鉴定功能，并努力取得好的社会效益和经济效益。

福建交通职业技术学院的相关实践很好的阐释了实训基地的这一功能。该院的航海系利用自己的优势，为福建船员进行各类培训，其中高级培训如轮机员补电培训人数达一千多人，各类初级培训近万人，为福建航海事业做出重大贡献。

（4）对外技术服务功能

通过提供对外技术服务，职业院校可以提升自身在社会上的声誉和地位，并给学校争取到额外的办学资金。通过对外技术服务，能够促进职业院校教师专业的发展，提升教师专业精神、丰富教师专业知识，提高教师教学能力。通过对外技术服务，学校与企业的联系更加紧密，社会对人才的要求和生产发展的动向可以及时地反馈到学校来，学校根据这些信息调整教学，使职业教育改革能更及时、更准确地反映经济的发展和社会的进步。通过对外技术服务，学校也可以及时将科技方面的成果及学校办学的有关信息与社会沟通，有利于科技成果向生产力转化。实训基地对外技术服务是多方位的服务，包括培养技术人员和直接完成服务项目。所以，它既是对外信息交流的窗口，也是对外服务的基地。实训基地应建立对外技术服务的管理体制与机制，充分利用自己的各种资源，开展有效的对外专业技术服务工作。

宁波职业技术学院充分利用现有的师资和设备条件，积极参与企业的技术研发，开展技术服务，先后为宁波世控自动化科技有限公司开发出机器手，为宁波海利达有限公司研发出塑料粒子干燥机，为敏孚企业开发出汽车自动天窗等。由该院教师研制的潜艇专用微型电机也已投入批量生产。同时，该学院承担了地方政府部分咨询和委托项目，以及宁波市规划局北仑分局、宁波元胜机电设备制造有限公司、波导公司、永发集团等企业的研发项目共近百项，获技术专利 11 项，横向科研经费 2000 多万元，取得了良好的经济效益和社会效益。

（5）"双师"素质师资队伍的培训功能

所谓"双师"素质，是指教师既有职业院校教学经验，又有相关企业工作经历，具有一定的实业实践能力，而不仅仅是具备"两个职称"。① 职业教育的突出特色就是使其培养的学生掌握最新的实用技术和较强的技术创新能力。要培养这样的学生就必须有更高水平的教师。只能讲不能练，没有实践经验的教师不可能培养出实践动手能力强和解决实际应用问题能力强的学生。职业教育教师具有较高的专业技术应用实践能力，是搞好教学建设和教学改革的关键。为此，教师应首先在实训基地不断地进行自我培训，实现其实践能力的提高。

唐山工业职业技术学院在这方面进行了很好的探索。该院由实习厂和相关系组成"校企合一、交叉任职"的领导班子，专业教研室主任或专业带头人兼任实习厂的工程师，实习厂的高级技师或工程师兼系的实习指导教师，实习工厂中许多产品都是由教师参与开发，实训基地成了"双师"素质教师培养的平台。

3. 实训基地的地位和作用

（1）突出实训是职业教育的重要特征

职业教育是一种以职业能力为基础的教育，既具有职业技术的属性，又具有普通教育的属性。实践教学是职业教育实现综合职业能力培养的重要环节，也是培养技能型人才的客观要求。职业院校学生与一般普通学校学生的明显区

---

① 王丙利. 高等职业教育实训基地建设的研究与探讨［J］. 黑龙江教育，2006，（1，2），151 ~ 152.

别是有很强的实践动手能力。实训基地是培养学生实践动手能力的主要场所。区别于普通教育，职业教育人才培养的多数环节需要在实训过程中完成，甚至许多公共课程和专业基础课程都离不开实训的环节。因此，实训基地的教学基础设施、工作状况和组织管理将直接反映一所职业院校的教学质量、教学水平和管理水平。

（2）实训基地是职业院校联系社会与企业的桥梁和纽带

我国职业教育发展现状表明，职业院校实训基地特别是校外实训基地的建设，要大力提倡走校企、校所（研究所）、校场（农场）共建联办的道路。共建联办对于职业院校来说，可以节省投资，使其在资金有限的条件下实现高起点建设、低成本管理和高效率运营，有利于共建双方实现优势互补、资源共享、互利双赢。通过共建联办实训基地，大大加强了校企（所、场）双方的联系和合作，有利于职业院校与市场的技术发展保持同步。通过校企合作，吸收一批企业技术专家参加学校的专业指导委员会，为学校设置专业、制定和调整专业培养方案等提供咨询和指导，把专业建设融入到社会行业背景，大大提高了专业人才培养的针对性、适应性。

（3）实训基地是培养"双师"素质教师的重要载体

大量的实践经验表明，职业院校实训基地的建设和管理离不开教师的参与和支持。在按照产学研相结合的要求建设和管理实训基地的过程中，教师承担着重要的任务和职责。实训基地建设和管理的过程，既是教师展现自身才华和智慧的过程，也是教师锻炼和提高实践能力的过程，是培养锻炼"双师"素质师资的一条有效途径。同时，通过实训基地建设和校企合作，可以培养和发现一批生产一线的工程技术人员、能工巧匠，把他们吸收到兼职教师队伍中来，充实学校的教学队伍。这些兼职教师对所从事行业或专业的基本技能要求以及前沿动态较为熟悉，能把实践知识运用于教学过程，做到理论联系实际，取得更好的教学效果。

（4）实训基地是职业院校学生成长的摇篮

①为学生提供知识向能力转化的场所

知识是能力的基础，在工作中人的知识与能力是相辅相成的，但能力与知识二者并不等同，需要有一个知识向能力转化的过程。职业教育实训基地为理论与实践的结合提供了训练的场所，使学生从"有所知"走向"有所为"。

②拓宽与丰富学生专业知识面

技术是技能型人才需掌握的知识与能力，不可能完全通过课堂教学的形式传授，尤其是专业知识和应用能力，需要在各种实践性环节中获取。实训基地的综合技术训练，可拓宽与丰富学生的专业知识面。

③创造职业岗位的实践环境

职业岗位知识与能力是技能型人才必须掌握的基本知识与能力。为了强化学生分析和处理问题能力的培养，实训基地创造了一个生产现场模拟训练或真实训练的实践环境，让学生自己动手进行设计和操作，熟悉并掌握本行业的主要仪器设备和基本工具，以及生产工艺、基本技能、专业技术等，缩短就业与上岗的时间间隔，做到一就业就能顶岗。

④接触与学习高新技术

当今社会高新技术产业发展日新月异，而对激烈竞争的市场，只有了解与掌握最新的技术，才能适应社会及行业发展的需要。这就要求实训基地既要跟上企业技术水平的发展，又要体现出技术起点高、技术含量大、技术先进的特色，以使学生能够涉猎高新技术领域，接触和学习高新技术。

⑤培养创业精神和创新能力

现代教育注重培养学生的创业精神和创新能力。通过参加实训基地的技能操作、产品制作、项目实施和科技开发等一系列实践训练，既可培养学生的创业精神和实践能力，又可激发他们的创造性和创新思维，使创造的欲望转化为能力。

⑥提高职业素质和综合能力

实训基地可以在爱岗敬业的情操、团结协作的精神、遵纪守法的习惯和工程技术素质等方面对学生职业素质进行"养成教育"，为他们今后走上工作岗位及发展奠定基础。

⑦有助于拓宽学生就业渠道

学校与企业合作建立企业实训基地，学生在最真实的环境中实训，可以按照企业的要求最大程度地提高自己的职业素养，最大程度满足企业的用人要求。特别是当学校与企业建立了稳固的合作关系之后，企业还可能长期接收合作院校的毕业生，实现"订单式培养"。学生职业素质的增强和"订单式培养"有利于促进学生顺利就业。

4. 实训基地建设原则

（1）实用性原则

实训基地要适应以能力训练为主线，增加体现现代高技术的设计性实验和紧跟现代社会发展前沿的综合性生产训练，减少演示性和验证性实验。学生通过在基地训练，能够很好地掌握当前企业生产技术、工艺标准和管理实务要领。这一原则要求职业院校在建设实训基地时，实训基地的结构与布局应适用于专业实践教学组织，适合学生的学习特点，并与学生专业能力的提高规律相适应，做到"真题真做"。实训基地设施和装备技术先进性水平要把握恰当，既不能落后于当前行业或专业的一般水平，也不能盲目追求高、精、尖，过分超前，脱离实际，造成不必要的资源浪费。

（2）真实性原则

现代企业所强调的专业能力、关键能力和职业道德，必须在生产和服务的真实职业环境中，通过一定的磨练才能获得。如果没有真实、综合的职业现场，就很难完成"养成"和"内化"的过程。因此，职业院校校内实训基地要能完全体现真实的职业环境。实训基地应充分体现生产现场的特点，实训操作本身就是实际生产加工。尽可能贴近行业的生产、技术、管理、服务第一线，努力体现真实的职业环境，让学生在一个与实际的生产服务场所尽可能一致的实训岗位，按照未来专业技能发展要求，得到实际操作训练和综合素质的培养，帮助学生训练专业技能、技巧，培养学生的技术应用能力。基地建设要根据职业教育的培养目标，针对地区、行业、经济和社会发展的需要，按照技术领域和职业岗位（群）的实际要求设置和调整学校专业。在确定专业设置的基础上，全面规划学校实践教学基地建设。实训中心可按照专业大类设置，请企业参与设计和建设，确保实训的真实性。

（3）开放性原则

实训基地的建设要发挥共享和辐射功能，以社会和市场需求为导向，用新思路、新体制、新机制、新模式设计基地建设方案，要建立校企合作、社会参与的新模式，形成政府投入为主、多渠道筹措经费的新机制，按市场规律来经营和管理的新体制。实训基地在环境和总体设计上要具有社会开放性，构建与行业、企业、社会的良好沟通渠道，不仅能承担职业学历教育的基本技术技能实训，而且能承担各级各类职业技能的培训、鉴定与服务任务。使学校实训基地紧密与社会经济发展相联系，成为对外交流的窗口和对外服务的基地。

（4）适度超前原则

实训基地的设施和装备在技术先进性方面要适度超前，对一些技术更新周期短、产品更新换代快的专业采用接近该专业最新技术水平的设施和装备。实训设备要能够代表本行业技术应用发展趋势，要能体现近年先进的技术手段，使学生所掌握的知识、技能能够适应未来技术发展的需要。避免实训基地刚建成就落后于生产和管理实际。实训基地在技术要求上要具有专业领域的先进性，要根据职业教育教学特点，根据地区和行业的技术特点和发展趋势，适时更新教学仪器设备，提高仪器设备的现代科技含量。

（5）重点原则

实训基地建设是职业院校教学基本建设中一项高投入项目，所需经费多，要充分利用有限资源，最大限度地节约资金，尽可能使所建设的实训基地适用性强，能进行多专业的综合实训。基地建设要做到统筹规划，量力而行，分步实施，与时俱进，既要立足当前，又要谋划长远，做好实施方案。不同地区、不同类型的职业院校要根据本地区、本学校的实际情况，探索各具特色的实训基地建设模式。应把基地建设的重点首先放在学校的主干专业，保证实践教学基地的高水平、高质量。

（6）通用性原则

职业教育实训基地的功能是多元的，包含实践教学功能、研发功能、社会服务功能等。实训基地必须既是培养技能型人才的场所，又是职业技术教育师资培养单位，是高新技术开发、应用、推广基地，是终身教育培训、职业技能培训、考核、鉴定的依托，并为相关专业实训提供服务。实训基地应具有培训学生及受训者职业技术能力的功能、社会性功能和研发功能。应按照技术大类进行群分，以便能进行多学科的综合实训，最大限度地发挥实训基地的场地、设备、师资、管理人员等各种资源的效能，从而提高投资的效益。实训基地在内容安排上要具有综合性，使学生通过实训不仅掌握本专业的核心技术和技能，而且熟悉和了解与专业相关的技术和技能，得到基本能力、基本技能和职业综合素质的全面训练。

（7）软硬件相配套原则

无论是建设校内实训基地还是开辟校外实训场所，都要做到软件和硬件相配套，以提升基地的内涵水准。硬件建设是指实训设施和装备的建设。软件建设是指实训基地管理和实训教学体系的建设，包括管理体制、管理方式和管理手段的创新，也包括教师培养、课程体系建设以及教学组织管理的创新等。

二、校内实训基地建设

职业院校按原有模式建立的实验室，缺乏职业情境和氛围。应对原有校内各实验室设备进行整合，模块化配置，并对其内涵进行挖掘、改造和提升，以使学生尽早地感受职业环境和职业规范，顺利适应职业工作。同时，重视校内实用场所与教学实训中心相结合，能有效利用校内资源，减少低层次重复投资。充分利用现代信息技术，开发虚拟工厂、虚拟车间、虚拟工艺，建设优质资源共享的高水平校内生产性实训基地。实训基地建设只有突破仅限于感性认识和动作技能的旧模式，建立有利于培养技术应用能力和综合应用所学理论知识解决实际问题的新模式，才能与生产、建设、管理、服务第一线相一致，形成真实或仿真的职业环境，构思创新型实训项目，提高实训科技含量。

1. 校内实训基地建设依据

校内实训基地建设首先要满足专业人才培养方案的要求，其次要满足社会培训的需要。专业人才培养方案是瞄准职业岗位对职业能力的需求而设计的，社会培训则是为了发挥职业院校社会服务职能，同时也是为了提高设备投资效益。

（1）依据专业人才培养方案

专业人才培养方案是对人才培养目标与规格实现的整体设计。实训基地建设是人才培养方案的一部分，建立在专业人才培养目标、能力体系、课程体系的基础上。

按照培养面向生产、建设、管理、服务第一线需要的技能型人才及德智体美等全面发展的、具有良好政治思想素质、职业道德和创新精神人才的总体培养目标，要求培养对象要具有与本专业领域相适应的文化知识，了解专业技术发展趋势，熟练掌握专业技能、具有较强事业心和团队合作精神。

专业人才能力体系分为基础能力、单项能力和综合能力。基础能力是学生可持续发展的需要，主要完成技能点的训练；单项能力是相关技能点的集合，能够形成单项任务的操作能力；综合能力是针对职业岗位的要求，对学生上岗能力的综合训练。

专业人才培养课程体系是人才培养过程的课程分解，体现以就业为导向的学生职业素质的培养。实训基地建设要与课程体系设计紧密结合，保证每门课程有效实施。

（2）依据社会培训需求

职业院校主要肩负两项职能，一是学历教育，二是企业在岗或转岗人员培训。实训设备、实训内容和实训管理模式要与企业主流设备、主流技术和企业运作模式接轨，满足社会培训的需要。

2. 校内实训基地建设内容

（1）实训基地场地规划

实训场地可采用车间式实训室，是指在技术、工艺、设备、环境等方面与先进生产车间相似，具有教学、科研、生产等功能一体化的实训场所。车间式实训室以任务或工程中的项目为主要实训内容，由掌握生产技术、懂管理的技术员或职业培训师授课。车间式实训室按生产过程组建，而不是按学科组建，其突出特点是能提供实际的工作环境，便于现场教学，可以将学习与工作、课堂与车间、理论与实践很好地结合起来。车间式实训室的建立，应在大职业群、大工程群的基础上依据生产过程进行设备的动态组合，尽可能再现生产过程，以有利于学生对"职业工作过程"知识的整体把握，有利于全面完整地实施任务教学、项目教学，有利于学校有效地完成企业委托培训及订单培训。

（2）实训基地设备配置

在实训基地的建设中，设备配置和采购是一个不容忽视的重要问题。在考虑采购设备清单之前，首先要有一个先进的实践教学改革方案。这个方案，应紧密结合本校的培养目标和经费投入的多少，通过专家论证，最后予以确定。有了好的改革方案，才有可能做到设备配置合理，使所采购的设备物有所值，才容易提高教学效益。在采购重要设备时，特别要注意设备的配套性。如果这项工作没做好，以后不但花钱多，而且实用性差。做到货比三家，往往有多个厂家制造同样的产品，因此，产品的性能价格比非常重要。国际的通用做法是，通过政府进行集团采购，这就会引起不同企业之间的竞争，采购时才能得到价廉物美的产品。当资金投入很大，实训基地不可能短期建成时，分期实施在所必然。此时应首先落实最容易见到教学效果和最为合理的教学改革方案所需的基础设施和设备，教学效果越明显，后续的资金则越容易按期到位，实训基地滚动发展的目标才有可能实现。

（3）校内生产性实训基地

校内生产性实训基地是指职业院校开发自身的潜能或者利用社会上的资源"引企入校"建立的，能够通过生产产品、社会服务和技术研发等生产性过程实现学生实践技能的培养，并实现经济效益的一种实训基地。生产性实训基地除了具备一般实训基地特征外，还具有自身的特征。

①建设主体多元化、运行机制市场化、筹资方式多样化。"引企入校"共建生产性实训基地强调行业企业的参与，引进企业的设备资源或人才资源进行共建、共享，实现建设主体多元化、筹资方式多样化。生产性实训基地的运行

引入了市场机制，达到校企双赢。

②实训设备的真实性、先进性和共享性。学校从企业引入设备和生产线，生产性实训基地的设备与企业的设备完全一致，实训的过程与生产过程完全一致，实训室具备产品生产的功能，学校设备跟企业设备资源共享。

③管理模式的企业化和实训工作的情境化。"引企入校"共建生产性实训基地，再现企业真实的工作情境、文化氛围和管理模式，按照生产的工序流程来布置实训室。

④工作任务的真实性和社会服务的效益性。"引企入校"共建生产性实训基地体现"学做合一"，在"做"中"学"，在"学"中"做"。在实训中能生产一定的产品，产生一定的经济效益，降低实训成本。

⑤实训基地功能的多样化。"引企入校"共建生产性实训基地既有产品生产的功能，又有技能实训的功能，还有社会培训和技能鉴定的功能，成为高技能人才培训基地和技能鉴定中心，此外，还可以承担新产品、新技术的研发，成为区域内新产品、新技术研发中心。

"引企入校"共建生产性实训基地实现"八个合一"，即生产车间与教室合一；学生与学徒合一；教师与师傅合一；教学内容与工作任务合一；教学用具与生产工具合一；作业与产品（作品）合一；教学与科研合一；育人与创收合一。

唐山工业职业技术学院利用唐山市产业结构调整和整合教育资源的契机，兼并、买断了多家中小企业，通过规划改造，将其变为了学校生产性实训基地。四个系的主干专业都建立了校内实训基地：艺术设计系有唐山市美术瓷厂，机电工程系有唐山市陶瓷机械厂，管理工程系有北方瓷都宾馆，计算机工程系有校内的计算机训练中心。学院在实训基地中争取到了多个国家级项目，建成了中央财政支持的数控实训中心、电子电工实训中心和全国农民工培训示范基地，获得一亿多元的建设资金。同时，在实训基地中成功引进三家企业带着设备、资金、产品、技术进校办厂，逐步形成了"前校后厂、校企合一"的格局，经过多年实践显现出特色优势。

（4）实训基地文化建设

实训基地文化建设不仅能促进学风和教风的改进，培养和提高师生的岗位业务能力，还能够培养师生的创新精神和职业道德。搞好实训基地文化建设是发挥基地文化功效、推进校园文化建设的需要，是对实训基地进行有效管理、高效运行的要求。实训基地的建筑造型、结构无一不影响着教学功能、设备布局，基地的选址和建筑的谐调无一不体现着对使用者的人文关怀。建筑造型与色彩匹配要与服务对象的岗位相适应，建筑内部结构要有利于生产和教学相结合的环境要求，楼房的选址要以校园整体规划和利于使用为原则，使建筑的艺术性与功能性能反映实训基地独有的特色和人文情怀。实训基地室内设备布置和合理选型，无一不体现着人才培养的主旋律，刻划着人才培养的理念。设备布局要利于开展生产性实训教学的需要。充分利用室外墙壁、走廊、门厅等场所，布置恰当的名人名言与肖像、学校或基地变迁的历史图片、领导与名流的题词、校友风采等，凝聚历史文化积淀。实训室的名称与标牌、实训项目介绍、规章制度的公示、师生的工作成就、先进事迹的介绍、师生创作作品的陈列等，展现基地成就。在室内，恰如其分地布置操作规程、安全警示、励志用语和安全设施等，营造浓厚的生产场景、教学环境、职业文化氛围。合理装饰与协调布置，具有美化室内环境、丰富基地文化氛围和润物无声的教育作用。还需要引进企业文化的"软件"环境，引进企业管理、企业文化的精髓。要在空间分区、设备摆放、标识等方面具备一定的真实性。①

3. 校内实训基地管理

实训基地作用的发挥离不开有效管理。职业教育实训基地管理的内容非常繁杂，归纳起来讲主要有以下几个方面。

（1）实训基地管理的创新

一是管理体制创新。目前，职业院校校内实验室、实训基地管理体制的最大弊端就是管理分散。有的学校甚至一个实训基地分属多个部门管理。这种分散的管理体制，往往导致重复建设（主要是同一种设备的重复购置），造成资源浪费。针对这一现状，解决的主要途径是建立实验实训基地经营管理实体，如实验实训中心或实习实训中心，对全校实验室、实训基地实行统一集中管理、统筹安排使用。实训实体可实行独立核算、对外开放、自主经营、核定补贴、自负盈亏的管理办法。实训实体建成后，可对校内实验实训基地按专业体系进行优化重组，分成若干个实验实训教研室，在实训实体领导下负责本部门的实验实训教学、实验实训室的建设和管理等。实训基地建设计划由实训实体与教学部门根据院校总体规划的要求制定，由实训实体集中资金进行重点建设。这样一来，既可实现资源的优化配置，提高资源利用率，避免重复建设，

---

① 邱川弘，刘纪玮. 论高职院校校内实践教学基地的职业环境［J］. 实验室研究与探索，2002. 2.

又可以使实验实训基地向技术开发和技术培训转变,实现教学、生产、培训的有机结合。

二是管理方法创新。职业院校传统的实验室、实训基地是封闭式的,除了按课程表上安排的实训课时开放外,其余时间都是关闭的,设备和场地利用率低,学生没有任何自主学习的时间。为了更好地发挥实训基地在培养高技能人才中的优势和作用,必须变封闭式管理为开放式管理,全面向学生开放。实训基地的开放时间要基本与实训内容相对应,对学生必修的内容,可按课程表规定,统一安排时间。同时,还应选择若干时间段在课余开放,这样既可让技能掌握程度较差的学生补做个别实验或进行基本训练,也可让有潜力的学生尝试做选修内容。甚至还可以建立预约开放制度,根据学生特殊需要,经班主任或任课教师同意,由实验室实训实体安排学生从事所要求的实验实训内容。校内实训实体建立后,还可根据校内教学安排情况,利用教学空档时间,向社会开放,统一组织对外提供有偿服务,增加实体收入,积累资金,以更新改造实验实训基地设备。

（2）实训基地设备管理

实训基地的设备,俗称硬件,是实训基地的物质载体,也是实训基地管理的最基础的内容。实训基地设备管理主要包括设备的配置、设备的使用与维护、设备的投入。在设备的配置方面,实训基地的设备一方面应当具有当前生产中该行业最广泛的、常用的设备,这样才能使学生实训的设备与环境尽可能接近实际生产环境,这种环境下所培养的学生才能真正符合社会生产的要求。另一方面实训基地的设备也应体现一定的先进性,配备一些先进设备,这样才能有利于培养学生的创新能力,不至于很快落后于先进技术的要求。在设备的使用与维护方面,对设备的维护与使用应贯彻科学化、规范化的要求。根据设备的性能和学生能力培养的需求,制定一些切实可行的规范,使设备的使用和维护做到有章可循、有据可查、责任到人。在设备的投入方面,职业教育实训基地设备的数量和质量应达到培养学生实际所需的水平。随着职业教育学生每年绝对数量的不断增加,若要达到上述要求,需要不断加大实训基地设备的投入。从实际情况看,多数职业技术学校实训基地设备陈旧、数量严重不足,使得加大资金投入更显得非常迫切。关键问题在于需要提高对实训基地设备投入重要性的认识。可能这笔投入不如建教学楼、建学生公寓那样见效快,具有紧迫性,但作为一个有远见的管理者绝对不应忽视实训基地设备的投入。

（3）实训基地教师管理

要使实训基地设备处于良好的运行状态并且最大限度地发挥作用，需要有一支过硬的教师队伍，并对他们加以有效的管理。实训基地教师管理的内容主要有以下内容。首先，要做好实训基地教师队伍建设工作。从某种意义上讲，这支队伍直接影响职业教育的结果。长期以来，在职业教育界存在一种片面的认识，认为职业教育课堂教学教师的素质很关键，而实训基地教师水平的高低则无关紧要，从而在职称、工资等方面对实训基地教师有不公平的待遇，严重影响了实训基地教师队伍的建设。实践证明这种观念是非常有害的，现在越来越多的职业院校意识到这支队伍建设的重要性，纷纷加大了建设力度。

其次，要重视实训基地教师的培养工作。由于对实训基地教师理论性和实践性的双重要求，使得合格教师的成长非常缓慢，也很难从外面及时引进，因而需要重视对实训基地教师的培养，鼓励他们通过勤奋的学习，刻苦的钻研，尽快成才。同时也应尽可能地为他们的成长创造良好的环境。比如可以通过人才培训、交流等方式，使他们有机会到其他学校学习，到一线生产企业积累实践经验等。

最后，要加大对实训基地教师的奖惩力度。对那些工作积极认真，努力提高自己的理论水平和实践经验的优秀教师要给予奖励，进一步提高他们的积极性与主动性。反之对于那些不思进取、水平低下的教师给予处罚，以督促他们积极改进工作，提高水平。

（4）实训基地教学管理

实训基地教学是实训基地发挥作用的主要载体，因而对教学的管理是实训基地管理的主要内容之一。职业教育实训基地教学管理应围绕以下几个方面来展开。

①实训基地教学目标管理

实训基地教学管理应使教学突出以下几个特性：首先要突出职业性。职业教育培养的学生不仅在职业素质方面，而且在智能结构、技术应用能力等方面都应满足职业岗位能力要求。其次要突出实践性。职业教育直接贴近社会需求，并随着社会经济、技术的发展变化而变。因而，职业教育的实训基地教学必须反映企业生产和管理的实际，工科专业的模拟项目实训和文科专业的模拟案例实训都应来自行业、企业的真实运作。最后要突出现代性。当今世界科学技术发展日新月异，高新技术产业化促进企业的高科技化，产生了越来越多的具有较高技术要求的职业岗位。这些岗位对从业人员提出了更高的要求，因此职业教育的实训基地教学必须适应上述变化的新要求，要注意紧跟现代技术发展提出的新要求。

②实训基地教学内容管理

一是教学形式管理。在一般的职业教育研究中，实习与实训是两个不加区分的名词，即使是一些专业人士也未必能清楚说明两者的差别。其实实习与实训是两个不同的概念，因此在具体的教学管理中也应加以不同的对待。实习是专业教学阶段的认识性实践教学，是理解专业知识、熟悉专业设备和基本掌握操作技能的必要实践环节，同时也能使学生了解本专业所对应的岗位、所从事工作内容及对工作人员能力和素质的要求。实训是对学生单项能力和综合应用能力进行的训练。通过实训，使学生能够掌握从事专业领域实际工作的基本操作技能和基本技术应用能力。由于两者训练的立足点不同，因而对其管理也应各异，根据不同的训练侧重点进行不同的选择。二是教学训练管理。职业教育实训基地中教学训练按其要求的不同可以分为初步项目训练、基本技能训练和高新技术训练，因而教学训练的管理也相应地分为初步项目训练管理、基本技能训练管理和高新技术训练管理。其中初步项目训练和基本技能训练应强调统一性和基础性，要求每一个学生都要掌握，而高新技术训练教学则根据职业教学的不同层次作出不同的要求。比如对高等职业教育层次的学生来说，应参加高新技术训练以适应未来高新技术岗位的要求，而对于中等职业教育的大多数学生而言，由于其基础知识等方面的局限，只能有选择地对部分学生加以高新技术训练，不能搞一刀切。

（5）实训基地对外服务的管理

职业院校实训基地在满足教学和科研需要的前提下，应该开展一定的对外服务工作，比如进行技术咨询、技术服务、新技术推广、社会培训等。这样做的好处是非常明显的：其一，在开展对外服务过程中，可以使教师、学生获得学习、科研的新课题。其二，在开展对外服务中，可以为地方经济的发展做出贡献，提高学校的声誉，扩大社会影响。其三，在对外服务中，实训基地还可以获得一定的经济收入，以弥补办学经费的不足。虽然效果如此显著，但遗憾的是大多数职业院校的实训实习基地管理者还没有认识到这一点。所以在职业院校实训基地管理中，对外服务项目应被提升到一个更加重要的位置。

4. 校内实训基地建设水平

校内实训基地的建设是职业院校教育教学建设的重要方面。在一定程度上，其建设水平的高低反映了一个学校办学水平的高低。实训基地占据领先地位确实很难，但在建设中要瞄准领先，这是提高水平的基础和前提。只有瞄准领先，才可能实现职业教育实训基地建设总体的高水平。实训基地建设领先的最终目的是实现学生实训教学质量的领先，而要做到这一点，就要做好以下工作。

（1）实践教学改革方案领先

要依据学校的总体培养目标和局部课程教育目标，按培养 21 世纪具有实践动手能力、创新精神和创新能力强、综合素质高的人才培养要求来规划，使实训基地的建设朝着现代化的目标前进。先进的实践教学改革方案是全部工作的基础，一定要引起足够的重视。

（2）实训教学基础设施领先

实训教学基础设施的先进性和前瞻性应体现出来，如各种先进设备、先进的教学系统和实训教学基地的基本建设等。这一点，只要有相应的经费投入，相对容易做到。目前，各级政府都出台了职业教育实训基地建设扶持政策，有效地解决了实训基地建设资金问题。

（3）教学内容领先

实训教学的教学大纲、教材、实习和实验的教学指导书不仅要一应俱全，而且要先进，同时要进行周期性的更新。

（4）教学管理领先

抓好实训基地的教学管理工作，要建立和健全各项管理制度并认真实施，如各种岗位职责制度、设备管理规章制度、安全制度、防火制度等必须到位。

（5）教学环境领先

学校需要有良好的育人环境，实训基地的育人环境建设更显重要。环境对人的成长起着潜移默化的作用，当整体条件改善时，要重视育人环境建设。

（6）教师队伍领先

实训教师的队伍建设，对于提高学生的实训教学质量是十分重要的。有一支具有敬业和奉献精神的"双师"素质教师队伍，就能开拓进取，充分发挥实训基地的综合潜力和优势。

（7）可持续发展领先

实训基地的教学基础设施越先进，其后续的运行费用将越高。因此，在实训基地建设中，必须考虑基地建成后要有一定的经费来维持基地的运行和发展。要将实训基地的教学、科研和生产有机结合，不断增强实训基地的造血功能，即自我发展功能。

（8）教学质量领先

实训基地的领先地位，最后要落实到实践教学的质量上。教学质量领先是实训基地的根本任务，是实训基地建设的出发点和归宿。以上几个方面的领先，都应围绕教学质量的领先来做文章。

三、校外实训基地建设

在职业院校发展进程中，无论是实训基地的建设，还是"双师"素质教师队伍培训等工作，仅依靠职业院校本身的财力、物力、人力是远远不够的。一方面，学校无法提供足够的资金。一个先进的实训基地建设势必涉及到先进设备的购置、仿真教学软件的开发以及培训设施的建设，这些都需要投入大量的资金，大部分职业院校财力有限，很难从资金上予以保证。同时，随着科技的发展，企业设备的更新换代，实训基地各项设施必须同步跟进，这也需要投入大量的资金。另一方面，学校缺乏"双师"素质教师队伍的培训环境。"双师"素质教师除了具备丰富理论知识，还应该具备一定的企业工作经历、熟练的操作技能，而熟练的操作技能，只有到企业、现场中去体验和磨炼。因此，仅仅依靠职业院校自身是很难提供各种真实的实训环境的，也很难培养出合格的"双师"素质教师。惟一的出路就是与企业合作，充分利用企业现有的设备资源、人才资源，将学校的理论教学与实践教学有机融合在一起。使学生在企业真实的生产实训环境中"零距离"地接触职业技术岗位，全面提高学生的理论认知、操作技能和综合素质，帮助学生完成从学生到企业生产者的心理与角色转换。同时，也为学生展现生产操作技能、取得企业认叮，获取就业契机提供机会。校外实训基地不仅是实训教学、职业素质训导、职业技能训练与鉴定等的平台，也是开展教学改革、科学研究、就业指导、服务社会等工作的多功能场所，它是校内实训基地不可或缺的延伸与补充。

1. 校外实训基地的主要任务

（1）根据课程标准要求，完成人才培养方案规定的生产实践及其他实践教学任务。

（2）弥补校内实训基地的不足，提供真实或仿真的实训场景。学生通过在生产、管理第一线的校外实训基地的工学交替、顶岗实习，可以接受现代企业氛围的熏陶，熟悉相关行业先进的设备、技术规程和生产工艺，利于学生尽快掌握相应岗位所需的基本技能与专业技术，取得实际工作经验，巩固、综合、强化实践能力，了解岗位的社会属性，同时培养现代化生产和科技发展倡导的团队协作精神、群体沟通技巧、组织协调能力和领导艺术等非专业素养，为学生今后从事各项工作打下基础。

（3）通过校外实训基地建立的一系列考勤、考核、安全、劳防、保密等规章制度及员工日常行为规范，进行职业道德培训。使学生在实训期间养成遵纪守法的习惯，从思想上热爱本职工作，培养爱岗敬业的精神。

（4）校外实训基地是处于正常运转的企事业单位，实训的项目均是相关专业学生今后所从事的职业及工作岗位，不仅可以使学生真刀真枪地进行职业规范化训练，也可以为学生提供形成综合实践能力、职业素质、职业道德、职业意识的实践氛围。在真实的工作环境中，按照规范的职业标准开展项目实训，能提高学生就业竞争力，缩短他们的工作适应期。

（5）促进学校教育教学改革，提高整体办学实力。通过校外实训基地的建设和运行，学校可以及时了解社会对人才培养的要求，发现学校教师培养、专业设置、课程目标与内容、教学计划与方式等方面存在的不足，从而有针对性地开展教育教学改革，提高人才培养质量和整体办学实力。聘请企业专家参与调整专业设置、调整人才培养方案、开发工学结合课程和编写校本教材等工作。

（6）承担对"双师"素质教师队伍的培训，提高学校教师队伍的水平。

2. 校外实训基地的建设原则

（1）总体规划，避免各专业之间重复，提高校外实训基地的利用率。优先选择受益面大的公共实训实习基地。

（2）学校利用基地条件安排学生实训、实习，培养学生的实践能力和创新能力。基地则可借助学校的科研、师资力量加强生产、教学及人员培训等，互惠互利。

（3）实训基地建设与培养目标紧密结合，以实训实习教学计划和教学大纲要求为依据，在企业的选择方面不一定要大而全，要以切实提高学生的实践能力与综合能力，保证实习、实训教学质量为宗旨。

（4）实训基地应有良好的育人环境，有利于学生的全面素质培养，使学生在思想道德素质、业务素质、科学文化素质以及身心素质得到提高与完善。

（5）实训基地建设要考虑到学校所处地理位置、环境和地缘条件，要为区域经济和行业服务，还要为经济发达地区服务，使培养的学生有好的就业机会。在满足学生实训实习质量的前提下，尽可能就地就近选定专业对口、工艺和设备先进、技术力量雄厚、管理水平高、生产任务比较充足的企业作为学校的校外实训基地。

3. 校外实训基地的建设方法

职业院校校外实训基地的建设是一项艰巨的任务，可采用如下几种方法来建设校外实训基地。

（1）加入职业教育集团。集团化办学是发展职业教育的有效形式之一。它按照产业规律，将企业集团化经营模式引入职业教育，旨在依托行业、联合企业，加强学校与学校、学校与企业之间的联系，整合教育资源，实现资源共享，推进职业教育做大、做强、做优。职教集团是指由若干具有独立法人资格的职业学校及相关企事业单位以契约或资产为联结纽带而组成的职业教育办学联合体。它的特征包括：以职业教育的教学、科研为主要活动，不以盈利为目的；集团本身一般不具有独立法人资格，各组成单位保持独立法人资格；一般以一所职业院校为核心和龙头，联合若干相关专业的职业院校及相关企事业单位组成；以集团章程为纽带。职业教育集团化办学对职业教育的改革与发展具有积极的促进作用，有利于促进职业学校教育教学改革，有利于促进中高职衔接与沟通，有利于加强师资队伍水平的提升。

（2）通过专业教师与企业的联系，建立"协作型"校外实训基地。我国的职业教育课程教学大多以填鸭式的讲授为主，其中的很多内容会使学生感到抽象和空洞。为了调动学生的学习兴趣，激发他们的学习热情，最常用的办法就是通过专业教师与企业的联系，建立"协作型"校外实训基地。这种实训基地，最初一般由任课教师或相关的专业教师与企业进行联系。如果在长期的合作中双方产生了信任，有意进一步加强协作，学校就可以此为基础，正式与企业进行沟通与协商，拟定"共建校外实训基地协议书"，最后通过一定的形式挂牌后，就可正式成立校外实训基地。

"协作型"实训基地的建立成本相对较低，而且具有实训内容多样、真实感强的优点。但这种基地的建立，一方面需要专业教师长期不懈地与企业保持联系，另一方面也需要地方政府的大力支持。因为在我国目前的社会大环境下，绝大多数企业仍然把经济利益放在第一位，与学校合作的积极性并不高。

（3）通过学校与企业的合作，建立"合作制"校外实训基地。为了提高毕业实习的效果，学校必须建立一定数量的生产（毕业）实习型实训基地。目前，职业院校建立这类实训基地的最常用方式是通过校企之间的长期合作来构建"合作制"的校外实训基地。与前述"协作型"模式有所不同，"合作制"模式的合作范围更加广泛，不仅包括了实训安排、科技转化和职工培训等方面的内容，而且还包括了专业设置的调整、专业人才培养方案的安排等内容。建立"合作制"校外实训基地的最有效途径有以下几种。

①成立专业教学指导委员会，积极吸收企业家和企业技术人员进入专业教学指导委员会。专业教学指导委员会一般由企业、政府和学校的相关专家组成。以专业教学指导委员会为平台，学校可以适时了解与本专业发展有关的政策动向、企业对本专业人才的具体要求等信息。同时还可以加强本专业师生与社会的联系，最终促成"合作制"校外实训基地的建立。

②与企业合资办学，成立股份制学校。随着社会经济的不断进步，我国教育系统的投资出现了多元化趋势。同时，有远见的企业家也开始注意到操作型人才对企业的重要意义，开始注意培养既熟悉本企业的组织文化，又愿意长期为企业效力的实际操作人才。此时，如果企业能够以合作办学的方式参与学校事务，就能够以"量体裁衣"的方式大量获得自己所需的人才。当然，在此过程中，企业自然也就成了学校的校外实训基地。

③通过订单式培养模式，使学生在企业接受实训。"订单式培养"就是学校按照企业对人才质量与数量的要求，与企业合作共同培养学生，学生毕业后直接输送到企业工作。学校以企业订单为导向确定教学目标、安排教学计划，做到专业设置与企业需求相协调、技能训练与岗位要求相协调、学校培养目标与企业用人标准相协调，真正体现职业教育以就业为导向的特点，为企业培养"适销对路"的技能型人才。对学校而言，根据实际需要把握办学方向，调整专业结构，避免专业口径的错位，使专业设置更加符合市场需求，使学生在企业这一实训基地学到真本事，练出真才干。对企业而言，有助于塑造稳定的骨干队伍，学生的实际能力强，到企业后可立即上岗，可节省企业培训时间，减少企业人力资本成本。就学生而言，能够明确学习目标和能力培养要求，产生压力、形成动力，迅速适应企业的岗位要求，在企业中找到适合自己的位置。"订单式培养"模式使学校、合作企业和学生三方都明确该企业就是学生的实训基地，也是学生未来的就业方向，因此可以使学校和学生免除学生实训期间寻找就业单位的麻烦，使学生更专注于学习。

（4）通过服务社会、企业，搭建实训平台

职业院校可以利用学校师生群体的知识、技术优势与开发能力为社会、企业服务。在此过程中，学校不仅可以给社会、企业等提供智力上的支持，更为重要的是，学生们通过服务提高了自身的能力。

南京工业职业技术学院在实践人才培养模式中，与海尔集团联合建立了"海尔学院"，实现了校企深度合作，与海信集团、交通银行、香格里拉大饭店等知名大企业开设联合培养专业，建立了110个校外教学基地，可利用资源4.5亿元。湖南铁道职业技术学院充分发挥企业办学优势，先后与株洲电力机车有限公司、广州地铁总公司、上海地铁总公司、株洲时代集团等10余家企业在电气化铁道技术、数控技术应用、城市轨道交通、软件技术等专业开展了"订单式"培养，电气化铁道技术、数控应用技术、电子信息工程技术、软件技术、会计电算化、商务英语、供热通风与空调工程技术专业的学生100%带薪顶岗实习一学期。

4. 校外实训基地的管理

（1）校外实训基地的组织管理

①校外实训基地要签有合作协议。协议应注明实训专业、实训项目、内容、时间，双方的责任、义务，协议期限等。其管理按实训基地所在单位相关规定及管理办法执行，但必须要有保证教学任务完成和教学质量提高的制度和措施。校外实训基地的调整与撤消，应经合作双方同意。

②校外实训基地要建立校企协管机制。协调解决实训基地建设和管理工作中的实际问题，做好实训基地生产、培训、服务、发展等各项工作。校企双方应分别建立质量双保制度，明确各自在合作质量保障中的职责分工。学校对教学质量的过程进行监控，企业对人才质量进行目标评价，以确保合作的质量。在教学质量评价方面，加大行业标准的权重，实现教育内部评价和企业、社会评价有机结合。①

③校外实训基地的建设与管理工作列入学校的发展规划与年度工作计划。按照"校外基地学校化"的建设理念，建立校外实训基地分级管理机制，制定指导性建设与管理标准，定期专题研究校外实训基地建设与管理工作，制定目标、落实责任、绩效考核、动态调整。

④校外实训基地应严格遵照国家有关部门颁布的法规、法令及条例。建立健全与实施诸如《校外实训基地建设管理办法》、《实践训练考核办法》、《实训环境管理和劳动保护的管理规定》、《安全操作管理规程》、《文明生产规章》等一系列校外实训基地管理制度，营造良好的育人环境。

⑤处理好校外实训基地建设与利用的关系。通过加强管理，充分发挥基地

---

① 徐国庆. 实践导向职业教育课程研究：技术学范式［M］. 上海：上海教育出版社，2005 年.

的资源优势和功能，提高基地的综合效益，增强实训的有效性和人才培养质量，真正使校外实训基地成为学生走向社会的桥梁。

⑥校外实训基地人员，特别是实习指导教师要有相应的学历、技术职务和技能，以保证实训工作质量的不断提高和实训基地建设的不断加强。

⑦做好校外实训基地实习实训计划和记录等基础工作。

（2）校外实训基地的教学管理

①编制包括从适应性训练到初级训练、中级训练、高级训练乃至专业技能认证考核全部内容的实训手册，使受训者明确自己掌握的技能程度和差距，并向最高目标努力。

②从提高受训者安全意识、质量意识、爱护设备意识、效率意识、环保意识、管理意识、创新意识入手，制订管理规范，为受训者今后的发展奠定良好基础。

③制订与理论教学相适应的实践训练计划、实践训练大纲、实践训练指导、实践考核办法等实践教学计划管理办法。聘请基地技术骨干参与实习指导，负责实训内容的实施，及时将岗位中的新标准、新技术、新材料、新设备、新工艺的知识引入实践教学中，以保证学生职业能力培养目标的实现。

④学校指导教师还要对实习的过程进行全面的监控与督导。及时排除影响过程进行的各种不利因素，根据实习日志、企业意见等对实习结果做出评价。

⑤根据学生实习的情况，及时调整学生的实习内容，对校外实践教学的情况进行总结，找出问题，提出建议与改进的办法。

⑥加强基地教师团队的培养。遵循培养与引进相结合、高学历与高技能并重的原则，制订具备"双师"素质的专兼结合专业教师团队建设规划，开展多种形式的专业教师实践技能培训。轮训校外实训基地兼职实训教师，使其了解本专业、本行业国内与国际新理论、新进展情况。对专任实训教师来说，通过在实际工作场景中参与生产和技术改造等实践，了解新工艺，学习新技术，积累实践经验，掌握过硬的生产技术，提高自身的专业素质和实训指导水平。通过校企合作，从企业和社会选聘有实践经验的工程师、技师、管理人员或能工巧匠到学校，经过教学业务培训后担任实训教师。

⑦注重课程教材建设。与企业的管理人员和技术人员一起，按照高技能人才培养的特点和规律，参照职业岗位要求，针对实训内容的特点和目标，编写具有很强岗位针对性、实用性且合乎职业院校学生认知结构的实训教材、指导书。建立与实训教学相适应的课程体系，开发校外实训课程，把国内外最新知

识、最新技术和最新工艺，充分体现到教材和新的课程体系中。

（3）校外实训基地的学生管理

①安全管理是重中之重。要教育学生严守安全用电规程、设备安全操作规程、工艺规程；严守岗位职责，杜绝私自换岗、顶岗和缺岗；严禁酗酒、按时作息，保证睡眠；严格考勤请假制度，杜绝私自外出；指导教师全程跟班，及时发现和解决安全隐患。

②严格纪律。学校要对学生进行入厂教育，要求学生遵守厂纪厂规，要使学生明确自己既是学校派出的学生、又是实训实习单位的工作人员的双重角色。只有通过严格管理，才能提高劳动纪律和职责意识，使学生以正式工作人员的心态进行实习。

③保证实训实习质量。必须对学生的实训实习过程和实训实习结果进行严格考核监控及考核。

④实训实习结束后，要求学生认真完成实训实习报告。同时，由校企双方共同做好对每个学生的实训实习成绩的考核、评分和实训实习总结工作，并在"学生成绩汇总表"上简述学生的实训实习工作情况，盖上公章，学生以此作为自己企业工作经历的凭证。

5. 校外实习基地建设和运行过程中应注意的几个问题

（1）强化校企合作，建设实训基地的意识

只有在思想上充分认识到校企合作的重要性，才会有做好校企合作、共建实训基地的原动力。学校应利用各种途径加大对校企合作的宣传力度，全体教职工应充分认识到只有走校企合作、产教结合共建实训基地的道路，职业院校才能有自身发展潜力与动力。只有走校企合作、产教结合共建实训基地的道路，全体教师才可能主动深入到企业一线，学习掌握先进技术的发展动态及管理经验，不断更新自身的知识结构，真正打造出一批"双师"素质人才。只有在校企合作、产教结合上有突破性进展，使学校成为企业职业技能人才培养、科研成果推广应用等多方面的紧密合作伙伴，职业院校才能发现机遇，抢占先机，才能使学校在职业技术教育的发展中始终处于领先地位。

（2）健全校企合作共建实训基地的长效运行机制

大多数校外实训基地是学校为适应市场经济谋求发展，为学生寻找就业门路主动找企业寻求合作而建立的。企业是经济实体，企业只关心在毕业生中或在社会上"选择人才"，一般都认为培养技能型人才是学校的事，而且由于学生在生产安全、劳动保障等方面没有国家和政府相关的法律、法规来保障，故企业的积极性并不高，通常作为旁观者仅提供一定的场地、设备、收取相应费用，基本不参与办学。实训学生只能进行参观或简单操作，不仅实训效果差，且难保持校外实训基地长期稳定地运行、难以形成稳定的教学环境。其实，建立稳定校外实习基地的长效机制的核心点还是在于"取予互求、互利共赢"。大多数职业院校仅是授业型的，应增强新产品、新技术、新工艺的研发能力，朝科研型与授业型双向发展。这样学校可通过多种形式，提升校外实训基地的服务能力，建立可持续发展的良性循环机制，以互惠互利、文化融通、互相促进、共同发展为导向，实现学校办学和企业经营"取予互求、互利共赢"、形成稳定的校外实训基地的长效机制。校企合作共建实训基地不应该是一个口号。为保证校企合作建设实训基地健康地发展，职业院校在推进校企合作建设实训基地的过程中，必须建立和健全校企合作建设实训基地的领导机制、协调机制和合作机制。职业院校成立校企合作领导小组，统一规划、统筹安排校企合作工作，制定合作战略，对合作的重大项目予以决策。领导小组下设办公室，综合协调各系部与相关企业的合作，促使校企合作全方位、多层次、高质量地进行。成立校企合作共建委员会，作为院校与企业共同合作建设实训基地的平台，成为职业院校与各企业单位联系的桥梁与纽带，促进科研成果的转化和职业院校专业建设的发展。①

（3）扩大校企合作领域，谋求广阔的实训基地共建空间

职业院校要不断扩大与企业的合作，每一个专业应与两三家企业建立长期稳定的实训基地，努力增强职业院校在企业内的品牌效应，积极扩大职业院校在企业中的影响。要本着"实际、实用、实效"的精神，在实训基地建设上发挥自身优势，积极与相关企业共同谋求更为广阔的合作空间。

（4）提升校企合作建设实训基地的层次

当前，提升校企合作的层次须突破既有的思维定势和习惯行为，变校企合作的学校单方面的需求为校企双方面的共同需求，变校企合作满足企业当前的需要为满足企业长远发展的需要，变学校与企业阶段性的合作行为到逐步建立起一个全面、稳定和长久的合作关系，变学校被动满足企业需求为企业和学校各自满足对方需求，共同谋划双方的发展大计，从而形成紧密的利益共同体。

---

① 马树超．工学结合：职业教育与用人单位对接的关键举措［J］．职教论坛，2007，（1）．

（5）做好合作企业的选择

学校与企业共同建设实训基地，要作好合作企业的选择工作。对企业的选择应把握四点：一是与专业对口并具有一流产品、一流技术、一流管理的区域的企业。二是具有较大经济效益的企业。三是与学校已建立密切合作关系的企业。四是热心于教育事业，能提供良好的实习条件的企业。

（6）制定周密的实训实习计划

学生实训实习前教师必须先到企业进行实地调查，在企业的帮助下，按照实训实习要求制定完善周密的计划，做到实训实习场所、内容、时间、教师、工厂辅助人员五落实。学校要努力取得实训实习单位各部门的支持，保证实训实习任务的顺利完成。

（7）加强教师和学生的实训实习管理

实训实习期间师生的言行不仅影响实训实习效果，还关系到学校的声誉，以及后续学生的实训实习。为此实训实习前要进行实训实习动员，强调学校的实训实习纪律。入厂后要进行实训实习教育，严格实训实习考核，加强实训实习辅导，要对参加实训实习的学生加强纪律上的约束，保证实训实习取得较好效果。

第四章

职业教育信息资源

随着信息社会的到来，教育信息化的作用日益显著，被认为是教育发展的制高点。职业技术教育作为国民教育体系的重要组成部分，信息技术的应用也越来越广泛，而且具有其他教育类型所没有的特点。本章在对职业教育信息特点进行分析的基础上，重点从教学信息处理和管理信息处理的角度，论述职业教育信息有效利用的途径。

一、职业教育信息概述

理解职业教育信息的基本概念和基本理论，是加工和利用这些信息的基础。传统的教师主要与教材打交道，以至于被人们称为"教书匠"。现代教师实质上是一名信息工作者，需要采用恰当的信息技术为学习者提供信息资源，将一定的信息内容高效地传播到信息接收者。因此，掌握一些信息基本理论知识和方法就成为对教师的基本要求，与掌握专业知识和技能具有同等的重要性。

1. 职业教育信息的基本概念

"信息"是一个使用非常频繁的词汇，但许多教师对于信息涵义的理解并不全面，甚至存在一些误解。这里对几个相关的概念做些简要解释。

（1）信息与教育信息化

1948 年，美国数学家、信息论的创始人仙农在题为《通讯的数学理论》的论文中指出："信息是用来消除随机不定性的东西。"1948 年，美国著名数学家、控制论的创始人维纳在《控制论》一书中指出："信息就是信息，既非物质，也非能量。"现代研究认为，信息是事物运动的状态与方式，是物质的一种属性。在这里，"事物"泛指一切可能的研究对象，包括外部世界的物质客体，也包括主观世界的精神现象；"运动"泛指一切意义上的变化，包括机械运动、化学运动、思维运动和社会运动；"运动方式"是指事物运动在时间上所呈现的过程和规律；"运动状态"则是事物运动在空间上所展示的形状与态势。信息不同于消息，消息只是信息的外壳，信息则是消息的内核。信息不同于信号，信号是信息的载体，信息则是信号所载荷的内容。信息不同于数据，数据是记录信息的一种形式，同样的信息也可以用文字或图像来表述。信息还不同于情报和知识。总之，"信息即事物运动的状态与方式"这个定义具有最大的普遍性，不仅能涵盖所有其他的信息定义，还可以通过引入约束条件转换为所有其他的信息定义。信息具有可识别性、可存储性、可扩充性、可压缩性、可传递性、可转换性和特定范围有效性等特征。信息一般有 4 种形态：数据、文本、声音、图像。这四种形态可以相互转化。例如，照片被传送到计算机，就把图像转化成了数字。信息由信息源、内容、载体、传输、接受者等因素构成。

所谓"教育信息化"，是指在教育领域全面深入地运用现代信息技术来促进教育改革与发展的过程。其技术特点是数字化、网络化、智能化和多媒体化，基本特征是开放、共享、交互、协作。教育信息化的发展，带来了教育形式和学习方式的重大变革，对传统的教育思想、观念、模式、内容和方法产生了巨大冲击。① 教育信息化是国家信息化的重要组成部分，对于转变教育思想和观念，深化教育改革，提高教育质量和效益，培养创新人才具有深远意义，是实现教育跨越式发展的必然选择。教育信息化的主要任务包括师资队伍培养、教学环境建设、教育资源的建设与应用、教学模式的重构等。教育信息化中信息化人才的培养有两层含义：第一，教育信息化要有为教育行业的信息化做贡献的专门人才。第二，教育系统担负着为整个社会信息化培养信息化人才的任务。教育信息化要求在教育过程中较全面地运用以计算机、多媒体和网络通讯为基础的现代信息技术，促进教育改革，从而适应正在到来的信息化社会提出的新要求。

（2）信息技术与课程整合

信息技术是研究信息的获取、传输和处理的技术，由计算机技术、通信技术、微电子技术结合而成，有时也叫做"现代信息技术"。也就是说，信息技术是利用计算机进行信息处理，利用现代电子通信技术从事信息采集、存储、加工、利用以及相关产品制造、技术开发、信息服务的新技术。课程整合

---

① 南国农. 教育现代化的必由之路 ［M］. 北京：高等教育出版社，2000 年.

（Curriculum Integration）意味着对课程设置、各课程的教学目标、教学设计、评价等诸要素作系统的考虑与操作，也就是说要用整体的、联系的、辩证的观点，认识、研究教育过程中各种教育因素之间的关系。比较狭义的课程整合通常指的是，考虑到课程之间的有机联系，将这些课程综合化。信息技术与课程整合是我国教育教学改革的一个新途径，与学科教学有着密切的联系和继承性，同时又是具有相对独立特点的新型教学结构类型。信息技术与课程整合，不是仅仅把信息技术作为辅助教或辅助学的工具，而是强调要把信息技术作为促进学生自主学习的认知工具和情感激励工具，利用信息技术所提供的自主探索、多重交互、合作学习、资源共享等学习环境，把学生的主动性、积极性和创造性充分调动起来，使学生的创新思维与实践能力在整合过程中得到有效的锻炼，这正是创新人才培养所需要的。由此可见，信息技术与课程整合是改变传统教学结构、实施创新人才培养的一条有效途径。①

信息技术与课程整合是指"信息技术"与"课程"的整合，而不是指"信息技术"与"课程整合"，这是我们理解其含义的关键。在系统科学方法论中，"整合"表示为由两个或两个以上较小部分的事物、现象、过程、物质属性、关系、信息、能量等在符合具体客观规律或一定条件的前提下，凝聚成较大整体的过程及结果。信息技术与课程整合的定义可以分为"大整合论"和"小整合论"两种。"大整合论"所理解的课程是一个较大的概念。这种观点主要是将信息技术融入到课程的整体中去，改变课程内容和结构，变革整个课程体系。"小整合论"则将课程等同于教学。这种观点，将信息技术与课程整合等同于信息技术与学科教学整合。我国教育技术界权威专家何克抗教授认为，所谓信息技术与学科课程的整合，就是通过将信息技术有效融合于各学科的教学过程来营造一种新型教学环境，实现一种既能发挥教师主导作用又能充分体现学生主体地位的以"自主、探究、合作"为特征的教与学方式，从而把学生的主动性、积极性、创造性教充分地发挥出来，使传统的以教师为中心的课堂教学结构发生根本性变革，从而使学生的创造精神与实践能力的培养真正落到实处。整合有三个基本属性：营造新型教学环境、实现新的教与学方式、变革传统教学结构。

信息技术与课程整合的具体内容有以下几个方面：一是任务驱动式的教学

① 何克抗. 关于网络教学模式与传统教学模式的思考［EB/OL］. http://www.edu.cn/20010829/209326. shtml.

过程。信息技术与课程整合以各种各样的主题任务进行驱动教学，有意识地开展信息技术与其他学科（甚至多学科）相联系的横向综合的教学。二是信息技术作为教师、学生的基本认知工具。教师和学生都以一种自然的方式对待信息技术，把信息技术作为获取信息、探索问题、协作解决问题的认知工具，把各种技术手段完美、恰当地融到课程的教与学中。三是能力培养和知识学习相结合的教学目标。信息技术与课程整合要求学生学习的重心不再仅仅放在学会知识上，而是转到学会学习、掌握方法和培养能力上，包括培养学生的信息素养。四是"教师为主导、学生为主体"的教学结构。强调充分发挥学生在学习过程中的主动性、积极性和创造性。五是个别化学习和协作学习的和谐统一。信息技术能够为我们提供一个开放性的实践平台，使得每一位学生在这个平台上可以采用不同的方法、工具来完成同一个任务。这种个别化教学策略对于发挥学生的主动性和进行因人而异的学习是很有帮助的。

（3）教学资源

教学资源建设是教育信息化的一项重要内容，也是与教师教学工作关系最为紧密的因素。教学资源的概念有广义与狭义之分。广义的教学资源指有利于实现课程和教学目标的各种因素，包括师资、设备、课程等；狭义的教学资源仅指信息形态的课程资源。也有人将课程资源划分为素材性资源和条件性资源两大类。素材性课程资源包括知识、技能、经验、活动方式与方法、情感态度和价值观以及培养目标等方面的因素，条件性资源包括直接决定课程实施范围和水平的人力、物力和财力，如时间、场地、媒介、设备、设施和环境等因素。

这里从教师教学实践的角度，主要分析教学信息资源，并将教学信息资源主要分为以下几类：

一是媒体素材。媒体素材是传播教学信息的基本材料单元，可分为文本类素材、图形/图像类素材、音频类素材、视频类素材、动画类素材五大类。

二是试题库。用于进行多种类型测试的典型成套试题。

三是多媒体课件。多媒体课件是围绕一个或几个知识点，体现教学策略，实施相对完整教学的软件。课件分为网络版和单机版两种，网络版课件需要在标准浏览器中运行，并且能通过网络教学环境被大家共享。单机版课件可通过网络下载后在本地计算机上运行。

四是教学案例。教学案例是由一个或多个媒体要素表现的可作为典型教学的已有事例。

五是文献资料。文献资料包括各学科相关的学术论文、研究报告、专著、重大事件记录、政策、法规文件等。

六是网络课程。网络课程是按一定的教学目标、教学策略组织起来的，通过多媒体表现的，在网络环境下运行的某门课程的教学内容及实施的教学活动。

七是常见问题解答。

八是资源目录索引。资源目录索引是某一学科中相关的网络资源地址链接列表和非网络资源的索引。

教学资源建设是教育信息化的基础，是需要长期建设与维护的系统工程。由于教学资源的复杂性和多样性，使得人们对它的理解各不相同，由此出现大量不同层次、不同属性的教学资源，因而不易管理和利用。为了更有效地建设好各级各类教学资源库，促进不同资源库系统之间的数据共享，提高教学资源检索的效率与准确度，保证资源建设的质量，需要遵循一定的规范。教学资源建设可以有四个层次的含义，一是素材类教学资源建设；二是网络课程建设；三是资源建设的评价；四是教学资源管理系统的开发。在这四个层次中，网络课程和素材类教学资源建设是基础，是需要规范的重点和核心；第三个层次是对资源的评价与筛选，需要对评价的标准进行必要的规范；第四个层次是工具层次的建设，网络课程和素材类资源的具体内容千变万化，各具特色，对应的管理系统必须适应这种形式的变化，充分利用它们的特色。

教学信息资源管理系统是对存储于资源库介质中的教育资源进行管理、维护和更新的功能性设施，主要包括三个子系统：资源管理（媒体素材库的管理、题库管理、试卷库管理、案例库管理、课件库管理、文献库管理、常见问题解答库管理、资源目录索引库管理和网络课程的管理等），系统管理（安全管理、网络性能管理、计费管理、故障管理等），资源建设与使用交流（资源更新、邮件列表订阅、资源定制、异步交流、同步交流）。这三个子系统为三类用户（管理员、审核员、一般用户）提供资源检索、资源发布、资源审核、权限管理、计费、用户信息交流等多个方面的服务。教学资源的评价是对资源建设质量的把关，在资源建设和使用过程中，是一个不可缺少的重要环节。主要从以下几个方面来对它们进行评价：（1）资源的教育性。考虑所整合的资源是否对学生的身心发展起到正面的促进作用，是否符合教学大纲和课程标准，是否有利于激发学生的学习动机和提高学习兴趣。（2）资源的科学性。资源的整合是否客观、科学，资源提供的知识性是否比较强，能否为日常的教学活动提供相关参考,是否有错别字或使人产生歧义的科学性错误。(3)技术性。资源提供的清晰度与画面结构以及课件、文本等运行的技术要求是否与现行浏览器相符。(4)艺术性。主要是针对多媒体素材而言,主要从表现手法的多样性、情节的生动性、构图的合理性以及画面的灵活性等几方面来考虑。

(4)管理信息系统(MIS)

现代管理信息系统是一个以人为主导,利用计算机硬件、软件、网络通信设备以及其他办公设备,进行信息的收集、传输、加工、储存、更新和维护,以战略竞优、提高效益和效率为目的,支持高层决策、中层控制、基层运作的集成化的人机系统。它是一门新兴的科学,其主要任务是最大限度地利用现代计算机及网络通讯技术加强信息管理,通过对人力、物力、财力、设备、技术等资源的调查了解,建立正确的数据,加工处理并编制成各种信息资料及时提供给管理人员,以便进行正确的决策,不断提高管理水平和资源效益。目前,计算机网络已成为提高管理水平的重要手段。

职业院校办公及管理都将朝着高效、快速、无纸化的方向发展。MIS系统通常用于系统决策。例如,可以利用MIS系统找出目前迫切需要解决的问题,并将信息及时反馈给上层管理人员,使他们了解当前工作发展的进展或不足。换句话说,MIS系统的最终目的是使管理人员及时了解发展现状,把握将来的发展路径。一个完整的MIS应包括:辅助决策系统(DSS)、过程控制系统(CCS)、办公自动化系统(OA)以及数据库、模型库、方法库、知识库和与上级机关及外界交换信息的接口。其中,特别是办公自动化系统(OA)、与上级机关及外界交换信息等都离不开Intranet(内部网)的应用。可以这样说,现代MIS不能没有Intranet,但Intranet的建立又必须依赖于MIS的体系结构和软硬件环境。传统的MIS系统的核心是CS(Client/Server—客户端/服务器)架构,而基于Intranet的MIS系统的核心是BS(Browser/Server—浏览器/服务器)架构。BS架构比起CS架构有着很大的优越性,传统的MIS系统依赖于专门的操作环境,这意味着操作者的活动空间受到极大限制;而BS架构则不需要专门的操作环境,在任何地方,只要能上网,就能够操作MIS系统,这其中的优劣差别是不言而喻的。完善的MIS具有以下四个标准:确定的信息需求、信息的可采集与可加工、可以通过程序为管理人员提供信息、可以对信息进行管理。具有统一规划的数据库是MIS成熟的重要标志,它象征着MIS是软件工程的产物。通过MIS实现信息增值,用数学模型统计分析数据,实现辅助决策。MIS 是发展变化的，有一个生命周期。

MIS 的开发必须具有一定的科学管理工作基础。只有在合理的管理体制、完善的规章制度、稳定的教学秩序、科学的管理方法和准确的原始数据的基础上，才能进行 MIS 的开发。因此，为适应 MIS 的开发需求，管理工作必须逐步完善以下工作：管理工作的程序化，各部门都有相应的作业流程；管理业务的标准化，各部门都有相应的作业规范；报表文件的统一化，固定的内容、周期、格式；数据资料的完善化和代码化。MIS 的开发方式有自行开发、委托开发、联合开发、购买现成软件包进行二次开发等几种形式。一般来说根据学校的技术力量、资源及外部环境而定。系统开发通常采用自上而下（Top-Down）的方法，从管理系统的整体设计，逐渐从抽象到具体，通过对系统进行分析得到系统的逻辑模型，进而从逻辑模型求得最优的物理模型，从概要设计到详细设计，体现结构化的设计思想。

2. 教育信息学基本理论

自从信息的概念产生以后，教育心理学者和教育技术学者对信息在教学中的作用机制进行了大量的研究，提出了一些基本理论，这些理论对于提高信息资源的利用效率具有重要指导意义。

（1）信息加工理论

信息加工理论把认知看作是对信息的加工，认为学习是由习得和使用信息构成的。该理论往往用计算机的信息处理以及工作模式来解释人脑加工信息的过程，研究的主要对象是信息加工和记忆。[①] 计算机科学的发展为这一理论的研究提供了物质基础，让一度被行为主义心理学家排除在主流心理学研究之外的记忆、信息加工等课题重新被人们所接受，并在计算机模拟技术的帮助下得到发展。目前，信息加工理论主要包括三大类：侧重于数理统计分析的信息论，侧重于计算机模拟的信息加工理论，侧重于实际应用的认知信息加工理论。

加涅曾提出一个关于学习与记忆的基本的、典型的模式，它是信息加工论的基础。该模式如图 4 - 1 所示。

这一模式指出了信息的流程，即信息从一个大脑结构流到另一结构的过程。来自环境的刺激输入到感觉记录器（非常短暂的记忆贮存），然后进入短时记忆，最长大约可以持续 30 秒。如果学习者进行复述的话，信息能在这里

① 何克抗，李文光. 教育技术学. 北京：北京师范大学出版社，2002 年.

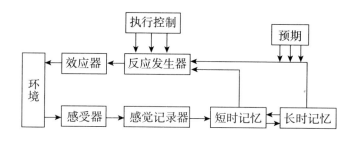

图4-1　加涅的学习与记忆信息加工模型

保持稍长的时间。随后，将信息编码贮存，并且进入长时记忆里。长时记忆被假设为永久的贮藏仓库。短时记忆与长时记忆的功能不同。经过短时记忆到达长时记忆的信息可能恢复而回到短时记忆中去。例如，当新的学习需要部分回忆起先前习得的某些事物时，就需从长时记忆中检索出这些事物，重新回到短时记忆中去。贮存在短时记忆或长时记忆中的信息恢复后，就到达反应发生器。反应发生器把信息转换成行动，也就是激起效应器的活动，作用于环境。在这个模式中，"执行控制"与"预期"是两个重要的结构，它们可以激化或改变信息流的加工。前者起调节作用，后者起学习定向作用。

加涅认为，参照以上学习与记忆模式可以揭示学习的各个内部过程。有些过程如注意、选择性知觉（简称为选择）、行为表现是人们熟知的，有些过程如编码和检索则是现代认知学习理论中的重要部分。加涅根据对学习过程的"信息加工"分析，提出了学习行动的八个加工阶段（可称为学习过程结构的八级阶梯模式）：动机、选择、获得、保持、回忆、概括、作业、反馈。

加涅把学习定义为："学习是人的倾向或能力的变化，这种变化能够保持且不能单纯归因于生长过程。"他认为人的学习过程类似于计算机的操作，提出了学习的"信息加工"理论。他把学习看成一个不断复杂、不断抽象的模式体系，在这个体系中，基础的、大量的是原有知识经验的联结。在学习新知识时，新的信息输入进来，和原有的经验相联系，并对其进行强有力的条件化（信号化而形成条件的联结），由此就形成一个在意义上、态度上、动机上和技能上相互联系的新的、高一级的模式体系。这个不断形成高一层次模式体系的过程就是学习的过程。加涅指出，新输入的信息（新知识）和原有认知结构（旧知识）之间要联系得好，两者差距要适当，要从学习者的认知发展水平出发，才能收到良好的学习效果。他还认为，学生的学习，要按照规定的程序来进行，才容易收到效果。加涅的"信息加工"学习理论，吸收了系统论、信息论、控制论等现代科学技术成果，主张从学习过程的层级系统上来阐述学习问题，强调研究学习问题时，既要注意外部反应及外在条件，又要注意内部过程和内在条件，它们都对学习心理的研究起着积极作用，这对指导当今学生的学习是有实际意义的。

加涅的"信息加工"学习理论启示我们，教师的教应从学生的学出发，且要落实到学生的学上，教学的手段和教学方式要有利于促进学生的学习，教师要依据学习的层次精心组织好教材，要重视教学反馈作用，在学习过程中要注意引导学生直接探索和钻研教材。把学习看作信息的加工和贮存，是近代认知心理学家最为强调的一个观点，它是现代认知派关于学习观的一个新动向、新发展。

（2）教育信息传播理论

传播一词译自英语 communication，也有人把它译成交流、沟通、传通、传意等，它来源于拉丁文，意思是共用或共享。现在一般将传播看作是特定的个体或群体，即传播者，运用一定的媒体和形式向受传者进行信息传递和交流的一种社会活动。广义的传播可以理解为大自然中一切信息的传送或交换。狭义的传播主要指人所进行的信息传播，包括人的内在传播（自我传播）、人与人之间的传播。① 传播按其涉及人员的范围大小以及对象又可分为以下几类。

①内在传播：一个人的自言自语、自我思考、自我安慰、自我剖析等，都属于人的内在传播的范畴。

②人际传播：是指个人与个人之间的信息交流活动，包括面对面的直接传播和以媒体为中介的间接传播。其目的有二：一是沟通，二是调节。

③组织传播：指组织与组织之间、组织内部成员之间的信息交流活动。

④大众传播：是指传播者专门编制内容，通过媒体对广大受众进行信息交流的活动。

⑤教育传播：指教育者按照一定的要求，选定合适的信息内容，通过有效的媒体通道，把知识、技能、思想、观念等传递给特定教育对象的活动，是教育者和受教育者之间的信息交流活动。教育传播的目的是促进学习者的全面发展，培养社会所需要的各种人才。教育传播的特点是：目的明确性（培养人才），内容严格规定性（按培养计划和课程标准要求），受者的特定性，媒体和传播通道的多样性。

---

① 南国农，李运林. 教育传播学（第二版）[M]. 北京：高等教育出版社，2005.08：20～50.

⑥网络传播：以计算机网络为基础的高速数据传递或交流信息的行为和过程，是一种新的传播方式。较之传统传播，网络传播有以下特征：数字化、互动性、快捷性、大容量、便利性、综合性、再生性、开放性、选择性。网络也非常适合于完成教育传播。

人们提出了各种各样的传播理论和模式，最主要的两种模式是工程学模式和心理学模式。其中工程学模式以香农—韦弗模式为代表。20世纪40年代，数学家香农出于对电报通信问题的兴趣，提出了一个关于通信过程的数学模型。此模型最初是单向直线式的，不久，他与韦弗合作改进了模型，添加了反馈系统。此模型后来被成为香农—韦弗模式，在技术应用中获得了巨大成功。心理学模式关注的是信息源、接受者以及传播产生的效果。罗密佐斯基综合了工程学模式和心理学模式的优点，提出了一个比较适用于教育的双向传播模式。

许多研究者利用传播理论的概念及有关模型中的要素来解释教学过程，并提出了许多关于教学传播过程的理论模式，为教育传播学奠定了理论基础。这主要表现在以下几个方面。

一是说明了教学过程所涉及的要素。美国政治学家 H. 拉斯韦尔提出了表述一般传播过程中的五个基本元素"5W"的直线性的传播模式，有人在此基础上发展成"7W"模式（表4-1）。其中每个"W"都类同于教学过程中的一个相应要素，这些要素自然也成为研究教学过程、解决教学问题的教学设计所关心和分析、考虑的重要因素。

表4-1　7W直线传播模式

Who	谁	教师或其他信息源
Says what	说什么	教学内容
In which channel	通过什么渠道	教学媒体
To whom	对谁	教学对象即学生
With what effect	产生什么效果	教学效果
Why	为什么	教学目的
Where	在什么情况下	教学环境

二是指出了教学过程的双向性。早期的传播理论认为传播是单向的灌输过程。它认为受者只是被动的接受信息，只能够接受传者的意图。这种传播思想

忽视了受传者的主动性和自主性，显然是一种片面的认识。奥斯古德和施拉姆提出的模式强调了传播者和受传者都是积极的传播主体。受传者不仅接受信息、解释信息，还对信息作出反应，说明传播是一种双向的互动过程，利用反馈机制使传播过程能够不断循环进行。教学信息的传播同样是通过教师和学生双方的传播行为来实现的，所以教学过程的设计必须重视教与学两方面的分析和安排，并充分利用反馈信息，随时进行调整和控制，以达到预期的教学目标。

三是确定了教学传播过程的基本阶段。教学传播过程是一个连续动态的过程。但为了研究方便起见，西北师范大学的南国农教授将它分解为六个阶段。①

确定教学信息。教学传播过程的第一步是确定所要传递的教学信息。传递什么信息，要依据教学目的和课程的培养目标。一般说来，课程的文字教材是按照课程标准由专家精心编写的，通常都体现了要传递的教学信息。因此，在这一传播阶段，教师要认真钻研文字教材，对每单元的教学内容作仔细分析，将内容分解成若干个知识点，并确定每个知识点要求达到的学习水平。

选择传播媒体。选择传递信息的媒体，实际上就是信息编码的活动。某种信息该用何类符号和信号的媒体去呈现和传递，是一个较为复杂的问题，需用一套原理作指导。如选择媒体要能准确地呈现信息内容，要符合学生的经验和知识水平，容易被接受和理解，容易获取，需要付出的代价不大，而又能取得较好的传播效果。

媒体传递信息。这一阶段要解决两个问题。一是信号要传至多远，多大范围。要根据信号的传递要求，应用好媒体，保证信号的传递质量。二是信息内容的先后传递顺序问题。在应用媒体之前，必须做好信息传递的结构设计，在媒体运作时，有步骤地按照设计方案传递信息。媒体传递信号时应尽量减少各种干扰，确保传递质量。

接收和解释信息。在这一阶段，学生接收信号并将它解释为信息意义，实际上就是信息译码的活动。学生首先通过各种感官接收经由各种媒体传来的信号，然后学生依据自身的经验和知识，将符号解释为信息意义，并随之储存在大脑中。

评价和反馈。学生接收信号解释信息之后，增加了知识，发展了智力，但

---

① 南国农，李运林. 教育传播学（第二版）[M]. 北京：高等教育出版社，2005.08：20～50.

是否达到了预定的教学目的，需要进行评价。评价的方式和方法很多，可以观察学生的行为变化，也可以通过课堂提问、课后书面作业，以及阶段性的反馈信息来实现。

调整和再传递。通过将获得的反馈信息与预定的教学目的作比较，可以发现教学传播过程中的不足，以便调整教学信息、教学媒体和教学顺序，进行再次传递。如在课堂提问时发现问题，可即时进行调整；在课后作业中发现问题，可进行集体补习和个别辅导；在远距离教学中发现问题，可以增发辅导资料，或在一定范围内组织面授辅导。

四是揭示了教学传播过程的若干规律。随着现代教学中传播学逐渐和教育学不断地结合，常把教学看成为信息的传播过程，形成了综合运用传播学和教育学的理论和方法来研究和揭示教育信息传播活动的过程与规律，以求得最优化的教育效果。这些规律包括：

共识律。所谓共识，一方面指尊重学生已有的知识、技能的水平和特点，建立传通关系。另一方面指教师根据教学目标、内容特点，通过各种方法和媒体来为学生创设相关的知识技能，传授知识，以便使学生已经具有的知识技能与即将学习的材料产生有意义的联结，从而达到传播的要求。在教学传播活动中，共同的知识技能基础是教师与学生之间得以交流和沟通的前提。教学信息的选择、组合和传递必须首先顾及学生已有的知识、技能的水平和特点并考虑到学生的发展潜能。由于教学传播过程的动态平衡特性和学生心智水平的不断发展，"共识"的状态总是相对的，总是按"不共识—共识—不共识"的循环反复螺旋式上升。例如，在创设共识经验的过程中，教师必须将教学目标设定在学生的"最近发展区"上，即学生能达到的知识水平层面上。

谐振律。所谓谐振，是指教师传递信息的"信息源频率"同学生接受信息的"固有频率"相互接近，两者在信息的交流和传通方面产生共鸣。它是教学传播活动得以维持和发展，获得较优传播效果的必备条件。传播的速度过快或过慢，容量过大或过小都会破坏师生双方谐振的条件，从而造成传播过程中的滞阻现象。教师或信息源的传递速率和传递容量，必须符合学生的认知速率和可接受水平。但仅凭这点还不足以产生信息传播的谐振现象，教师还需要创设一种民主宽松、情感交融的传通氛围，即师生双方应该建立起合作关系，教师需要时时注意收集和处理来自学生方面的反馈信息，以及时调控教学传播活动的进程。为了产生和维持谐振现象，各种信息符号系统、方式和方法还应当有节奏地交换使用。

选择律。任何教学传播活动都需要对教学的内容、方法和媒体等进行选择，这种选择是适应学生身心特点、较好地达到教学目标的前提，并旨在以最佳的"代价与效果比"成功地实现目标，即最小代价原则。教育技术领域最为关注的是教学媒体的选择。教师和学生对媒体的选择，一般来说，总与可能获得的报偿或成效成正比关系，与所需付出的努力成反比关系。据此，选择媒体时就应考虑尽可能降低需要付出的代价，提高媒体产生的功效。如果产生的功效相同，我们应该选择代价低的媒体；如果需付出的代价相同，我们应该选择功效大的媒体。

匹配律。所谓匹配，是指在一定的教学传播活动环境中，通过剖析学生、内容、目标、方法、媒体、环境等因素，使各种因素按照各自的特性，有机和谐地对应起来，使教学传播系统处于良好的循环运转状态之中。实现匹配的目的在于围绕既定的教学目标，使相关的各种要素特性组合起来，发挥教学系统的整体功能特性，因为每一要素都具有多重的功能特性和意义。目标的特点规定着各相关要素必须发挥与目标相关的功能，以便优化地达成既定的目标。否则，这些相关要素会产生松散无序、功能抵触的现象。在教学传播活动中，必然要使用到多种传播媒体，而各种媒体有各自不同的多重的功能特性，只有对它们了解熟悉、扬长避短、合理组合、科学使用，才能使它们相得益彰，决然不是随便凑合在一起便可产生匹配的效果的。

应用于传递以教育教学为目的的信息的媒体，被称为教育传播媒体，它是连接传者与受者之间的中介物。人们把它当成传递和取得信息的工具。在一般的教学理论研究中，将教育者、学习者、学习材料三者作为教学系统的构成要素，它们在教学环境中，带着一定的目标，经过适当的相互作用过程而产生一定的教学效果。为后面讨论方便起见，我们称之为教学系统的三元模型。在现代教育传播活动中，媒体起着相当大的作用，因此必须将媒体作为教学传播系统的要素之一，于是我们得到的教育传播系统四元模型。四元模型实际上是由三元模型细化而来的，因为我们把学习材料看作为媒体化的教学信息，把学习材料这一要素分成了"教学信息"（即内容）与作为内容载体的"媒体"两部分。这四个要素在适当的教学环境中相互作用而产生一定的教学效果。

教学系统各要素的组合和联系，构成了系统的结构。这种结构可能是静态的，而静态的结构是无多少功能可言的。只有当系统内各要素在信息传播和控制下发生相互作用，并产生动态过程时，才能形成系统的特有功能。在教学系统中产生的动态过程就是教学传播过程，它表现为一定的阶段性，须有一定的功能条件，受制于一定的基本规律。教学系统的功能主要是通过系统内部的信息传递实现的，而欲使上述教学传播过程有效进行，教学系统本身必须具备下述几个条件。

第一，从教师的角度看。教师作为教学系统中的一个子系统，它的要求是高标准的，性能应该是优良的。在教学系统中教师起主导作用，因而必须深刻地了解学生要素、内容要素、方法要素和媒体要素，及其相互作用关系。教师实现其功能的条件主要有三个方面：一是教师在所教授的课程领域是与学生要有一定的知识水平的差距，因此要求教师不断学习和提高，掌握科学领域的前沿知识；二是要有一定的传授知识的手段和能力，如具有较好的语言表达能力和教学方法，能运用各种教学媒体和教学设施；三是要有一定的调节和控制教学活动的能力，包括对自身、对学生和师生关系的调节和控制。总之，教学系统中的教师应该精通专业、熟悉教材、了解学生、具有端正的教学态度和良好的传播技能。

第二，从学生的角度看。学生的任务是完成教学系统所规定的学习任务，使德、智、体诸方面都得到相应的发展，这也是整个教学系统功能实现的首要标志。学生实现其功能的条件主要也有三个方面：一是学生要有明确的学习目的，能形成积极的学习态度和学习行动，使个人的学习需要与社会的需求相统一；二是学生要有一定的学习能力，掌握一定的学习方法。作为学习的主体，他们各种接受信息的通道必须畅通无阻，并有良好的心理准备状态；三是学生要有自控能力，能够调节自己的学习目的和学习行动，并与教师密切配合，充分利用来自各方面的反馈信息，修正学习措施，完成学习任务。

第三，从教学内容的角度看。教学内容应为在科学上已经经过检验、证明为正确的东西，并根据社会的发展和时代的要求，不断加以更新。对具有潜在发展意义的前沿知识，也应适当进入教学内容，并注意理论与实践的联系。教学内容的组织编排除了要符合学科本身的逻辑或知识结构，还要符合学生的认知特点，如注意由整体到部分、由一般到个别，不断分化；从已知到未知，使内容结构序列化；融汇贯通，使教材内容纵横联系；具体形式符合学生心理发展水平，体现对学习方法的指导，既要使学生能够接受，又要引导学生去探索。

第四，从教学方法的角度看。教学方法的选用要注意三个"符合"和三个"考虑"，即符合教学规律和原则、符合教学目的和任务、符合教学内容的特点，考虑学生的适应性、考虑教师的可行性、考虑环境的可能性。教学系统中可用的方法非常多，每一种方法都有其优点和不足之处。因此，必须根据具体情况合理选用教学方法。另外，各种教学方法总是相互渗透的，因此，必须把这些方法合理地结合起来，使它们相得益彰。

第五，从教学媒体的角度看。教学媒体的选用要考虑到学习任务的因素、学生特点的因素、教学管理的因素和经济成本的因素。与教学方法一样，教学系统中可用的媒体非常多，每一种媒体都有各自的优点和不足之处。因此，同样必须根据情况合理选择和综合使用。所不同的是，教学媒体能否在教学系统中发挥功能，还将受到媒体自身特点及其使用等一些实践性因素的制约，如媒体资源的硬件、软件的现有贮备或添置的可能性，媒体操作的复杂程序和学会操作的培训时间，媒体使用时功能的稳定性，多种媒体配合使用时的灵活性和增效性，媒体使用时对时间、空间等环境条件的特殊要求等。

教学系统五个构成要素的上述功能条件保证了作为系统运行基本特征的教学信息的正常传播。但是，其传播效果的好坏除了取决于系统中每一要素之间的功能强弱，还取决于各个要素之间的联系状况。也就是说，为了取得良好的传播效果，教学系统还要符合信息传播过程的规律或法则。

（3）现代信息技术在教育中的应用

电子计算机问世不久就开始应用于教育。世界上最早将计算机应用于教育的是 IBM 公司，该公司在 1958 年设计了第一个计算机教学系统。之后各国都对计算机的教育应用非常重视，并催生了教育技术学的诞生。开始计算机只是作为一种辅助工具，以提高教学效率为目的，但没有使教学过程发生本质上的改变。进入上世纪 90 年代以后，多媒体技术、计算机网络、移动通讯技术和虚拟现实技术等大量现代信息技术不断应用于教学，促使教学过程由"以教师为中心"向"以学生为中心"转变，使教学过程发生本质性的变化，以致出现了与传统教学方式完全不同的远程教学、移动教学等新的教学方式。①

在教育中应用现代信息技术的目的是建设数字化教育环境，推进教育信息化进程，促进学校教学方式的根本性变革，培养学生的创新精神和实践能力，实现信息技术环境下的素质教育与创新教育。具体目标可以概述为以下四点：

①优化教学过程，提高教学质量和效益

信息技术与课程整合的本质是在先进的教育思想、教育理论的指导下，把以计算机及网络为核心的信息技术，作为教学环境的创设工具和促进学生学习

---

① 何克抗. 基于 Internet 的教学模式 [J]，中国电化教育，1998 年第 4 期.

的认知工具，应用到各学科教学过程中，将各种教学资源、各个教学要素和教学环节，经过组合、重构，相互融合，提高教学质量，促进传统教学方法的变革。

②培养学生的信息素养

培养学生获取（包括信息发现、信息采集与信息优选）、分析（包括信息分类、信息综合、信息查错与信息评价）、加工（包括如何有效地利用信息来解决学习、工作和生活中的各种问题）和利用（包括信息的排序与检索、信息的组织与表达、信息的存储与变换以及信息的控制与传输等）信息的知识与能力，为学生打好全面、扎实的信息文化基础，同时培养其对信息内容的批判与理解能力，使其能在虚拟的环境中具有良好的伦理道德和法律意识。

③培养学生掌握信息时代的学习方式

大量的网络信息，改变了人类的学习方式，学习方式从接受式学习转变为自主学习、探究学习、研究性学习和协作学习。新的学习方式要求学习者必须能够利用资源进行学习，学会在数字化情境中进行自主发现，学会利用网络通信工具进行协商交流、合作讨论式的学习，学会利用信息加工工具和创作平台，进行实践创造的学习。

④培养学生终身学习的态度和能力

在信息时代，知识的更新速度加快，各学科间相互渗透，出现了更多的新兴学科和交叉学科。在这种科学技术、社会结构发生剧变的大背景下，要求学习者要有主动汲取知识的愿望并能付诸于日常生活实践，要能够独立自主地学习，能够自我组织，并能控制整个学习过程，对学习进行自我评估。

利用现代信息技术手段，重构教学资源和教学过程，是教育技术学研究的核心问题。或者说，现代信息技术是教学设计过程中必不可少的重要元素，离开现代信息技术，就谈不上教学过程的优化，也谈不上教学资源的充分利用。当然，这并不是说传统的传播技术和信息资源都已失去价值，而是指教学设计必须将各种资源统筹考虑，以期达到最佳的教学效果和资源效益。

教育传播学为教育技术学的理论基础，它与教育技术学有着千丝万缕的联系。教育传播是教育者按照一定的目的和要求，选定合适的内容，通过有效的媒体通道，把知识、技能、思想、观念等传递给特定的教育对象的一种活动，是教育者和受教育者之间的信息交流过程。教育技术则是对学习过程和教学资源进行设计、开发、运用、管理、评价的理论和实践。教育传播学与教育技术学的总体目标都在于为教育服务，即为促进和改善人类学习的质量服务。教育技术的核心思想是系统方法：按照具体目标，根据对人类学习和传播的研究，利用人力与物力资源的结合，促进更有效的教学。它为了促进学习而设计、选择与使用学习资源，如信息、人员、材料设备、技巧和环境等。教育传播的目的则在于借助各种传播手段以及传播技巧来实现传播知识、传播技能，提高受教育者获取信息、分析信息、吸收信息、利用信息、交流信息的能力。教育传播研究教学中涉及的传播系统、传播模式、传播内容、传播符号、传播通道、传者与受者、传播环境、传播效果等问题，教育技术是对学习过程和教学资源进行研究。与教育传播相对应，学习过程各要素（教学者、学习内容、学习媒体、学习者）对应于传播过程的要素（传者、信息、媒介、受者），而教学资源（包括信息、人员设备、学习环境等）也与传播各子系统相应。从媒体的角度来看，教育技术经历视觉教育、视听教育、视听传播的发展轨迹，即借助视听媒体辅助和传播教学的模式以及其他资源以促进学习。我国的教育技术早期以电化教育的概念引进，当时主要研究视听媒体传播的应用，发展视听传播的功效是教育技术的主要实践领域。教育传播着重于对信息传递的方法处理。通过视听媒体传播的编码解码、媒体环境的选择、媒体传播技巧的实施达到传播知识的效果。在教育传播活动前，传者作为先行组织者，要为受者设计相关的学习内容、学习途径、学习难度；在传播中，要通过媒体传播信息的延伸功能将教学知识有效地传递给受众；在传播活动后期，及时对受众的反馈信息及疑难问题进行分析，设计补救措施和解决办法。与此相似，教育技术运用系统方法为指导、统筹分析教育、教学中的各个要素，以及环境之间的联系，进行课程开发与教学设计，建立相关的策略方案来解决教育、教学中的问题，试行解决的方案并对试行结果进行修改，从而使教学过程顺利进行，达到最佳的教学效果。教育传播的主要手段是利用媒体来传播知识，并注重教学过程中的双向性交流。在知识传播中，媒体的应用占有很大的一席之地，起到了重要的中介人作用。加拿大著名传播学者麦克鲁汉（M. Mcluhan）更提出了媒体即信息（The medium is message.）的观点。媒体作为人体器官的延伸，将蕴含在其中的信息赋予人类感官。近年来，通过现代媒体的研究与运用，媒体的传播效果更加显著与广泛。而在现代教育技术中，一个重要的教学手段就是运用先进的媒介进行教学活动。如幻灯、投影媒体的运用有助于教学效果的提高，通过 Internet 网上漫游，受教育者可以获取更多、更全的知识。在现代教育思想方法的指导下，借助种类众多、功能强大的现代教育媒体，不仅老师能方便顺利地进行教学，学生也可以成为自我传播知识的主体。媒体技术的发展已经成为现代教育前进的强大动力。

二、职业院校教学信息系统

教学信息资源与教师资源、实训基地一样，是职业教育教学过程必不可少的重要资源。这里所说的教学信息资源主要包括媒体素材、试题、试卷、课件、案例、文献资料、常见问题解答、资源目录索引和网络课程等。

1. 教学信息资源概述

教学信息资源是职业教育中的无形财富，体现着职业院校的核心竞争力。职业技术教育中的教学信息不仅包括具有良好结构的原理性知识，更有非良构的工作经验、技术诀窍和其他规则性知识。尽管职业技术教育非常重视动手能力的培养，但对于有用的知识信息的作用也不可忽视。

职业技术教育中教学信息资源的作用主要体现在以下几个方面：

（1）职业教育需要学习必要的原理性知识，有时还需要系统地学习。随着我国建设创新型国家发展战略的实施，企业发展方式也正在转到自主创新的轨道上来，传统的劳动密集型产业和粗放型经营方式将会逐步减少。职业技术教育以服务经济发展为宗旨，人才培养目标及培养模式必然也要发生重大改变。传统的职业技术教育主要培养熟练型的操作技能人才，对知识和心智技能的要求较低，而新的发展方式所需要的高技能人才是与高新技术运用相联系的，对现代技术知识的要求明显提高。缺乏必要的知识基础，就很难适应技术发展的需要，特别是在高等职业技术教育和电气自动化技术、计算机应用技术等新型专业，需要较系统地掌握 些原理知识。因此，不仅要在综合项目中注重知识的学习，而且还要开设必要的基础学科课程。德国的学习领域课程非常注重综合职业能力培养，正是针对传统模块课程忽视学生自主设计能力的弊端而作的重大改进。

（2）为了提高实训项目实施的效率，需要对学生进行必要的前期指导。相对于传统的以师带徒方式，学校职业技术教育的优势就在于能够适应工业化的需要，以高效的方式大批地培养职业技术人才。通过实践教学使学生获得直接经验是必要的，但绝不是说一切都要学生从头试验，那样不仅效率低下，而且还会造成成本的剧增，与我国穷国办大职业教育的国情相违背。因此，教师必须编写实训指导书，详细介绍技术要求、相关管理和操作要领。在实施实训项目前，不仅要对学生的实训准备情况进行检查，还要事先准备好相关材料，存放在实训室内的资料柜或是电脑中，有条件的学校可以以电子显示屏的形式显示出来，以便于学生顺利完成操作。往届学生的实训项目报告，也是学生学习的重要材料，学生从中可以获得许多重要的过程信息。

（3）学习者需要获得大量的隐性知识，以促进个人经验的形成。职业技术教育培养的是面向一线的创新人才，非常注重在实践中形成的直接经验。由于实际工作环境中的情况千变万化，许多技术细节在教科书中没有也无法完全描述出来，这些信息甚至是只可意会、不可言传的。因此，教师需要精心设计与实际工作过程一致或相近的学习情境，让学生从中感受隐性知识。这是职业技术教育与普通教育不同的地方。普通教育的教学信息主要是通过教材、多媒体课件和网络课程来传播，而职业技术教育需要依靠实际工作场景或者虚拟技术展示的场景让学生感受。毛泽东有一句名言："要想知道梨子的滋味，就要亲口尝一尝。"梨子本身所蕴含的味道信息是不能靠书中的"味甘"二字充分描述的，也无法通过信息手段来展示，只有亲自吃一口才能获得最充分的信息。从这个意义上说，职业院校的实训基地也是一种特殊的信息资源。

2. 校本课程资源

课程资源建设是职业院校各项建设的核心。建设具有专业特点、符合当地产业发展需要的课程资源，是职业院校资源开发的一项重要任务。从当前职业技术教育改革与发展的实际来看，校本课程资源建设包括以下主要内容。

（1）人才培养方案

人才培养方案是学校实现人才培养目标和总体计划的实施方案，是学校组织和管理教育教学过程的主要依据，是学校对教育教学质量进行监控和评价的基础性文件。在职业教育改革与发展过程中，实验实训设备的选购、师资的引进和培养以及教材建设等都必须以人才培养方案为依据。可以说，人才培养方案是职业院校建设的龙头，也是科学的教育思想理念落实的关键。

人才培养方案的结构一般包括培养目标、学制、培养要求（职业能力要求或人才规格说明）、培养计划表、课程说明、实施建议等方面，承载了人才培养过程的关键信息。人才培养方案的制定应该按照以下几个基本步骤进行。第一，在充分调研的基础上，界定本专业毕业生就业范围和就业岗位。第二，根据就业岗位，借助于企业工程技术人员的力量，界定这些岗位所需要的能力，这些能力包括政治素质、关键问题处理能力、基本专业技能等。第三，针对以上要求，组织课程专家、教学专家和企业专家共同确定相应的典型工作任务，也就是说，针对职业能力要求，设计培养工作项目和培养过程，尽量做到科学详尽。这一点是人才培养方案的关键，也是最难完成、最易忽略许多因素的环节，必须坚持可行性的原则。第四，列出课程清单，并将这些课程进行合理排序，形成课程体系。课程体系首先选择专业课和实训课，再根据专业课程对知识的需求选择专业基础课和基础课。第五，根据课程体系的衔接关系和学校资源情况，编写教学进程表（教学计划表），并提出方案实施的相关建议。

在人才培养方案编写过程中，应根据专业课程的性质和完成这些课程所需要的条件，确定实践教学、校企合作、工学结合、顶岗实习、"双证书"制度、"订单式"培养等教学模式的灵活运用。同时，也要特别注意在保证教学计划刚性的同时尽量使教学过程柔性化。刚性部分应该着重解决学生必须的基础知识的教学，以便使学生在校期间掌握更多的基础知识；柔性部分解决不同专业、不同能力培养所需时间不同的问题，以便适应工学交替、顶岗实习等不同教学模式的要求。

（2）课程标准

课程标准是指导学校教育和教学工作的指导性文件。它具有确保学校具有一定的教育水准，为国民提供接受同一水准的教育机会的功能。对课程和教学没有统一的要求和标准，没有统一的检查、考核和评价制度，就很难保证职业技术教育的基本质量，确保劳动者基本素质的普遍提高。课程标准是规定某一门课程的课程性质、课程目标、内容框架、实施建议的教学指导性文件，是教材编写、教学、评估和考试命题的依据，是管理和评价课程的基础，体现不同阶段对学生在知识与技能、过程与方法、情感态度与价值观等方面的基本要求。与教学大纲相比，课程标准在课程的基本理念、课程目标、课程实施建议等部分阐述得更详细、明确，特别是更加强调学生的素质标准。课程标准的规定是具有弹性的，而不是对教学内容的具体硬性规定。对于职业院校来说，课程标准较为强调以下几个方面：一是说明本课程要达到的职业道德和职业能力标准；二是列出单项的知识和技能目标同时，明确提出需要完成的工作项目；三是在终身学习能力方面提出相应的学习要求；四是注重学生的学，强调学习的过程与方法；五是提出多元评价建议；六是为教材编写者、教师教学及学业评价留下创造空间。

职业院校的课程标准可采用如下的结构：

①课程的性质与学习定位。说明课程为公共基础课、专业基础课还是专业课，是主干课程还是非主干课程，是必修课还是选修课，课程在本专业中处于什么地位，主要功能是什么（典型工作任务描述），前导课程和后续课程是

什么。

②学习目标。具体说明专业能力目标、专业知识目标和专业素养目标，专业能力目标以"会……"的动宾语句式描述，知识目标采用知道、理解、运用、评价四个层次要求，素养目标根据行业特点而定，在责任意识、质量意识、创新意识、安全意识、成本意识和环保意识等方面提出便于学生理解的要求。

③课程设计理念与思路。根据本专业人才培养模式的要求，说明课程模式、课程开发模式以及相应的教学模式；简述课程设计过程及其解决的问题，课程设计所依据的基本理论；课程内容的选取与排序依据，内容确定与排序的过程；教学目标的确定依据和基本教学结构，教学模式转换需要注意的问题；模块的划分及模块之间的联系，学生能力发展的方向等等。

④学习内容与学时安排。说明各教学单元（学习情境）名称、内容、学时及顺序，各教学项目名称、内容及顺序、各教学项目所用学时。

⑤考核方式。说明考核方式为知识性书面考试还是能力性项目考核，对项目考核具体指明项目考核要求、考核内容和所占分数以及考核所用题库等。

⑥教材与其他说明。包括教材、学材编写要求，推荐选用教材，学材的名称、级别、出版社、出版年份，参考资料的网址，对实训场地的要求，对教师的要求以及实施中需注意的事项等。

（3）学生工作页

引导课文是在实施工学结合课程中学生使用的主要学习材料，学生工作页则是引导课文的一种基本形式。引导课文内容常以引导问题的形式出现，通过工作计划和自行控制工作过程等手段，引导学生独立学习和工作。[1] 学习内容通常包括基本常识、专业知识和专业问题三大类，这三部分内容不可能截然分开，可以以某一类型为主，同时兼具其他类型的特点。由于工学结合的一体化课程的学习内容是由工作对象、工具、工作方法和人的活动组成的有机整体，所以在编写教材时，一般不直接将专业知识呈现给学生，而是通过多种类型的引导问题将学生引入到工作行动中，在工作过程中促进学生手脑并用协同学习与和谐发展。引导课文教学的目标是使学生正视技术和社会面临的问题，帮助学生形成综合职业能力和职业素质。在内容编排上，学生经历整个工作过程的综合性工作任务主要以教学项目的形式呈现，即按照完成学习任务活动的客观

① 赵志群. 职业教育与培训学习新概念［M］. 北京：科学出版社，2003：146～149.

顺序编排教学内容，将知识、技能和态度融入工作过程的每个环节中，使学生在工作中建构与工作过程相关的知识结构，通过参与和反省获得体验与感受，发展综合能力并形成价值观。对于服务类专业的反思与感悟式的学习任务和高新技术专业的设计型学习任务，可采用专题的方式呈现。[①] 好的学材应当具备以下特点：一是从学生的工作、学习和生活经验出发，接近学生的"最近发展区"。[②] 二是引发学生产生问题和疑问，促进学生思考和反思。三是让学生在职业情境中学习，并获得职业认同感。四是版面生动，便于学生接受。

学生工作页通常包括以下内容：

①任务描述。本项目的工作任务书，可以采用文字，也可以采用图表形式。

②学习目标。使学生能够知道是否达到了职业要求。

③引导问题。根据这些问题学生可以获取必要的信息，制定工作计划。

④工作计划。工作内容及所用时间，所用材料和工具列表。

⑤学习（工作）质量监控单。工作检验标准、检验方法和检验结果。

⑥相关信息。一是相关资料的网址、存放地点；二是资料中无法查找的经验诀窍。

（4）教师手册

教师手册是教师实施工学结合课程的具体依据，是对教学过程的具体设计。北京师范大学赵志群博士认为职业教育中的学习情境可以具体化为一个"课业"，传统的教案在这里可以转化为"课业设计方案"，用来描述课业的学习任务、学习目标、学习内容、学习资源、教学组织与教学方法、教学流程和评价方式，作为教师进行教学的指导性文件。一个课业在形式上类似于传统的课程设计，但不是采用先理论后实践的方式进行，而是采用工学结合的一体化方式。教师手册就是各个课业设计方案的汇集。

（5）多媒体课件

简单来说，多媒体课件就是老师以多媒体的方式传播教学信息的工具。将

---

① 赵志群. 职业教育工学结合一体化课程开发指南［M］. 北京：清华大学出版社，2009：87～88.

② 最近发展区理论是由前苏联教育家维果茨基提出来的。维果茨基的研究表明：教育对儿童的发展能起到主导作用和促进作用，但需要确定儿童发展的两种水平：一种是已经达到的发展水平；另一种是儿童可能达到的发展水平，表现为"儿童还不能独立地完成任务，但在成人的帮助下，在集体活动中，通过模仿，却能够完成这些任务"。这两种水平之间的距离，就是"最近发展区"。

信息进行分类组织，然后把文字、图形、图象、声音、动画、影像等多种媒体素材在时间和空间两方面进行集成，使之融为一体并赋予其交互特性，从而制作出各种精彩纷呈的多媒体应用软件产品。目前，多媒体课件已经成为职业教育教学活动的重要工具。

多媒体课件需具备以下特点：

①丰富的表现力。多媒体课件不仅可以更加自然、逼真地表现多姿多彩的视听世界，还可以对宏观和微观事物进行模拟，对抽象、无形事物进行生动、直观的表现，对复杂过程进行简化再现等等，这使原本艰难的教学活动充满了魅力。

②良好的交互性。多媒体课件不仅可以在内容的学习使用上提供良好的交互控制，而且可以运用适当的教学策略，指导学生学习，更好地体现出因材施教的个别化教学。

③极大的共享性。网络技术的发展，多媒体信息的自由传输，使得教育在全世界交换、共享成为可能。以网络为载体的多媒体课件，提供了教学资源的共享机会。多媒体课件在教学中的使用，改善了教学媒体的表现力和交互性，促进了课堂教学内容、教学方法、教学过程的全面优化，提高了教学效果。

多媒体课件制作工具有 PowerPoint、Authorware、Director 和 Flash 等。

（6）题库

题库是根据职业活动和学习活动中遇到的问题，经过选择整理加工后形成的，对学生分析问题、解决问题具有促进作用的资料汇集。题库通常按照学习领域分类，按照问题难度分级，学生可以根据自己的需要利用题库进行能力训练和学习效果检验。题库可分为知识题库、技能题库和综合题库。知识题库用于检验学生认识事物的水平，考核对已知事物了解的程度，技能题库用于考核学生利用已有知识完成某一操作任务的能力，综合题库用于考核利用多学科知识解决实际问题的综合能力。

（7）典型案例

案例是实践活动中发生的带有普遍性、代表性的典型事例，它反映一个问题、一件工作、一个事件发生、发展和演变的过程，通过对这些典型事例的分析，提出解决问题的办法和思路。案例经常被法律、经济、医疗等部门所使用。

案例教学是一种通过模拟或者重现现实生活中的一些场景，让学生把自己纳入案例场景，通过讨论或者研讨来进行学习的一种教学方法，主要用在管理学、法学等学科。教学中既可以通过分析、比较，研究各种各样的成功或失败的管理经验，从中抽象出某些一般性的管理结论或管理原理，也可以让学生通过自己的思考或者借鉴他人的思考来拓宽自己的视野，从而丰富自己的知识。典型案例库就是用于职业教育教学的案例的汇集。

（8）学习指导书

学习指导书是以提高学习效率为目的、根据不同专业的学习特点和职业要求所编写的、适合于不同水平的职业学习者需要的指导性文件。学习指导书反映某一专业或某门课程的学习规律，是职业教育实践活动的经验总结和科研成果，具有较高的教育价值。相对于学生工作页，学习指导书具有更大的通用性和概括性。

（9）网络课程

网络课程是按一定的教学目标、教学策略组织起来的，通过多媒体表现的、在网络环境下运行的某门课程的教学内容及实施的教学活动。这个定义有四层涵义：从目标功能上说，网络课程服务于一定的教学目标，按照教师确定的教学策略组织教学内容；从工具上来说，网络课程是基于 Web 的课程，即在因特网上通过 WWW 浏览器来学习的课程；从表现形式上说，网络课程以多媒体的形式呈现，具有交互性、共享性、开放性、协作性和自主性等主要特征；从根本属性说，网络课程是课程设计和课程实施的结合，既不是单纯的网络课程资源集合，也不是仅仅利用网络工具的教学活动。由于职业教育是面向人人、面向大众的教育，开发网络课程对于职业教育的开展具有不可或缺的作用。

应当指出的是，由于教学内容需要教学资源，所以网络课程通常应当包括教学资源在内，只涉及教材本身的网络课程不是理想的网络课程。但是，在实际开发过程中，为了便于开展工作，有时也把教学资源独立出来，甚至将它与网络课程并列——称作"网络课程与网络资源开发"。不过，这时应当特别注意，这种区分只是开发的需要，而网络课程原本是应当把网络资源包括在内的。

在职业院校的精品课程建设中，对网络课程资源提出了较高的要求，以至于人们认为精品课程就是网络课程。事实上，精品课程和网络课程既有密切联系，又有很大区别。精品课程是具有一流教师队伍、一流教学内容、一流教学方法、一流教材、一流教学管理等特点的示范性课程。精品课程建设是职业院校教学质量与教学改革工程的重要组成部分。建设精品课程，需要加大教学过程中使用信息技术的力度，加强科研与教学的紧密结合，大力提倡和促进学生主动、自主学习，改革阻碍提高人才培养质量的不合理机制与制度。精品课程要使用网络进行教学与管理，相关的教学大纲、教案、习题、实验指导、参考文献目录等要上网并免费开放，鼓励将网络课件、授课录像等上网开放，实现优质教学资源共享，带动其他课程的建设。精品课程建设的核心是解决好课程内容建设问题，而课程资源建成后的共享与应用是关键点和落脚点。

3. 数字化图书馆

图书馆是集中存储和流通图书资料的场所。随着信息时代的到来，知识载体不再局限于纸质图书，磁带、磁盘、光盘、胶卷、互联网等都成为非常重要的信息存储载体，数字化图书馆就应运而生了。这里介绍一些与数字化图书馆密切相关的信息资源。

（1）《中国教育知识资源总库》简介

《中国教育知识资源总库》（简称《教育总库》）集中国教育资源之大成，由专业化的多媒体教学资源和海量的教育知识信息资源构成，具有完备的基础教育知识体系。与 CNKI（China National Knowledge Infrastructure，中国知识基础设施工程）网格资源共享平台相结合，可以为城域网用户提供在资源高度共享基础上的网上教学、学习、教研、情报等应用服务。它的建设目标有两个：一是建设涵盖基础教育阶段各种类型、各种层次教育需求的数字化信息资源，建设基于知识网络的资源组织体系，形成多层次、多功能的国家级教育资源服务体系，满足新课程目标下教育教学对于知识信息服务的需求。二是建设基于共建共享理念的知识信息互联网出版平台和知识服务平台，以《教育总库》及 CNKI 网格资源共享平台构建区域教育资源门户和在线学习门户，满足区域教育信息资源建设共享的需求，满足教师、学生等各类用户对于个性化知识资源获取以及个性化学习的需求。可见，这已不是传统意义上的信息管理，而是一个重要的教学平台，甚至可以说是一个网上教育机构。

《教育总库》实现了对教育信息资源的系统整合，具体表现在以下几个方面：一是规模化公共信息资源的建设。对各类公共信息资源，如期刊、报纸、博硕士论文、图书、专利、标准、年鉴、图片、图像、视频等进行专业化数字加工制作，形成大型的内容完备并可深度开发利用的基础性资源数据库。二是行业信息资源的整合。对各行各业的专题知识数据库以资源合作联盟的方式纳入统一的资源服务与运营体系。各专业数据库出版商结成"CNKI 网络出版联盟"，通过 CNKI 网格资源共享平台实时出版各种专业电子资源。三是专业化教育资源库建设。面向基础教育阶段的教学与学习，整合各类直接支持课程学习的专业资源，开发覆盖全部课程内容的多媒体素材、课件、案例及课程资源，集成全国优秀教学成果动态出版。四是城域网资源和校本资源的合作建设与应用。将城域网和校园网上自主建设的资源以"CNKI网络出版联盟"形式纳入《教育总库》的资源服务体系，实现区域优秀资源和名校教学资源的共享。五是知识元库的建设。以学科知识体系为基础，同时挖掘最新的学科专业信息资源以提炼知识元，建设知识元库。在资源规范描述的基础上，通过标题、主题词、描述、全文等属性与知识元的链接、通过引文链接等知识挖掘与关联方法，建立资源库的知识网络。

《教育总库》采取"三层知识网络"结构建构内容。三个层次的数据库通过CNKI网格资源共享平台融为一个具有知识网络的有机整体，进而实现分布式异构数据库的统一检索。

第一层：公共信息资源与行业知识资源

基础性资源：期刊、博硕士论文、图书、报纸、专利、标准、年鉴、图片、图像、视频、数据等，按知识分类体系和媒体分类体系建立各个学科、专业领域的数据库。

行业专题资源：以资源联盟的方式组织或整合各行业的专业数据库资源。

第二层：专业教育教学资源

基础性整合资源：按照新课程学科知识体系、教学功能体系及资源类型体系，在各类公共信息资源与行业知识资源库中提取可直接应用于教学的文献、图书、数据以及具有特定教学功能的图片、视频、音频、动画等素材资源。

原创多媒体资源：专业化设计制作的面向新课程的动画、课件、案例、课程、多媒体习题、教与学工具软件等资源，形成新课程案例库、新课程素材库、经验交流库、教学评价库、探究课题库、专业技能培训资源库等。

城域网、校园网资源整合：对教学实践过程中产生的教学成果，如课案、课堂演示讲义、课件、动画、图片、音视频以及各类测试、考试题等资源，按学校组织建设，形成重点区域、学校资源库，在统一的平台上共享应用。

第三层：知识元数据库

由具有独立意义的知识元素构成。它包括理论与方法、事实、数值型三类基本知识元。既可独立使用，也可与基本信息库、教学资源库相关联使用。理论与方法型知识元包括思想、方法论、概念、公理、原理、定律，以及正在探究中的观念、观点、理念，方法与技巧等。事实型知识元指自然、社会存在和演变的事实信息。数值型知识元则包括各种数据类知识和科学数据，具有数值分析和知识推理功能。

（2）CNKI 网格资源共享平台

《教育总库》是一个知识巨厦，目的是实现知识信息资源的高度社会化共享，在知识爆炸、信息裂变的情况下使知识有序化、信息知识化，使知识传播更加迅速有效，便于人们学习知识、应用知识、发现知识和进行知识挖掘。显然，这样一个知识巨厦，必须有一个有效的知识管理系统、高效的知识学习系统。"CNKI 网格资源共享平台"正是为这样一个知识巨厦建造的管理系统、运行系统和知识产品展示与出版平台。因此，本质上讲，"CNKI 网格资源共享平台"不仅是《教育总库》巨厦的基石和运行管理系统，同时也是任何一个拥有多个数据库和多种知识资源的教育城域网的知识资源管理应用平台。

CNKI 网格资源共享平台，是一个全面支持知识信息资源建设、共享、增值应用、增值服务、运营管理以及网络出版的数字图书馆系统软件平台。它是各大图书馆、情报所、教育城域网中心以及各大单位信息中心建立具备全球知识资源共享、个性化知识服务及网络出版功能的数字图书馆、学习中心或资源信息中心必不可少的基础平台。"CNKI"是中国知识基础设施工程（China National Knowledge Infrastructure）的英文简称，该工程是以实现全社会知识信息资源共享为目标的国家信息化重点工程，被国家科技部等五部委确定为"国家级重点新产品重中之重"项目。"网格"是构筑在互联网上的一组新型技术，它将高速互联网、高性能计算机、大型数据库、传感器、远程设备等融为一体，为科技人员与普通用户提供更多的资源、功能和交互性。网格要实现互联网上所有资源的全面连通，它把整个因特网整合成一台巨大的超级计算机，实现计算资源、存储资源、通信资源、软件资源、信息资源、知识资源的全面共享。"网格资源"是指在地理上分布的和在互联网上任何地方接入的知识信息资源。"共享"是指任何人通过互联网都可以随时随地获取"网格资源"中所需要的知识内容。"平台"是实现"网格资源"共享的操作系统，它使分布在世界各地的各种结构的数据库、网页及其他各种知识资源可以互相关联并且光滑无缝连接。用户不需要关心资源在什么地方，通过平台统一的操作界面，就可以一站式检索到自己需要的内容，并且可以通过平台构建的知识网络在"网格资源"中漫游，不断得到相关知识，发现新的知识。

CNKI 网格资源共享平台包括操作系统层和应用系统层。操作系统层由清华同方分布异构跨平台跨库智能检索系统（USP）平台和《中国知识资源总库》各种数据库的检索元数据、全文索引以及知识元库、知识导航系统、知识推送系统组成，主要功能是实现对所有"网格资源"的跨库跨平台一站式智能检索，并通过各种知识导航和知识链接功能将"网格资源"知识网络化，以便人们在阅读文献的同时，通过知识网络实时找到相关知识，实现知识的关联。还可以通过手机短信、电子邮件向用户推送知识元以及最新的知识新闻。操作系统还附带《中国知识资源总库》中 CNKI 系列数据库的题录摘要，以便用户免费浏览。应用系统层是利用操作系统、网络会议（NM）、个人数字图书馆（IDL）、专业数据库建库发布（TPI）、互联网网页资源整合（3I）、自动推送（PUSH）、智能参考咨询（IR）等先进技术，提供学习工具及知识管理、知识服务、网络出版和系统管理等应用工具，为数字图书馆、学习中心、资源信息中心等充分开发利用知识资源，建设个性化知识服务平台，更好地为读者服务提供了强有力的技术保障。

CNKI 网格资源共享平台为数字图书馆、学习中心或资源信息中心的建设、运营与管理提供了整体解决方案，可在以下八个方面进行开发应用。

①创建数字图书馆/学习中心/资源信息中心。平台提供了创建数字图书馆/学习中心/资源信息中心所需要的全套技术平台，同时还提供网格资源索引、数据库接入系统及知识导航和知识链接系统。各单位根据自身特点可以快速建立个性化的数字图书馆/学习中心/资源信息中心主体框架，可以将本单位所有资源、分布在全球的各种数据库资源，以及通过互联网整合系统从互联网挖掘的互联网网页资源纳入一个统一平台，利用平台的知识元数据库和各种知识导航信息将各种资源知识网络化，形成完整的知识网络。这样既可以使本单位共享网格资源，同时也使本单位原有资源得到了增值应用。读者可运用统一标准的检索界面，通过输入检索词、设计检索策略、建立检索逻辑表达式并组合使用各种分类导航功能，从全球海量网格资源中快速准确地检索出所有需要的知识，实现一站式检索。

②资源统一管理。利用平台提供的可转换为标准 MARC 格式的统一元数据描述系统、数据库超市管理系统和电子商务管理系统，可以对本单位已有资源（实有馆藏）和分布式网格资源（虚拟馆藏）统一管理、统一使用。可以记录所有实有馆藏和虚拟馆藏的购买和使用的详细情况。

③资源采购指南。通过电子商务系统可以统计用户对各种资源的使用需求，为各单位购买实有馆藏提供科学依据。可提供购流量计费卡、包流量、包库、镜像等多种资源采购方式。所有数据库的采购均可以通过电子商务系统统

一订货、发货、结算。

④建立学习平台。平台针对各单位科研、学习和情报分析等方面的需求建立了专用的学习平台，使得读者在工作、学习过程中可以更好地应用网格资源。学习平台包括研究性学习平台、课程学习平台和情报分析平台。读者可以在学习平台中通过知识网络，以超级链接的方式在相关资源中任意漫游，使得学习和工作效率大大提高，也使得资源的利用率大大提高。学习平台还提供了基于网络会议技术的交互式工具，实现了在线讨论、在线答疑等交流功能。利用平台提供的个人数字图书馆工具，读者还可以自动记录学习过程，管理个性化的学习资源，建立自己的个人数字图书馆。

⑤开展增值服务。利用平台设计的科技查新、参考咨询、知识比较、知识评价、知识推送等功能和资源网格中的各种资源，可以开展面向本单位内外用户的各种增值知识服务，如查新、定题服务、知识报道、论文评审、成果评价等。

⑥自建库及网络出版服务。利用平台提供的 TPI 建库与发布工具以及网络出版平台，可以自己开发各种各样的专题数据库，并通过互联网出版发行，面向内部用户和社会用户服务。

⑦运营管理。平台提供统一的电子商务和系统管理工具，可以对整个数字图书馆/学习中心/资源信息中心的有关用户管理、计费结算、资源建设及应用、增值服务等各方面的运营统一进行管理，可以自动记录、查询所有运营活动明细情况。

⑧建立专业门户网站，加盟中国知网资源超市。经过清华同方授权，各单位在建立自己内部数字图书馆的同时，可以利用平台建立各种基于数字图书馆和网格资源的专业知识门户网站。门户式数字图书馆是面向全社会提供知识共享及知识增值服务的专业知识门户网站，同时又是一个数字图书馆和数据库资源超市。门户式数字图书馆分为地域性门户数字图书馆和行业性门户数字图书馆。除了可共享《中国知识资源总库》所有资源和 CNKI 网格资源共享平台的所有功能之外，地域性门户数字图书馆偏重于本地区特色数据库资源的建设，行业性门户数字图书馆偏重于本行业特色数据库资源的建设。门户式数字图书馆可以为社会用户提供文献检索、全文下载服务和定题参考咨询、科技查新等增值知识服务。还可以为用户提供学习平台和网络出版平台。社会用户登陆门户式数字图书馆后，可以利用 CNKI 平台的一站式检索和知识导航、知识链接功能快速找到需要的知识，并通过电子商务平台实现图书、文献等各类知识资

源的在线购买和下载。通过 CNKI 平台提供的数字化学习平台，用户还可以获得网上研究性学习、课程学习和情报收集分析等多项增值知识服务。户式数字图书馆除通过代理发行 CNKI 流量计费卡、包流量帐号以及代理数据库包库、镜像等方式为用户提供有偿知识服务外，还可以利用门户网站经营网络广告。

可见，《中国知识资源总库》及 CNKI 已经不是一个简单的数字图书馆，而且还是一个数字化学习与知识管理平台。这种数字化资源平台无论对于普通教育还是职业教育，都会产生深远的重大影响。中国学术期刊（光盘版）电子杂志社的王明亮研究员对这种发展趋势进行了深入地分析，提出了许多很有见地的意见。王明亮研究员认为，数字图书馆是当今探索知识资源社会共享和增值利用的重要模式，但其资源建设、管理与信息服务的观念和体制，与现代知识生产、传播的产业化机制存在本质性矛盾，对知识资源社会共享和自身的长远发展构成了根本性障碍。解决这一关键性问题，需要在培育和建立符合信息化条件下知识传播和文化产业发展规律的市场机制的同时，以数字化学习平台与知识管理平台为主要应用模式，规范建立以数字图书馆为主导的知识传播共享与增值利用的互联网出版平台。

实现知识资源共享，特别是一次出版资源的高度共享和增值利用，首先需要资源出版者认同互联网出版市场，认同 CNKI 这一因图书馆用户需求和传统出版机构需求而产生的、用户需求导向的有效的内容市场运作平台。出版者通过互联网向读者公开发布出版物内容的行为，称为互联网出版，也称网络出版。一般来说，知识信息的内容专业、系统，关联性较强，信息特征复杂，检索过程中的查全查准难度较高，因而适合采用专业化编制的数据库进行知识体系结构化和信息特征整合以后通过网络出版。《中国知识资源总库》采用了"互联网资源整合系统（3I）"和"知识仓库建库管理与知识网站管理系统（TPI）"，对互联网上各网站发布的网页信息（非数据库）进行自动分类处理，建成结构化数据库，提供给专业用户使用。将所有数据库置于统一出版平台之上，为用户创造了资源共享的基本条件，但要使其成为方便利用的资源，还必须对这些结构、内容、功能不同的数据库进行规范的有序化整合。CNKI 平台采取操作系统的设计思路和方法，利用平台本身的特殊功能，对网格资源进行了多方面、多层次的整合。对大量知识信息进行有序化、资源化整合，一般有结构标准化和智能化内容挖掘两种解决方案。这两种方案的组织和技术难度都很大。纳入《总库》的数据库一般都具有某种结构，但差异较大，不可能实行完全统一的技术标准和编辑方案。智能化知识挖掘技术的应用价值非常重要，但实用技术需要在研究和应用过程中不断推进，逐步逼近目标。目前，在结构化处理方面，CNKI平台采用了两种最为实际有效的方法，一是建立了数据库统一导航标准，对导航结构不同的数据库进行等效的规范化处理，便于读者根据专业需要较为准确地选择内容范围。二是将各数据库的知识信息，通过知识元链接、引文链接、数据知识链接、作者链接、基金项目链接等方式，从微观上组织成为内容关联的知识网络，便于读者通过关联线索发现知识内容。知识网络使所有数据库的内容变为"网络化图书"（这里的"图书"泛指期刊、博硕士论文、图书等各种资源），《总库》中的所有资源都由于这种链接方法可能成为某一内容的"注释"或"参考文献"，这是传统资源和以往的DL（即数字图书馆）无法实现的资源高度整合方式。另外，通过这种链接，读者还可以直接发现所有数据库的相关内容，即使DL没有整体引进某一数据库，读者也可以通过平台直接购买所需内容，包括印刷品的馆际互借。此外，平台还提供一个在资源操作系统支持下，基于全文检索的免费题录信息检索系统。无论用户是否购买了全文数据库，都可以免费检索、浏览所有数据库的题录（包括部分免费摘要），支持面向全社会的公益性知识资源共享。CNKI平台是一个资源整合传播共享平台，也是一个互联网出版发行的市场平台。对于每一个DL来说，CNKI平台首先是DL的管理运行平台，通过它，DL把自身已有的资源统一到平台上管理；其次，它是一个资源市场平台，或者说是"资源超市"，在这个"超市"里，DL本单位的用户可以看到、用到《总库》所有资源，DL及其最终用户都可以任意选购《总库》资源，经授权，DL可以代理发行《总库》中的任何数据库。第三，它是一个互联网出版发行、知识管理、知识服务平台，DL可借以开展互联网出版和各种个性化服务。因此，DL需要把CNKI平台安装在本单位内部网上。

通过CNKI建构的数字化学习平台试图利用资源的集成整合与网络出版优势，创造网上直接的学习模式，既能大大提高学习的效率，又能促进网络资源的充分利用。DS（即数字化运行平台）的运行建立在CNKI的资源网格操作系统之上，采用专门的学习技术和系统功能支持各种类型、层次和方式的网上学习模式。设计目标是快速、准确、完整地提供组织科学、版面清晰的各种学习资源和研究资料，供读者直接在网上阅读；通过操作系统的知识网络构建功能，自动建立所选学习资源、研究资料与其他相关资源的链接关系；提供支持阅读分析使用的读书工具（CNKIReader），可以圈点、划线、涂色、笔记、书签、摘录、编辑、引证、个人数字图书馆建库与管理，在阅读过程中支持读者继续按导航、检索方式查找内容，在阅读过程中支持各种链接的直接调用，帮助读者实现在线理解，采用小型网络视频会议平台（4人视频），支持协作学习模式，支持与文献作者、教师的实时在线交互；支持在线论文写作，包括支持文献摘录、编辑、引证、审查；支持自动答疑、定题服务获取、在线作业、知识新闻自动获取。

需要指出的是，数字图书馆脱胎于传统图书馆的信息化建设，除了资源形态、服务手段层面上的变化之外，DL基本上沿袭了传统图书馆的管理体制、运行模式、资源建设和服务理念。现在看来，DL在知识资源共享和增值利用方面的局限性大都产生于此。主要表现在：DL缺乏实用的行业标准，业务局限于无序数字馆藏的二次传播，无法掌握信息资源市场主导权；资源产品的实际价值不易判断，DL引进和采购资源决策盲目，大大限制了资源共享规模；DL整合资源、增值服务的能力有限，形不成知识传播的主导市场，突不破资料查询服务的窄框框；DL没有法定出版权限和有效市场渠道，限制了自有特色资源的传播利用；DL的资源无偿使用机制，与知识信息生产、出版、传播部门的权益发生本质性矛盾，制约了数据库的市场机制，使其难以保证在合法经营的框架下，最大限度地利用网络传播优势，向DL及时提供资源。以最快的速度获得最新的知识信息，是知识信息用户永恒的、本质的追求。因此，无论是印刷出版、光盘出版，还是互联网出版，一次出版资源一般是读者的第一选择。然而，DL在购买数据库后，在单位内部实行的无偿使用制度，使有些商业意义较大的作品的出版者，难以判断直接或及时进入DL系统的经济可行性。这个矛盾的解决，对DL的价值取向和整个数据库产业的发展都具有决定性意义，或者说可能是数据库集成制造商和DL的"大限"。DL如果真的不注重解决与一次出版的利益关系，完全脱离了一次出版资源，将会失去最有价值的资源，甚至失去自身的存在价值。

4. 常用网络教学平台介绍

网络教学平台是建设网络课程的基本工具，是计算机网络技术人员开发的支持课程改革与建设的技术集成。在职业教育领域中，计算机网络逐渐成为有效的教学媒体和教育管理的有力工具。一般来说，传统的教学模型都是面向课堂的，所有的教学活动在教室中完成。而在网络化的教学概念中，"课堂"、"教室"等不再是传统的本地教室，相反学生可以分布在全球各地。在这样的环境下，教室成了一个逻辑上的概念，它并不提供教学活动的物理空间，所以我们称之为虚拟教室。分布在不同地方的师生可以像在传统的教室中一样方便地授课或学习。学生不仅可以通过浏览静态网页学习，还可以进行双向的多媒体交互。网络教学平台就是建立一个基于 WEB 的远程教育所需要的有效的教学环境。虚拟教室是基于 WEB、建立在 Internet 基础上的教室系统。它的设计与实现是一个比较复杂的系统工程，需要多种技术的支持，这些技术包括常用的 WEB 技术、Socket 网络编程、语音与视频编解码、语音等多媒体数据的压缩与解压缩等。目前，市场上常见的国产网络教学平台有南京易学信息技术有限公司的"天空教室网络教学平台"、深圳职业技术学院的"得实网络教学平台"、北京师范大学的"基于协作学习的网络教学平台"等等。较为著名的国外网络教学平台有 Blackboard、Moodle 等等。下面以"魔灯"（Moodle）网络教学平台为例，对网络教学平台的基本功能加以介绍。

（1）魔灯简介

魔灯是 Moodle 的谐音。魔灯网络教学软件是澳大利亚教师 Martin Dougiamas 基于建构主义教育理论而开发的课程管理系统，是一个免费的开放源代码的软件，目前在各国已广泛应用。魔灯这个词是"Modular Object-Oriented Dynamic Learning Environment"的缩写，意思是模块化面向对象的动态学习环境。魔灯网络教学系统是一个用来建设基于 Internet 的课程和网站的软件包。魔灯平台依据社会建构主义的教学思想，即教育者（老师）和学习者（学生）都是平等的主体，在教学活动中，他们相互协作，并根据自己已有的经验共同建构知识。魔灯平台界面简单、精巧。使用者可以根据需要随时调整界面，增减内容。课程列表显示了服务器上每门课程的描述，包括是否允许访客使用，访问者可以对课程进行分类和搜索，按自己的需要学习课程。

魔灯平台还具有兼容和易用性。几乎可以在任何支持 PHP 的平台上安装，安装过程简单。只需要一个数据库（并且可以共享）。它具有全面的数据库抽象层，几乎支持所有的主流数据库（除了初始表定义）。利用魔灯，现今主要的媒体文件都可以进行传送，这使可以利用的资源极大丰富。在对媒体资源进行编辑时，利用所见即所得的编辑器，这使得使用者无需经过专业培训，就能掌握魔灯的基本操作与编辑。魔灯注重全面的安全性，所有的表单都被检查，数据都被校验。用户注册时，通过电子邮件进行首次登陆，且同一个邮件地址不能在同一门课程中进行重复注册，所有这些，都使得魔灯的安全性得到了加强。目前，魔灯项目仍然在不断的开发与完善中。

（2）魔灯的特征

像许多著名的学习管理系统一样，魔灯可以管理内容，但更针对教育训练设计，让老师们更能深入分析学生的学习历程。具体的讲，作为创设虚拟学习环境的软件包，魔灯的主要特征与功能可从下面几个方面来介绍：

①总体设计。魔灯比较容易安装，可以支持大量的多种类别课程，特别重视整个系统的安全性。所有的界面设计风格一致、简单、高效，而且不需要特殊的浏览技能。

②网站管理。网站是在安装时定义的管理者来进行管理的。管理者进入"主题"即可以设定适合自己的网站颜色、字体大小、版面等。在网站中还有活动模块和 43 种语言包用以满足不同国家的学习者的需求。而且一些代码已经清楚地写出，方便用户按照自己的需求对其进行修改。

③用户管理。每一位用户都可以选择一种语言应用于魔灯的用户界面，可以指定自己的时区和相关的数据。鼓励学生建立一个在线档案，包括相片、个人描述、E-mail 地址，而且这些信息可以依据用户要求不呈现。如果学习者有一段时间不参加活动的话，管理员将会有相关记录，其注册将自动退出。为了安全起见，老师可以设定课程的登录密码，以阻止那些闲杂人等进入。课程的开设账户仅仅对建立这些课程和教授课程的人公开。目标是使管理者尽可能少地参与系统的安全保障。通过将验证模块插件整合到系统中，来支持一些验证机制。学生可以创建他们自己的登陆账号，而其电子邮件地址将需要验证。

（3）魔灯的主要功能

①课程管理

教师可以全面控制课程的所有设置，包括限制其他教师；可以选择课程的格式，比如星期、主题或社区讨论；灵活的课程活动配置——论坛、测验、资源、投票、问卷调查、作业、聊天、专题讨论；课程自上次登陆以来的变化可以显示在课程主页上——便于成员了解当前动态；绝大部分的文本可以用所见即所得的编辑器编辑；所有在论坛、测验和作业评定的分数都可以在同一页面查看（并且可以下载为电子表格文件）；全面的用户日志和跟踪——在同一页面内统计每个学生的活动，显示图形报告，包括每个模块的细节（最后访问时间、阅读次数），还有参与的讨论等，汇编为每个学生的详细的"故事"；邮件集成——把讨论区帖子和教师反馈等以 HTML 或纯文本格式的邮件发送；自定义评分等级——教师可以定义自己的评分等级，并用来在论坛和作业打分；使用备份功能可以把课程打包为一个 zip 文件，此文件可以在任何魔灯服务器恢复。

②作业模块

可以指定作业的截止日期和最高分，学生可以上传作业（文件格式不限）到服务器——上传时间也被记录，也可以允许迟交作业，但教师可以清晰地看到迟交了多久。可以在一个页面、一个表单内为整个班级的每份作业评分（打分和评价），教师的反馈会显示在每个学生的作业页面，并且有 email 通知，教师可以选择打分后是否可以重新提交作业，以便重新打分。

③聊天模块

支持平滑的、同步的文本交互，聊天窗口里包含个人图片，支持 URL、笑脸、嵌入 HTML 和图片等，所有的谈话都记录下来供日后查看，并且也可以允许学生查看。

④投票模块

类似选举投票。可以用来为某件事表决，或从每名学生得到反馈（例如支持率调查）。教师可以在直观的表格里看到谁选择了什么，可以选择是否允许学生看到更新的结果图。

⑤论坛模块

有多种类型的论坛供选择，例如教师专用、课程新闻、全面开放和每用户一话题。每个帖子都带有作者的照片，图片附件内嵌显示。可以以嵌套、列表和树状方式浏览话题，也可以让旧贴在前或新贴在前。每个人都可以订阅指定论坛，这样帖子会以 email 方式发送。教师也可以强迫每人订阅，可以设定论坛为不可回复（例如只用来发公告的论坛），可以轻松地在论坛间移动话题，如果论坛允许评级，那么可以限制有效时间段。

⑥测验模块

教师可以定义题库，在不同的测验里复用，题目可以分门别类地保存，易于使用，并且可以"公布"这些分类，供同一网站的其他课程使用。题目自动评分，并且如果题目更改，可以重新评分。可以为测验指定开放时间，根据教师的设置，测验可以被尝试多次，并能显示反馈和/或正确答案，题目和答案可以乱序（随机）显示，减少作弊。题目可以包含 HTML 和图片，题目可以从外部文本文件导入。如果愿意，可以分多次完成试答，每次的结果被自动累积。选择题支持一个或多个答案：包括填空题（词或短语）、判断题、匹配题、随机题、计算题（带数值允许范围）、嵌入答案题（完型填空风格），在题目描述中填写答案、嵌入图片和文字描述。在魔灯中设计的各类题目可以备份，并导出，可以在任何支持国际标准的学习管理系统中导入。

⑦资源模块

支持显示任何电子文档、Word、Powerpoint、Flash、视频和声音等；可以上传文件并在服务器进行管理，或者使用 web 表单动态建立（文本或 HTML）；可以连接到 Web 上的外部资源，也可以无缝地将其包含到课程界面里；可以用链接将数据传递给外部的 web 应用。

⑧问卷调查模块

内置的问卷调查（COLLES、ATTLS）作为分析在线课程的工具，随时可以查看在线问卷的报告，包括很多图形。数据可以以 Excel 电子表格或 CSV 文本文件的格式下载，问卷界面防止未完成的调查，学生的回答和班级的平均情况相比较，作为反馈提供给学生。

⑨互动评价（workshop）

学生可以对教师给定的范例作品文档进行公平的评价，教师对学生的评价进行管理并打分；支持各种可用的评分级别；教师可以提供示例文档供学生练习打分，有很多非常灵活的选项。

（4）对魔灯的评价

魔灯创设的虚拟学习环境中有三个维度：技术管理维度、学习任务维度和社会交往维度。技术管理是指提供了会谈的空间和交流的工具。学习任务是指与课程学习有关的学习材料、资源和活动等。社会交往维度是指参加者需要通过经常性的联系来维持一定程度上的互相关心和理解，从而形成对整个群体的归属感和社会情感纽带。因为这种社会交往使成员获得学习中的满足感，有助于群体的形成和保持，因而对学员的学习结果有积极的促进作用。无论是作为学习者登录到魔灯网站，还是作为管理者应用魔灯创建自己的课程网站，都可以从这三个方面对这一软件进行评价。

魔灯的一个重要特色就是以社会建构主义教学法为其设计的理论基础。它允许师生共同思考，合作解决问题。从这些过程中，与他人互动，或与教师互动时，学生很自然就能建立概念。因为他们在交谈时，共同创造出一个可论述的世界和一个共同架构，在其中可以产生沟通。最终实现"集体智慧"和"集体认知"。

①技术和管理方面。魔灯这一软件对于学习者的计算机技能要求不是很高，只要掌握计算机的基本操作并会使用 IE 浏览器的人就可以方便的使用，魔灯还支持各种管理和交流工具，还提供了学生日志作为个人的收藏空间。另外，魔灯这一系统有较高的安全性，如前面的用户管理中提到的，在注册为魔

灯的用户后，或者当登录到魔灯中的某一个课程后，系统会自动发一份邮件进行验证，学习者参与某一个课程时，有时也需要课程密码。但是魔灯对于技术的依赖性很强，曾在相关论坛上见到关于学习者被自动取消其登录资格的问题，这就属于技术方面的问题。所以对于教师或管理者，除了简单的根据提供的变量来设置课程外，还有一定的技术要求。

②学习任务方面。魔灯与其他的管理系统一样提供了多样的学习活动和资源，教师可以按照自己的计划，将资源上传到网站上，而且学习者也可以上传自己认为有价值的资料，这样学习者会处于一个主人翁的地位，参与到资源的建设中，可以提高学习者的积极性。不过，有些资料与用户上传的类型是相似的，所以还需要管理员的有效监控。在应用魔灯设置的课程中，特殊的课程网站有特定的版面设计，而且主题特征允许管理者或学生改变虚拟学习环境的外观和感觉，容易使学生进入学习状态。课程被分成几个部分分别完成，包括练习、推荐阅读、测验、讨论等，学生有很大的灵活性进行自主性的学习。不过，这同时也要求学习者掌握一种适合自己的学习方法。值得一提的是，并不一定所有的课程都适合于这种基于网络的建构性——合作的学习方式，所以教师在创建课程网站时，应该对课程的类型、学习者特征以及学习目标进行综合分析，以达到较好的学习效果。

③社会交往方面。魔灯中有不同分类的论坛，针对不同人的不同需求。学习者在论坛中提出的一些疑难很快就会得到解决，或者针对一个特定的话题展开讨论，在讨论交流的过程中不断学习。这与 BBS 论坛等交流工具相类似。对于教师或者管理者而言，在创建自己的课程网站时，魔灯随时有专用术语的解释与引导，可以使教师对于课程的安排有一个清晰的思路。无论哪个论坛都需要学生的积极参与，同时还要求老师能够对学生的问题及时地给予指导和提出建议。因此，如何调动学生的积极性也是老师应该考虑的问题。魔灯虽然是课程管理系统软件，但是这一软件并不能解决学习者的所有的电子学习问题，它们仅能作为对学生使用内容进行管理的"框架"或"引擎"。很多时候，其课件制作工具和讨论工具无法胜任实现整个电子学习规划，所以它应被视为用其他工具和系统创建内容的"起始点"和一种有效的管理平台。对于现有的教学实践，课程管理系统软件仅限于使其自动化，故而永久地保存。不过，魔灯也可以作为学生自己的一个知识管理系统，储存自己所学的各门学科资源，进而很好地对自己的学习内容进行管理。虚拟学习环境的创设是远程教育一直探讨的问题，如何建立起一个有效的、交互性强的网上学习环境，使学生得到

高质量的远程学习，始终是远程教育实践者和管理者不断深入的问题，仅有理论指导是不够的，迫切需要有相应的技术支持。

三、职业院校管理信息系统

以学材、多媒体课件、虚拟教室、虚拟车间、实训设备等载体传输的教学信息是促进学生职业能力形成的重要手段。为了保证教学活动的正常进行，需要伴随着教学信息流附加大量的预测、计划、调节、评价等信息，存储、加工、传递和利用这些信息的系统就是管理信息系统。目前，各个职业院校已经在协同办公、教务管理、科研管理、招生就业、财务管理等方面采用计算机管理，管理信息系统的开发和规范已经成为一项越来越重要的工作内容。

1. 管理信息系统概述

（1）职业院校管理信息系统需要解决的问题

从当前职业院校发展的现状来看，管理信息系统的开发需主要解决以下问题：

①领导的重视。信息系统的开发利用是由传统管理方式向知识管理方式迈进的重要标志，绝不是一种华而不实的形象工程。如果不转变管理思想观念，缺乏制度化、规范化、标准化的文化环境，看不到这些工作的重要性和复杂性，管理信息系统开发的规模越大，资源浪费也就越严重。

②管理的协调。随着职业院校规模的扩大，分工也越来越细，职能部门之间的不协调现象也越来越多。突出表现在各项活动在目标、人员、内容、时间和空间上的冲突。譬如，教务管理部门和学生管理部门在同一时间安排同一班级的学生参加不同的活动，或是不同的活动在同一时间安排在相同的会议室等等。解决这些活动冲突是信息管理系统很容易实现的功能，可以减轻管理人员不必要的负担，使管理工作更具创新性。促进管理工作由事务型向创新型转变，是管理信息系统最根本的功能。

③数据的统一。保持数据的统一完整，是提高管理工作效率的基础条件。但是，目前各职业院校基础数据不统一的现象比较严重，对科学决策和准确评价带来严重障碍。解决数据统一问题，最关键的就是通过网络化的数据管理平台实现基础数据的透明。数据统一是管理信息系统既是有效运行的前提，也是自身所具有的一种强化机制。

④系统的整合。由于目前各职业院校的信息管理尚处在初级阶段，各个子

系统都是孤立运行的，彼此之间缺乏联系，由此导致了资源的大量浪费。通过整体化的系统开发，实现招生管理、教务管理、科研管理、学生管理、财务管理和后勤管理各子系统的相互支持与协调，将是各个职业院校面临的一项重大任务。系统的整合不仅包括各子系统之间的空间整合，同时也要在时间上实现第一代校园网与第二代校园网之间的整合。

⑤与国际的接轨。以网络为特征的现代信息管理系统对职业教育的国际化是一种巨大的推动力量。利用互联网实现全球信息共享是知识社会的基本特征，也是管理信息系统建设必须考虑的功能。在这方面，目前的管理信息系统存在两大缺陷：一是缺乏保密意识，将一些不宜公开的信息在外网上公布；二是缺乏共享意识，对某些需要公开的信息加以封闭，或者不便于外部用户使用，造成网上信息缺乏。解决国际接轨问题是管理信息系统开发面临的一个新课题。

⑥功能的扩展。传统的管理信息系统仅考虑了传统管理模式的需要，没有充分考虑网络对学习型组织建设和学习型社会的作用。在今后的管理信息系统开发中，应当将学生会等学生社团组织加以整合，实现组织的一体化。

（2）职业院校管理信息系统开发原则

管理信息系统的开发技术难度较高，采用传统的物质资源开发方式可能会造成很大的浪费，在这方面许多职业院校已经有大量十分惨痛的教训。所谓开发原则，就是职业院校在总结开发经验的基础上形成的基本规律。目前职业院校的管理信息系统开发应遵循以下原则。

用户至上原则。管理信息系统是供管理人员使用的，开发目的是提高管理效率。开发管理信息系统首先要适应管理者工作改进的需要，达到使用人员的满意。如果盲目贪大求洋、标新立异，或者只是按照少数开发人员的意志行事，只重过程和形式，结果必将是劳而无功，劳民伤财。用户至上原则的实质就是把握管理信息系统开发的目的性和方向性。

效率优先原则。在进行管理信息系统的开发决策时，应将系统效率放在首位。一方面，投资预算要满足效率提高的要求，不能因资金不足而搞"半截工程"，这样只会追加更多的投资；另一方面，要强化管理信息系统的使用管理，系统性能再好，管理者不会使用，或是只做一些简单的输出收集、存储工作，不进行数据分析加工，就无法提高利用效果。

以我为主原则。职业院校的管理信息系统既有共性，也有很多的特殊方面。管理信息系统的开发决策和目标控制，应该在充分调查研究的条件下，由职业院校自主进行。如果学校自身对一些带有方向性的问题认识不清，简单地委托校外信息开发公司，就会留下很多后遗症，甚至导致整个系统无法工作。

适当超前原则。信息技术的发展日新月异，任何信息系统都有一个生命周期。考虑到系统更新的需要，在技术上适当超前，可以延长使用寿命，有利于提高资源利用效率。同时，也要考虑到目前的一般职业院校管理者素质相对较低，如果技术过于超前必然会影响使用的熟练程度。因此，技术的先进性应该建立在使用便利性的基础之上。

量力而行原则。教育信息化是教育发展的制高点，也是职业技术教育发展的难点。在管理信息系统的开发中，应坚持"以科学化促进信息化，以信息化带动科学化"的策略，既要积极稳妥，又不能盲目冒进。如果脱离科学化盲目地追求信息化，就会成水中之月、镜中之花。如果忽视信息化片面地追求科学化，就会固步自封，也不可能实现真正的科学化。

管理信息系统的开发存在着一般规律，但又有许多难以预料情况。在开发过程中，需要不断地发现和解决新问题，不能遇到一点挫折就怀疑既定的正确方向和整体目标。

2. 管理信息系统的开发

职业院校的教育教学活动包括用人单位需求调查、劳动力市场需求调查、招生、教学、科研、学生事务、后勤服务和就业指导等等，涉及的信息量大且结构复杂。所以，管理信息系统的开发是一项庞大的系统工程。

（1）管理信息系统的结构

管理信息系统由硬件、软件、数据库、操作规程和管理人员组成。硬件是指系统中的计算机及相关设备，提供数据输入、输出、存储、通信、运算处理等功能。软件是控制硬件系统工作的各种程序的总和，包括系统软件和应用软件两大类。数据库包括应用程序要使用的所有数据及其管理系统。一组独立存储的数据通常被称为数据文件，数据库是多个有关联的数据文件的集合。操作规程通常以手册或说明书的形式出现。从处理功能上看，管理信息系统包括处理事物数据、维护主文件、编织报表、处理查询请求和支持交互式应用等部分。事务处理模块管理各项业务活动，如招生、教学计划、科研项目等。维护主文件就是在处理业务活动时对主文件数据项进行更新。编制报表时信息系统的输出功能，向用户提供所需要的信息。查询请求是信息系统的基本功能之一，根据查询条件经过处理后向查询者提供信息。通常职业院校的管理信息系统可以按照职能划分为门户平台、认证平台、数据中心、协同办公、招生管理、迎新管理、教学管理、教材管理、科研管理、学生工作管理、实习管理、收费管理、人力资源管理设备资产管理以及校友管理等子系统。

（2）结构化系统开发方法

早期的信息系统开发仅考虑在限定条件下系统能完成什么工作，开发者习惯于从计算机技术的角度看问题，凭着自身经验搞开发，对用户的需求考虑较少，很少有用户参与开发过程，因此，信息系统的功能往往不能满足用户的需要，大量投资开发的系统常常闲置起来，或者反复修改，甚至于返工的费用超过原开发费用。美国的软件开发人员曾经这样形容所遇到的困境：就像一头野牛陷入泥潭，越是挣扎，就会陷得越深，最后很难逃脱死亡的命运。痛定思痛，人们开始总结科学的开发方法，自上而下的结构化系统开发方法随之诞生。

结构化系统开发的基本思想，是以系统工程的思想和方法，按照用户至上的原则，采取结构化、模块化、自上向下的方法进行系统分析和设计。结构化系统开发方法是一种基于生命周期的开发方法，将整个开发过程划分为系统规划、系统分析、系统设计、系统实施和系统维护等阶段。在规划、分析、设计阶段，从最顶层的业务开始入手，先进行系统整体的优化，然后再考虑局部的优化问题，而不是从各个局部的目标汇总成系统的总目标。在系统实施阶段，则坚持自下向上的原则，从最底层的模块做起，逐步构成一个系统。

结构化系统开发方法具有以下特点：

①用户参与。用户最了解业务流程，特别是业务的细节问题，因此，系统开发中需要用户的全程参与。但应注意，专业开发人员不能被用户牵着鼻子走，需要纠正一些用户认识上的偏差，通过双方协商形成最佳方案。

②调查研究。通过调查研究，发现现有系统存在的优势和问题，保持原有优良传统，克服系统缺陷，得到最佳解决方案。

③模块化方法。将系统自上而下划分成多个层次，每个层次有若干个模块组成。各个模块之间既相对独立，又相互联系。这样做的目的就是便于系统的修改和维护。

④按阶段进行。开发过程的规划、分析、设计、实施和运行各个阶段依次进行，每个阶段都有明确的目标任务，前一个阶段完成以后才能开始下一个阶段的工作，不能跨越某个阶段。如果顶层设计尚未完成就开始局部的设计，就必然会出现系统性问题。

⑤项目化管理。按照项目管理的规范组织信息系统的开发，立项、检查、

评价等管理工作需要一丝不苟，避免仓促上马、随意变更、不了了之等经验式管理的盲目做法。

一般将信息系统的开发过程划分为系统规划、系统分析、系统设计、系统实施、系统运行五个阶段，各个阶段优化分为若干个工作步骤。各阶段的任务目标如下：

①系统规划。在用户提出开发要求后，通过调查研究，明确开发问题，进行可行性研究，确定是否立项。

②系统分析。主要任务是分析业务流程，分析数据与数据流程，提出系统的逻辑方案。本阶段要回答"系统必须做什么"的问题。系统分析阶段的主要工具是数据流程图和数据词典，形成的主要文档是系统分析说明书或系统分析报告。系统分析说明书的主要内容包括：现行系统情况描述、新系统的目标、新系统的逻辑方案。

③系统设计。主要任务是总体结构设计和模块设计，包括概念设计、物理系统设计和数据库设计几个阶段。根据设计要求选择合适的软硬件设备，进行代码、用户界面、文件、数据库、网络结构的设计。将系统划分为若干个模块，确定模块之间的调用接口和每个模块的基本功能，然后对每一个模块的处理过程进行设计，得到可直接用于编程的程序流程图或伪代码。系统设计主要是解决"如何做"的问题。系统设计阶段的最终文档是系统设计报告（系统设计说明书）。

④系统实施。主要任务包括编程、操作人员培训以及数据准备，然后投入试运行。职业院校软件专业的学生主要从事这一阶段的工作，即程序编码和测试工作。这一阶段的工作成果是程序代码文本。

⑤系统运行。主要任务是进行系统的日常运行管理、评价、监理审计工作。通过对运行结果的分析，发现问题进行修改，运行正常后，交由管理人员正常使用。开发人员在系统运行阶段的主要任务是系统维护，包括纠错性维护、适应性维护、完善性维护及预防性维护。

（3）面向对象开发方法

面向对象的开发方法和技术起源于面向对象的程序设计语言。面向对象方法适合于解决分析与设计期间的复杂性，并实现分析与设计的使用。与过程化方式描述不同，面向对象的方法认为客观世界是由各种各样的对象组成的，每个对象都有各自的内部状态和运动规律，不同对象之间通过消息传送相互作用和联系，从而构成不同的子系统。将对象模型映射到计算机上，这种方法将软件看成一系列对象的集合，并强调描述对象性质的数据和行为的紧密联系（数据和行为的封装技术）。对象是客观事物在计算机领域的抽象，是一组数据（属性）和施加于该组数据上的一组操作（行为）的组合体。例如，文本框这一对象有名称、字体、前景色、高度和宽度等属性，同时还有单击左键、双击左键、修改文本等操作。

面向对象的设计方法步骤为：首先，定义问题。其次，为现实世界问题域的软件实现开发一个不严格的概括描述。第三，实现严格化，包括弄清对象及其属性，弄清可能施予对象的操作，利用表达对象与操作之间的关系建立每个对象的接口，决定详细设计问题，从而给出对象的实现描述。最后，重复上述步骤，以得到完整的设计。

3. 管理信息系统的实例

下面以"正方校园网信息平台 V4.0"为例，简单介绍一下职业院校管理信息系统组成与使用。开发该平台软件的后台数据库采用多种数据库，如规模较大的学校采用 Oracle、SQLServer、Sybase 等大型数据库，规模较小的学校采用 Access 等小型数据库。前台开发工具采用 Delphi、ASP. NET、FrontPage 等，网络平台采用 Unix/Windows NT/Linux。

正方校园网信息平台的主要特点如下。一是智能化资源调配管理满足高校教学资源优化，教师、教室、实验室、时间等的高效调配和合理利用，解决了高校资源紧缺、多校区、院系两级管理状况下排课、排实验室、排考场难等问题。二是基于 . NET 的开发平台、中间件和组件技术使得系统的二次开发更加灵活、方便。学校可根据自身特点对学籍管理、毕业审核条件、教学资源调配等进行个性化修改。三是随着学分制的教学改革，大部分学校正在由传统的学年制向学分制过渡，传统的教学管理软件已无法适应这一转变。本系统在设计时考虑了学年制、学年学分制、学分制以及过渡时期等不同阶段教学管理软件衔接的需求，从而解决了学校课程库、成绩库、学生库等的数据迁移问题。四是系统强化基于 INTRANET 面向师生的服务和互动管理，使高校教学管理工作效率大大提高，同时也方便了学生。如通过计算机快速与高质量选课管理给学生的课表随机派位，让学生根据自己的意愿在较短的时间内完成课程的选择。五是规范教学资源管理。系统严格遵循教育部颁发的学籍学历规范和有关信息标准，课程代码、教师代码、学号等的编码规范，避免代码重复等不合理现象的发生。

（1）系统登录

鼠标双击"zhjwgl. exe"图标的应用程序，即可进入高校综合教学管理系统的登录窗口如图 4-2 所示。

图 4-2　系统登录

在登录窗口先选择院系，再选择用户名或输入用户名及口令，按"确认"按钮即可进入系统主界面。如果用户名或口令错误，则会提示"对不起，你输入的密码不正确！注意字符大小写"。按"取消"按钮，则取消登录。

成功登录高校综合教学管理系统后，将进入如图 4-3 所示的系统主界面。

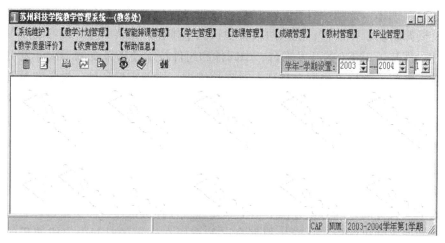

图 4-3　学年学分制教学管理系统主界面

系统主界面是一个大容器和多功能窗口，在本系统运行期间一直都打开。

该系统主要分为 11 个主菜单：系统维护、教学计划管理、智能排课管理、学生管理、选课管理、成绩管理、教材管理、毕业管理、教学质量评价、收费管理、帮助信息。

主菜单中包含各类子菜单，用户可以点击主菜单中的子菜单来实现本系统中各种子系统的功能。工具栏中有计算器、记事本、选择显示的字段、输出数据写入到 Excel、窗口查看、帮助、退出系统、学年-学期设置几项工具。状态条的功能则是显示一些系统提示。在本系统运行的整个过程中，主窗口一直都是可见的，所有的子窗口均在窗口容器中显示。用户可以打开或关闭多个子窗口，但若关闭主窗口则表示退出本系统。

（2）系统维护

系统可以创建用户及授权，如图4-4所示，左边框表中列出的子系统功能模块或全部功能模块，右上方是用户清单，右下方对应了各个用户清单所具有的权限和功能模块名称。增加：点击"增加"按扭，会弹出一个如图4-4中用户信息窗口，输入用户信息后，按"确定"即可。

修改：可以根据用户的需要修改用户信息，弹出如图4-4中用户信息窗口，只是口令为不可修改项。

删除：可以根据需要删除用户。

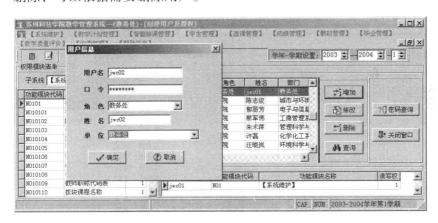

图4-4 创建用户

（3）数据导入

此功能是将外部数据表（.db 或 .dbf 的形式）的字段对应于内部数据库表字段，然后把数据导入到内部数据库。选择一个外部数据库表和内部数据库表，在界面左边进行字段名的对应，点击"导记录"进行数据导入。如果有某个字段不对应，则不用打钩。

图 4-5　数据导入

（4）成绩录入控制

图 4-6　成绩录入控制

该模块中可以先根据条件选择，刷选出记录，然后点左边的"成绩录入"或"取消录入"，再按"确定"，控制查询出来的课程成绩的录入状态。同时，用户可以按右键功能，对单条记录进行录入与取消录入控制。一旦取消录入，则教师进行网上录入成绩将被锁定。

（5）公共选修课控制

录入设置	学年	学期	选课课号	课程代码	课程名称	选修类别	学分	限选人数	起止周	教师编号	教师姓名
锁定	2003-2004	1	1	99130001	Internet基础教程	计算机与信息	1	55		23002	宋晓辉
锁定	2003-2004	1	2	99130002	网页制作基础	计算机与信息	1	60		23003	朱可
锁定	2003	成绩录入(Y)	3	99130003	FLASH动画制作	计算机与信息	1	80		48029	陈岩
锁定	2003	取消录入(Z)	4	99130004	网页设计与制作	计算机与信息	1	30		42011	周红
锁定	2003-2004	1	5	99130004	网页设计与制作	计算机与信息	1	30		42011	周红
锁定	2003-2004	1	6	99130005	AutoCAD2002计算机绘图	计算机与信息	1	60		42024	刘顺苏
锁定	2003-2004	1	7	99130006	PowerPoint演示文稿制作	计算机与信息	1	60		42023	陆勇
锁定	2003-2004	1	8	99130007	数字影视制作及软件（Prem	计算机与信息	1	60		42018	于撼东
锁定	2003-2004	1	9	99130007	数字影视制作及软件（Prem	计算机与信息	1	60		42018	于撼东
锁定	2003-2004	1	10	99130008	图形图象处理（photoshop	计算机与信息	1	60		42021	蒋雪明

图 4-7　公共选修课成绩录入控制

用户可以先根据学年学期过滤记录，然后选单选按钮进行成绩录入与取消录入的控制。同样可以用右键进行单条记录的控制。

系统可完成成绩数据备份/恢复、底层数据备份、底层数据恢复等功能。还具有数据更新、数据统计、网上成绩查询控制等功能。

该软件系统模块还包括教学计划管理、智能排课、学生管理、选课管理、成绩管理、教材管理、毕业管理、收费管理、考试管理、教学评价以及实践教学管理等功能。

第五章

职业教育文化资源

伴随着经济社会的不断进步，职业教育得到了长足发展，职业教育的各种资源越来越丰富，但在实际工作中，硬件资源建设远远超过软件资源建设，特别是文化资源建设严重滞后。要提高职业院校的核心竞争力，必须增强职业院校的文化力。那么，职业教育的文化资源包括哪些方面？本章试图从职业教育的物质文化资源、精神文化资源、制度文化资源、活动文化资源四个方面对职业教育的文化资源进行梳理。

一、职业教育文化概述

1. 职业教育文化的定义

（1）文化

在西方，"文化"一词在来源于拉丁文 culture，原义指农耕及对植物的培育。15 世纪以后，逐渐被引申使用。中国古籍中，"文化"一词有文治教化之意。《现代汉语词典》对"文化"的定义是："文化是指人类在社会历史发展过程中所创造的物质财富和精神财富的总和，特指精神财富，如文学、艺术、教育、科学等。"《辞海》对文化的定义是："从广义来说，指人类历史实践过程中所创造的物质财富和精神财富的总和。从狭义来说，指社会的意识形态，以及与之相适应的制度和组织机构。"①

（2）职业教育文化

职业教育文化是职教师生相对稳定的思维模式和行为模式，是职业院校的性格和气质，它贯穿于职业教育的全部活动，决定着职业教育师生的精神面貌和职业院校的核心竞争力。职业教育文化建设应紧紧围绕职业教育的办学理念

---

① 高职校园文化创新研究 . http：//www. zjff. net/sizheng/upload. file/2006-09/12/155541. doc.

和培养目标，各显其能，各展其"特"，应体现出职业特征、职业理想、职业道德、职业技能、职业态度、职业人文素质特点。另外，要吸收企业文化、区域文化、品牌文化的特点，始终把"学生能学得一技之长、服务社会"的价值理念作为核心价值，突出有利于高技能人才成长的实践教学环境设计和良好职业环境氛围的营造。

2. 职业教育文化的分类

职业教育文化是物质文化、精神文化、制度文化和活动文化的有机统一体。人类的社会活动和物质资料生产方式、过程、结果都是文化的重要组成部分。从广义的文化概念看，职业教育文化既是意识形态的，又是物质的，既是现实的存在，又是历史的积淀，也是未来的预示。① 职业教育文化作为一个有机的整体，按构成要素可以分为四个方面。

（1）物质文化

物质文化是体现于职业教育物质条件方面的文化，是指人们所创造或使用的，能体现出创造者某种价值、理念，为人们感官所直接触及的客观存在物。包括各种建筑物、校园道路、花草树木、雕塑壁画、教学科研场所、实习实训场所、办公场所、文体活动场所及其设施设备，是职业教育文化的物质载体。

（2）精神文化

精神文化是职业教育的观念层面，包括办学理念、校训、校风、教风、学风、价值观念、道德情操、礼仪规范等。

（3）制度文化

制度文化是关于职业教育的规章制度及组织形式、行为准则，是职教人必须遵守的规范。

（4）活动文化

活动文化是职业教育的行为方式，包括各种精神文化传播的组织与设计，如行为模式、文体活动等。

3. 职业教育文化的功能

职业教育文化的功能是多层面的，主要有以下八个方面的功能。

（1）导向功能

引导职业院校的办学方向和目标定位，明晰与经济社会的互动关系，体现职业教育的本质属性，凸现职业院校的特色。

---

① 白平同. 高校校园文化论［M］. 北京：中国林业出版社，2000 年.

（2）教育功能

文化是一种隐含的教育手段，可以使学生在无形之中受到正确价值观的熏陶，接受新的思维模式和行为模式。

（3）传承功能

文化具有传承性，职业院校可以通过职业教育文化将职业教育独特的价值取向延续下来。文化的形成是一个长期的过程，也不会在短期内被改变。

（4）凝聚功能

健康的学校文化可以职业院校吸纳更多的优秀教师和优秀生源，为学校的可持续发展奠定基础。

（5）辐射功能

学校文化是学校的名片，可以有效地将正确的价值理念向外部传播，对其他学校具有辐射作用。①

（6）规范功能

职业院校的学校文化对每个校园人的思想、心理和行为具有约束和规范作用。一方面通过一定的机制和制度的调适、约束、控制力，促使每一个校园人在行为上协调一致，另一方面是通过校园文化营造所表现出对价值取向、理想情操、道德规范的非正式约束功能，影响校园人的价值观、道德观和行为。

（7）陶冶功能

学校文化的浸润，如浓郁的学术氛围、团结民主的作风、和谐的人际关系等，使身处其中的每一个成员有意无意地在思想观念、行为准则、心理因素、价值取向等方面得到"春风化雨"、"润物细无声"般的熏陶和影响，形成与群体一致的文化意识和文化品格、文化气质，从而实现对人的精神、心灵、性格的塑造。

（8）激励功能

特色、个性和富有魅力的职业院校学校文化往往决定着职教人的思维方式和行为方式。以办学理念、价值观念、校风、学风、教风、校园人际关系等方式表现出来的观念形态的文化对学校的各个方面都起着指导性的作用，给生活在其中的每个人以深刻的影响，激发其产生一种自觉的内在驱动力，主动地去

① 孟繁荣，崔发周，刘晓华等. 构建职业院校文化系统的理论与实践 ［C］//职业教育大发展的实践与探索——中国职业技术教育学会科研规划项目优秀成果选萃 ［M］. 上海：上海教育出版社，2008 年.

完善自我。①

4. 职业教育文化的特点

（1）教育性

任何文化都有教化的作用和教育的意义。但是社会文化对社会成员的教化作用大多是无组织、无意识的，社会文化中的消极因素也会对社会成员起到不良影响。职业教育文化是师生（包括校长和其他教育工作人员）根据职业教育的规律有意识营造的，是经过师生长期的教育实践活动积淀起来的，它反映了职业教育的办学思想和培养目标，具有很强的目的性和教育性。

（2）选择性

学校是传递文化的专门场所，但它不是无选择地传递人类所有文化遗产，而是有选择的，并且经过一定的改造，然后才传递给学生。任何一种文化总是有精华和糟粕。学校传递的文化应该是文化中的精华，而不是糟粕，因此对已有的文化要有所选择。职业教育的选择标准就是国家对高素质、高技能人才的要求和青年学生成长的规律。

（3）创造性

职业教育文化是职教师生在长期的教育实践中创造积累形成的，但不是静态不变的，而是与时俱进的，它不断地根据时代的要求和新的形势创造新的文化。创新是职业教育文化的本质特征。

（4）职业性

职业教育文化不同于普通教育文化，普通教育文化中没有企业文化因素，而职业教育文化处处体现行业、企业、职业的特征。

（5）差异性

任何一所职业院校的办学历史、行业背景、专业设置都是不同的，因此每所职业院校所具有的文化也各不相同。这种个性就体现在各个职业院校的办学特色上。如杨凌职业技术学院充分体现了农业特色，青岛港湾职业技术学院体现了港口特色，浙江金融职业技术学院体现了金融特色，湖南铁道职业技术学院则充分体现了铁道特色。

作为国家首批示范性高职院校，青岛职业技术学院贯彻"教 & 学以致用"的办学理念，秉持"修能、致用"的院训，创新"实境耦合"的人才培养模

---

① 高职校园文化创新研究［EB/OL］. http：//www. zjff. net/sizheng/upload. file/2006-09/12/155541. doc.

式，弘扬"卓越、唯是、协同、学习"的学院精神，体现了自己的办学特色。浙江金融职业技术学院坚持"传承行业优势、服务地方经济、培育实用人才"的办学定位和"就业立校、服务强校、合作兴校"的办学方针，积极构建"行业、校友、集团共生"的办学模式，努力探索"教学与实践零距离，教师与学生零间隙，毕业与上岗零过渡"，大力弘扬"尚德、精业、爱生"的教风和"诚信、明理、笃行"的学风，践行"关爱学生进步、关注学生困难、关心学生就业"的学生教育服务体系和"尊重员工个性，倚重员工德才，注重员工发展"的员工管理服务体系，致力于营造"一心一意谋发展，聚精会神抓质量，真心诚意爱学生，同心同德干事业，意气风发奔小康"的和谐创业模式，也体现出自己的办学特色。

5. 职业教育文化的作用

（1）统率的作用

职业教育文化是职业院校的灵魂。职业院校的办学思想、教育理念一旦成为全校师生的共同信念，就会体现在每个师生的价值取向、期望、态度、行为之中，体现在学校的各项活动之中。例如，把"爱一切学生"作为学校文化的核心理念，学校教师头脑中就不会有差生的概念，就不会把学生分成三六九等，同学之间就会互相尊重，共同进步。总之，学校文化中蕴含的核心价值观会体现在全校师生的思想、感情和行为中。

（2）规范的作用

职业教育文化建设中很重要的内容是制度建设。经过师生的长期教育实践，职业院校都总结出一套行之有效的规章制度。它可以规范师生的行为，使学校办事有章可循，有条不紊。如果学校缺乏制度建设，就会杂乱无章，遇事找不到人负责。制度建设作为一种文化，是师生在教与学的活动中，经过长期的实践、总结、提炼而制定出来的，是反映了师生的意愿、为师生共同认可的，这种制度才能被全校师生所遵守。

（3）激励的作用

优秀的学校文化是工作学习环境舒畅、人际关系和谐、生活积极向上充满朝气的。她会激励师生负重奋进，执着创新，不断追求卓越，努力出色完成学校的各项任务。在这种优秀文化氛围中，全校师生就会有一种责任感、荣誉感。这种责任感、荣誉感驱使他们努力地教和学，不断地创造新的经验和成绩。

（4）熔炉的作用

传统的力量是无穷的。学校文化如果形成了传统，就会成为一股无形的力量，引导师生的思维方式、生活态度、心理情趣和行为作风。学校文化像一块学校的吸铁石，把师生员工凝聚在一起。学校文化又如一个大熔炉，新成员会很快熔化在这个文化传统之中。①

二、职业教育的物质文化

1. 物质文化的概念

各学校尽管在办学规模、教育水平、专业设置等方面存在差异，但任何学校要想生存与发展都需要一定的物质基础作保障，即学校教育必须具备基本的物质设施，如教室、图书馆、宿舍、食堂、教学设备、实验设备、文体活动场所等。这些物质设施所蕴涵的文化就是物质文化。

职业教育物质文化主要是指职业院校内的各种有形、有声的文化景观、教学硬件、实习实训场所、视听设施等所体现出来的文化意义。这种文化的意义就在于它使学生目之所及、足之所涉、耳之所闻都能够受到浓烈的感染和熏陶。物质文化常常起到滋润师生心灵的作用。物质文化是看得见、摸得着的东西。物质文化的每一个实体，以及各实体之间的关系，无不反映了某种教育价值观。

2. 物质文化的表现形式

物质文化是显性文化。它既是构建学校文化的物质基础，也是学校精神文化活动的物质载体，主要包括校园建筑、花草树木、壁画雕塑、实训基地、专业教室、资料图书、办公用品以及师生服饰等。

校园建筑风格和室内外设计特色最能体现学校物质文化。校园建筑既有满足教学、科研、生活需要的实用功能，同时又有审美方面的要求。所以，校园建筑既是物质生产，又是一种艺术创造，要求实现实用功能与审美要求的有机结合。从总体上看，现代校园建筑越来越重视审美需求，强调艺术特色，其中不乏成功之作。但也有不少校园建筑缺少深层次的思想文化内涵，建筑形式的商业化倾向日趋明显。特别是近十多年来，豪华的商业性建筑气息一股风似的涌进校园，很多学校纷纷拆旧翻新，一些独具特色的老式建筑被拆掉，取而代之的是豪华的现代建筑，给人的感觉像酒店而非学校。不可否认，这对校园文化会产生一定的消极影响。

---

① 顾明远. 论学校文化建设［J］. 西南师范大学学报，2006 年第 5 期.

因此，校园建筑设计应体现以下原则。

（1）注重历史性与时代性的统一。使现代感与传统性有机结合起来，既重视历史，重视文脉，又富有时代气息，较好的把握时代性与历史性的统一。具体操作上，尽量进行内部改造，完善其设施，改善其功能，古为今用。

（2）注重校园建筑与环境的有机融合。校园建筑的整体和谐，不仅表现在建筑物本身的空间组合、形体、线条、色调、装饰等因素的有机融合，还表现在它与周围环境中的其他建筑群、自然景观互相协调、借用、衬托形成的建筑与环境的整体美。

（3）注重内容与形式的统一。随着科技的不断进步，新的建筑材料和工艺手段不断出现，这使得校园建筑更加带有明显的时代特征。但校园建筑不能只追求华美的外表，更应注重在内涵上体现文化特征。如学校的大礼堂，应该显得庄重典雅，不需要用高档材料进行豪华装修，否则便与学校的性质大相径庭。[①]

高职院校的物质文化要处处体现职业教育特色。可以引入企业文化，让学生在校园里体味到职业的氛围，在校园里感受到企业的气息。不一定有雄伟的楼宇，但必须有宽敞适用的实验、实训车间和教学工厂；不一定有名人字画，但企业文化、职业特色的标识应随处可见；不一定有固定的教室或课堂，但必须有先进的实验仪器和实训设备；不一定在图书馆有多少名人传记言情故事，但必须有最前沿的专业书籍和职业企业文化类报刊。

如原宁波服装职业技术学院，以企业名称冠名楼宇：雅戈尔艺术楼、罗蒙图书馆，杉杉教学楼，培罗成体育馆，以企业名称命名分院：博洋家纺分院。青岛职业技术学院校园内也有海尔学院，宁波职业技术学院校内有海天大楼等。处处有"职业"文化存在，处处有"企业"文化熏陶，使大学生在耳濡目染中逐渐熟知企业，热爱专业，热衷职业，从而更加明志钻研，增强学好专业技能的兴趣与信心，树立起坚定的职业理念和职业道德，努力把自己培养成高素质、高技能的应用型人才。

在校园物质文化中，最能体现艺术氛围的，莫过于那些精心设计的"艺术景点"，如雕塑、水榭、长廊、草坪、花园等。其中，校园雕塑尤为引人注目，往往成为一个学校的标志，体现一个学校的特色。

仅以雕塑为例。我国校园雕塑大约有以下几类：一是具有纪念意义的人物

---

①　白同平. 高校校园文化论［M］. 北京：中国林业出版社，2000 年.

塑像，如清华校园内有闻一多像、朱自清像，南京工业职业技术学院有黄炎培像。二是代表该校特色的象形雕塑，如工科院校一般有齿轮形状的雕塑，人们见到这种雕塑，便可知道学校的性质。三是反映某种精神的"抽象"雕塑。如青岛职业技术学院校园内有鲁班、齿轮、火车雕塑，浙江金融职业技术学院有大方鼎、算盘与计算机雕塑等。这些充满职业教育特色的物质文化都会对学生产生潜移默化的影响。

图 5-1　青岛职业技术学院雕塑

图 5-2　南京工业职业技术学院黄炎培塑像

3. 物质文化的功能与作用

物质文化作为一种物质的客观存在，能为人们的感官所直接触及，具有直观形象的特点。这种客观存在体现了设计者和使用者的价值观、审美观及其他理念，具有相当的持久性。一座寓意深刻的雕塑，一座别具风格的建筑，一块优雅别致的花坛，不仅能起到美化环境的作用，而且能起到陶冶师生情操、净化师生心灵的作用。①

---

① 王邦虎. 校园文化论［M］. 北京：人民教育出版社，2000 年.

图 5-3　浙江金融职业学院雕塑

　　先进的设备、合理的布局、各具风格的建筑、充满职业教育特色的实习实训场所，将有助于形成先进的职业教育理念和职业教育教学行为。如车间式的教室有助于形成"教学做"一体的教学模式，六角形的课桌有助于实施学生小组协作式学习模式等。

　　和谐致美的校园物质环境将为师生员工开展形式多样的教育教学活动提供重要的阵地，使师生员工教有其所、学有其所、乐有其所，在求知、求美、求乐中受到潜移默化的启迪和教育。

二、职业教育的精神文化

1. 精神文化的概念

　　精神文化是学校文化的核心内容，也是学校文化的最高层次。它是学校文化的凝聚，主要包括学校历史传统和被全体师生员工认同的共同思想观念、价值体系、文化产品、道德准则等精神形态，是一个学校本质、个性、精神面貌的集中反映。学校精神文化又被称为"学校精神"，并具体体现在校训、校风、教风、学风、科学精神和人文精神上。当前，职业院校学校精神的主流是健康向上的，但也有一些师生以自我为中心、以个人为本位的"价值主体自我化、价值取向功利化、价值目标短期化"趋势日益突出。少数师生道德人格的塑造走入误区，带有明显的世俗化、自由化倾向，其基本特征是：一切从个人利益出发，不顾学校的整体利益和社会利益；对自私自利的行为不以为耻、反以为荣，不顾原则地保持一团和气；在工作中得过且过，不求有功，但求无过，"多一事不如少一事"。这些倾向对培养学生的职业道德和职业能力具有强烈的负面作用，对职业教育改革与发展是一种严重阻碍。因此，建设职业院校健康向上的精神文化决不是可有可无的事情，而是提升职业院校软实力的重要措施。

唐山工业职业技术学院的学院精神是"负重奋进、执着创新"，这种学院精神的形成是由其特定的历史背景决定的。唐山工业职业技术学院的前身是唐山陶瓷职工大学和唐山陶瓷技校，均隶属唐山陶瓷集团公司。两所学校于1994年合并，实行一体化管理。由于陶瓷行业不景气，集团公司于1995年停止拨款，学校实行自收自支。面对当时"开学愁招生、办学愁经费"的局面，广大干部、教师不等不靠，而是发扬"负重奋进、执着创新"的精神，面向市场找出路，争创重点求发展，主动用市场经济的钥匙开启自我发展的大门，以先有作为的精神塑造后有地位的形象。在极其艰苦的条件下，一年上一个台阶，终于在2001年升格为唐山工业职业技术学院。在唐山市委、市政府的支持帮助下，学院于2003年10月脱离唐山陶瓷集团公司，正式划归市政府管理，成为市属高校，事业单位。经过几年的发展建设，现在学院已成为河北省示范性高职院校。

2. 精神文化的表现形式

（1）办学理念

从内容来说，办学理念包括学校理念、教育目的理念、教师理念、治校理念等。从结构来说，包括办学目标、工作思路、办学特色等要素。办学理念的功能就是要回答学校的全部活动所涉及的三个基本问题：为什么？做什么？怎么做？这三个问题的答案共同解决了学校的终极问题：学校是什么？

职业学校的办学理念，落实在办学定位方面，就是要始终坚持以服务为宗旨、以就业为导向的办学方针，坚持职业教育为地方经济建设服务的办学指导思想；在办学思路方面，必须坚持学校的一切工作都是为了企业和学生的发展，把教学工作从以教师"教"为中心转向以学生"学"为中心，把以学校管理为中心转向以服务为中心，从学科本位转向能力本位，围绕专业人才所从事的岗位需要制订人才培养方案，注重岗位工作能力的综合培养，努力实现高素质、高技能的培养目标；落实在专业建设方面，必须紧紧依托行业、面向企业，提高教师的实践教学能力，不断把新技术、新工艺、新材料、新规范引入教学，始终站在满足社会需求的前沿，办出专业特色，办出学校特色；在人才培养模式上，要注重校企合作、工学结合；在课程建设上，注重基于典型工作任务的课程体系建设，培养学生的操作技能。如南京工业职业技术学院的办学理念为"手脑并用、学做合一"；青岛职业技术学院的办学理念为"教＆学以致用"；唐山工业职业技术学院的办学理念为"融入发展、服务需求、创造和谐"。

（2）校训

校训是一个学校的灵魂。校训体现了一所学校的办学传统，代表着校园文化和教育理念，是学校对学生训导内容的高度凝练，是学校历史和文化的积淀。一所老牌学校的校训，为我们打开其历史文化之门提供了一把金钥匙，为我们眺望其精神家园打开了一扇窗户。①

校训作为一个标尺，激励和劝勉在校的教师和学子们，即使是离开学校多年的人也会将校训时刻铭记在心。校训也能体现学校的办学原则与目标。同时校训也是一种文化，是一种面向社会的精神标志，能为学校起到一定的宣传作用。有些校训还对其本校的创建历史或文化背景有所反映，包含着较多的信息。

高职院校的校训要浓缩学校的整体形象，反映学校的办学理念和文化定位，从而砥砺莘莘学子的人格品行。同时，还要与时代和产业的发展相携，随形势和环境的变迁而改变。下面是几所职业院校校训的例子。

①浙江经济职业技术学院的校训——"立德为本，致用为宗"

明确地为学子们指明了职业学习的目标和职业出路：遵守职业道德是根本，学以致用是出发点。

②浙江商业职业技术学院的校训——"诚、毅、勤、朴"

高度提炼出从事商业工作要具备的四种品质，也是求学时必须要养成的品格。

③唐山工业职业技术学院的校训是——"立德、尚能、善学、笃行"

"立德"：就是要树立科学的世界观和人生观，坚定社会主义远大理想和信念，树立正确的价值观，服务社会，奉献人民，树立社会主义荣辱观，爱国守法，明礼诚信，团结友善，勤俭自强，敬业奉献。德是行为的先导和准绳，是动力的源泉，是成功的保证。要将道德观念、道德情操和道德行为有机统一

---

① 试论校训写作技巧.《应用写作》，2006 年第 2 期.

起来，形成道德力量，做到立德成才。"尚能"：职业能力是生活的本领，是分工协作的基础，是社会和个人赖以发展的条件。教职工要努力提高自己的工作能力，提高人才培养工作水平；学生要努力学习，培养自己的就业能力、实践能力、创造能力和创业能力。尚能是一种风气，是一种态度，是一种文化，是高尚品德的具体体现，是高职教育发展的必要环境。"善学"：终身学习，人人学习，是学习型社会和学习型组织的基本特征。善学就是要学会学习，提高学习效率，改善学习效果。师生都要努力做到乐学、会学、勤学，不断丰富自己的学习经验，将学习作为不可缺少的生活元素，使学习成为一种生活方式。组织学习是实现成员之间经验共享的手段，全院师生都应学会合作学习，形成师生互动、教学相长、师师互动、生生互动的局面。学是现代社会对人的要求，是继承与创新的基础，也是师生自身发展提高的共同趋向。善是学习方法的优化，是掌握学习策略的结果。善学是唐山工职院组织文化的重要方面，也是全院师生拥有的一笔宝贵精神财富。"笃行"：笃，就是扎扎实实，一心一意，坚持不懈。行，就是学以致用，努力实践。学院倡导师生员工发扬理论与实践相结合的优良学风，脚踏实地，知行统一，担负起历史赋予的神圣使命，为区域经济社会发展贡献自己的力量。

④宁波职业技术学院的校训——"勤、信、实"

勤：天道酬勤、勤奋求知，勤俭建校，勤勉育人；信：树立信心、坚定信念，诚信立业，维护信誉；实：实事求是，实用为本、善于实干，注重实效。

⑤浙江金融职业技术学院校训——"披沙拣金、融会贯通"

披沙拣金：拨开沙子来挑选金子。指通过大量而艰辛的实践探索，获取真知，强调职业院校的动手能力、求索精神。（语出唐·刘知己《史通·直书》"然则历考前史，征诸直词，虽古人糟粕，真伪相乱，而披沙拣金，有时获宝"。）融会贯通：即融合领会、贯穿前后，指把各方面的知识和道理融化汇合，得到全面透彻的理解与运用。强调学生在学好专业的基础上由此及彼、举一反三、合理灵活处事的能力，同时意指金融业和金融从业人员本身所需的融通精神。（语出《朱子全书·学三》"举一而三反，闻一而知十，乃学者用功之深，穷理之熟，然后能融会贯通，以至于此。"）"披沙拣金，融会贯通"一起使用时，"金"与"融"相连，紧扣学院的校名，又凸显了追求真理的使命感和学以致用的职业态度，高职教育特征强烈、鲜明，两个成语的使用也便于记忆。

（3）校风

校风是学校的风气。它是学校成员共同具有的、富有特色的、相对稳定的行为倾向，是一种群体心理现象，是学校素质教育力量的表现形态。学校的校风，是在一定教育条件下，经过长期培养逐渐形成的。一种校风形成后就具有相对的稳定性。这种行为倾向被巩固和保持下来就成为学校的传统。校风包括干部作风、教风和学风。

①干部作风

干部作风是管理者管理工作的特点和风格，是干部的职业道德、政治素质、政策水平及管理能力等要素的综合表现。由于干部处在管理位置，干部作风对教风、学风的影响是多层面的。

第一，干部作风自上而下直接影响教风、间接影响学风。干部作风在管理工作中形成。从哲学意义上讲，管理是人类的一种基本活动。它是管理主体在能动地认识客观对象的本质和规律的基础上，自觉地制定决策、计划，然后通过组织、实施和控制、评价等环节，把自己的思想、意志转化为作为管理客体的人的思想、意志，从而有效地利用人、财、物、时间、信息，特别是统一人们的认识、行动，协调他们的努力，实现决策、计划，达到共同目标的一种社会活动过程。① 职业院校管理者所从事的是职业教育管理工作，其工作目标最终应与职业教育的培养目标相一致。管理者的政策水平、管理能力对领导威信起着重要的影响作用。管理者以身作则，干部作风才能起示范作用。

干部的政治素质影响干部作风。干部作风从上至下影响学校的校风、学风。在有正气、有公心的领导集体带领下，教风、学风将以领导作风作为风向标、积极、向上、勤学乐教，反之则向着消极面发展。

干部作风直接影响教风，因为管理者的管理工作、管理行为主要面对教职工群体，有良好作风的领导者和领导集体，是形成良好教风的前提。领导作风间接影响学风，学生群体通过观察、模仿、学习领导者和领导集体、教师员工的工作特点、行为作风，逐步内化成学风。

第二，教风、学风可反馈干部作风，是干部作风的一面镜子。从信息传递角度看，干部作风可直接、间接影响教风、学风，教风、学风亦可反馈干部作风。从教师的教学工作、学生的学习活动等方面，反馈、校正干部作风中某些不足，使管理工作更符合教育规律，更符合实际情况，使管理工作更能为教

---

① 安文铸. 现代教育管理学引论 [M]. 北京：北京师范大学出版社，2001 年.

育、教学工作提供保障。

第三，教风、学风、干部作风共同构建校风，这是一种提升而非混合。校风指学校的风气，主要表现为干部作风、教风和学风。首先是指它们作为互相不可替代的概念，在校园文明建设总目标下各自发挥作用。其次，它们之间有相互联系性、相互通融性，可达到一种共识。"三风"共同构成校风，是一种内在要素的提升、融合，而决非混合，是一种朝着共同目标努力，又有各自努力策略的交汇。良好校风的形成是一种校园氛围，是一种熏陶，将对学生产生潜移默化的影响。①

②教风

教风是教师教育教学工作的特点和作风，是教师的职业道德、工作态度、专业知识水平、教学方法、教学技能等要素的综合表现。教风对教师个人与集体的教育教学效果、学生的学习动机与成绩，以及学校教育教学质量具有直接影响。由于职业教育的社会认可度较低，优秀人才很难进入职业院校师资队伍。特别是在目前这一阶段，职业院校的多数教师都是在"填鸭式"的应试教育模式下培养出来的，习惯于简单模仿现有模式和机械照搬条文规定，发现问题、分析问题、处理问题的能力较弱。表现在教学风格上，较为注重知识传授和技能训练而忽视创新能力和学习能力培养，

③学风

学风是学生集体或个人在学习、生活中养成和表现出来的带有倾向性的、相对稳定的态度和行为，是学生学习动机、兴趣爱好、学习方式和态度及价值观念的综合表现。具体表现在学生的学习行为和学习习惯上。

河北工业职业技术学院的校风："勤奋务实创新"。勤奋：诲不倦，学不厌，树立勤勉的教风和学风。务实：求严谨，讲务实，扎扎实实开展工作。创新：谋创新，图发展，不断提升综合实力和办学水平。

唐山工业职业技术学院的校风："团结，敬业，求实，创新"。团结：团结友爱，求同存异，同心同德，携手并进。分工是社会发展的标志，合作则是分工的必然要求。分工协作的力量远远大于每一个体的力量之和。团结的目的是为了实现共同的组织目标，而不是无原则的一团和气。唐山工职院人要有同一个梦、同一首歌、同一条心：为环渤海经济圈建设培养高素质高技能人才。

---

① 对教风学风建设的理性思考［EB/OL］，http://hi.baidu.com/xxjxxwyp/blog/item/3e0b214edc109bc2d1c86a7d.html.

敬业：热爱本职，尽心尽力，忠于职守，乐于奉献。正确的职业认识产生积极的职业态度，积极的职业态度产生坚定的职业信念，坚定的职业信念产生非凡的职业成就。教师要以自身的敬业精神感染学生、教育学生，使学生在浓厚的职业氛围中受到良好的科学文化熏陶。求实：强调实事求是、严谨治学，坚持不唯书、只唯实的科学态度。求实既是一种科学精神，也是一种科学方法。注重实践是职业教育的基本要求。在教育思想上，要满足行业、企业的用人需求；在教育内容上，要提供一流的实用课程；在教学方法上，要加大实践教学比重；在教育手段上，要强调校企合作、工学结合。创新：创新是对事物认识深化的结果，是求实精神的升华，是文明进化的基本标志。近年来，我国高职教育蓬勃发展，但办学模式、培养模式、课程模式、教学模式都尚在探索之中，只有依靠创新才能推动高职院校的进一步发展。作为一所以工为主的高职院校，学院推崇教育创新、技术创新和管理创新。教育创新的目的是探索更为科学的人才培养模式，技术创新的目的是更好地为企业提供技术服务，管理创新的目的是更有效地配置学院的教育资源。

唐山工业职业技术学院教风："严谨求真，敬业树人"。严谨求真："千教万教教人求真，千学万学学做真人。"生产和学习都有着自身固有的规律，不以人的意志为转移。差之毫厘，谬之千里。求真，就需要严谨。严谨，是为了求真。教师的每一句话，都可能影响学生的一生。因而，唐山工职院的教师要严格要求自己，认真对待每个数、每句话、每件事，要有严谨作风、严肃态度和严格纪律，工作中精益求精，一丝不苟。要坚持真理，说真话，办实事，做真人。敬业树人：敬业就是"专心致志以事其业"，以崇高的热情和积极的态度从事职教工作。"树人"就是通过言传身教，为人师表，培养学生的职业道德和职业能力。教师要坚持育人为本的教育理念，实现学院的育人目标。育人不仅体现在知识和技能的传授，还体现在这一过程中对学生的关爱。严谨求真是敬业的具体体现和树人的规范要求，敬业树人则是教师的本分和价值所在。

唐山工业职业技术学院学风："勤学多思，技精善用"。勤学多思：勤学，一方面要勤奋学习，孜孜以求，另一方面要活学好学，做到融会贯通。多思，就是在学习的过程中，要勤于思考，善于思考，充分挖掘自己的潜能，发挥自己的主观能动性，最大限度的提高学习的效果。技精善用：技精，要掌握相应的文化专业知识、专业技术和技能，以精益求精的态度获得较高的技术应用能力。善用，是把所学能予以应用，既要善于应用所学的专业技能，又要善于把学过的知识理论转化为自己的实践成果。

（4）校徽

校徽是学校的徽章。校徽往往蕴含了特殊的意义，一些历史悠久的名校校徽大多由名人结合学校特点而设计。譬如，北京大学的校徽为鲁迅先生所设计，中心图案为坐在巨人肩膀上的两位青年，组成"北大"二字，寓意十分深远。

图5-4　北京大学、复旦大学、清华大学校徽

校徽的形状有长条形、椭圆形、圆形等，其中以圆形最多，长条形在上世纪80年代比较流行。下面介绍几所示范性高职院校的校徽供大家欣赏。

图 5-5　唐山工业职业技术学院校徽

唐山工业职业技术学院校徽图案以凤凰、浪花、书、隐形地球和齿轮作为设计元素。凤凰、浪花象征位于环渤海地区的凤凰城——唐山。凤凰是由工业"工"字的汉语拼音声母"G"演变而来，同时又是一只变形的"手"，寓意学生的动手能力；书是由职业"业"字的汉语拼音声母"Y"演变而来，寓意理论知识；齿轮寓意学院以"工"为主的专业特色；隐形地球寓意学院国际化的办学理念。校徽的整体造型为一件陶瓷圆盘，突出了学校的办学传统和陶瓷行业背景。

图 5-6　深圳职业技术学院、河北工业职业技术学院、武汉工业职业技术学院校徽

河北工业职业技术学院校徽具有较强的职业院校特点：（1）校徽外形为圆形，中心部分由变型的汉字"工"作主体，是标志的主体内容。"工"字上半部像一个扳手，稳重有力，是工业的象征；下半部是一个倒写的字母"C"，即英文 College 的字头。图形本身有"工业学院"的涵义。图形的整体又像一个跳跃向上的人，展现了工院人积极向上、活泼开朗的精神面貌，同时也象征了工院人拼搏向上、奋斗不止的自强精神，与校训暗合。圆形的稳定感和中心"工"字的动感相得益彰，显示出学院上下团结一心，具有强大的凝聚力和持续的影响力，与"成为全国示范性高等职业技术学院"的目标追求相一致。（2）在外缘部分的上部和下部，分别用中英两种文字标明了校名，中文采用著名学者费孝通先生的题字，字体飘逸飞动，既体现了学院深厚的办学实力，也表明工业学院同样充满了人文精神的生机与活力。英文用沉稳庄重的黑体，以象征学院的深厚积淀。（3）校徽图形由蓝、灰两色构成。蓝色是工业和科技的象征色，灰色代表"银领"，指培养高等技术应用性专门人才和高技能人才，与学院"工业""职业""技术"的教育定位相吻合。

（5）校歌

校歌是能够代表一所学校办学历史、办学精神和办学特色的专用歌曲，它能起到激励师生的作用。下面为唐山工业职业技术学院校歌歌词：

在历史的荣耀中你自豪的走来，

沐浴几度惠风和畅，博一路血雨阴霾。

负重奋进攀登发展台阶，特色创新筑起合作平台。

用人才支撑起建设大厦，高扬奋进旗帜永不言败。

啊，唐山工职院，你与希望同行，

在祖国高职教育的征程上，魅力的身影常在。

在新的起点上，你为明天喝彩。

市场呼唤是远航的笛声，高技能人才技赢四海。

青春张扬在曹妃甸，理想向辉煌的未来放飞。

我们齐心创建起和谐校园，把那锦绣蓝图大写铺开。

啊，唐山工职院，你与希望同行。

在祖国高职教育的征程上，魅力的身影常在。

（6）校史

校史是一所学校兴建、发展和壮大的历史轨迹的真实记录，是学校各方面工作成就精华的浓缩。内容丰富、编写精彩的校史还是一本生动的教科书，是学校传统精神的映射和风格特色的集中体现，同时也是一所学校自我反思、确定新航向并寻求超越发展的重要指针。因此，校史的意义与价值不容小觑，尤其是育人功能更不可低估。加强校史的挖掘和研究，可以提炼学校精神，拓展学生视野，从而以潜移默化的方式激发在校学生的学习动力，对他们的学习和成长都会产生积极的促进作用。内容生动、博大精深的校史，也是对学生进行素质教育的范本，是培养优良校风、学风，构建先进校园文化的重要工具。丰富而具体的校史资料，可以真实、生动、感人地再现学校历史和现实中的优秀人物的风采、知名校友的事迹，从而促使广大学生依据"亲近——认同——羡慕——热爱——仿效"的品德养成模式，高效地形成学校和社会所期望的优良品质。正如一位学者所论述的那样，"校史教育应是新生入学前的必修课、是育人工作的起点。一个学校的历史和传统精神、学术文化氛围和校友的榜样，都将对一代代学子产生终身铭记的不可估量的影响。"①

应把校史作为一门必修的校本课程来大力开发，为广大师生提供一部"精、气、神"十足的德育教科书。同时校史也应扩大对外宣传，促进学校与社会各界的交流与学习。直观、生动的校史材料可以使学生感到学校亲切可信，无形之间就缩短了时空距离，较之空洞的理论说教更容易让学生接受。

3. 精神文化的基本特征

精神文化的主要特征是五性，即政治导向性、开放动态性、继承创新性、潜隐持久性和相对独立性。现分别加以说明。

（1）政治导向性

文化作为意识形态，具有很强的政治性。因此，学校精神文化必须坚定不移地坚持社会主义方向，必须体现社会主义核心价值体系，旗帜鲜明的抵制和

---

① 高鹏，马绍森. 校史：应大力开发的"校本课程"［N］. 中国教育报，2008 年 9 月 20 日.

消除各种腐朽思想的侵袭和影响，把握正确的政治方向。这种特殊使命，决定了精神文化的目标有着明确的指向：一是社会主义办学方向；二是集体主义的价值取向；三是爱国主义的民族精神；四是改革创新的时代精神；五是爱校如家的深厚情愫。①

（2）开放动态性

随着改革开放的不断深入，开放性的职业教育观念已经确立并付诸实践。职业院校不可能与世隔绝，必须与社会、与世界沟通起来，与时代同步。职业教育的精神文化必须根据社会对人才培养的要求，对社会文化、各种外来文化进行必要的过滤和选择，内化提炼成自己特定的文化，形成自己独具个性的文化系统，并根据时代要求不断调整、充实、丰富、发展。

（3）继承创新性

精神文化首先表现为继承性。正如美国学者 E. 希尔斯所说："教育是维护过去的，教育即传授，而传授意味着延传某些已经获得的东西。"② 但继承并不意味着照搬照抄，而是在原有文化的基础上，不断挖掘、创造新的内容。

（4）潜隐持久性

精神文化也具有规范的作用，但这种规范作用是潜在的，不具有强制性，是以一种潜在的价值观支配人们的行为，于潜移默化中感染人的理性，陶冶人的情操，净化人的心灵，而且这种影响是持久的，可以影响人的一生。正如刘佛年教授所言："这种影响在时间上特别长久，甚至在你的一生中都受着这种影响"。许多受过高等教育的人都有这样的感受。

（5）相对独立性

学校虽在社会中，但又相对独立于社会，校园生活与社会生活在内容上有很大差异。校园生活相对比较纯净，更多的是鼓励超脱于社会功利的自由气氛，显得更为民主。生活在其中的师生，与其他社会群体相比，文化素质、知识层次普遍较高。他们长期生活在校园内，社会生活视野、人生观、价值观、道德观，乃至行为、语言都带有强烈的校园色彩。我们平时所说的"书生气"、"学院派"、"学院风格"等都是这种色彩的表现。③

4. 精神文化的功能

精神文化的功能是多层面、多方位的，主要具有陶冶功能、凝聚功能和激

---

① 丁有成等. 高校校园文化建设研究 [J]，思想. 理论. 教育，1997 年第 4 期.

② （美）E. 希尔斯著，傅金坚、吕乐译，论传统 [M]. 上海：上海人民出版社，第 240 页.

③ 白同平. 高校校园文化论 [M]. 北京：中国林业出版社，2001：83～84.

励功能。

（1）陶冶功能

在一定意义上，我们可以将精神文化理解为一种精神环境和文化氛围，其作用是通过"氛围"陶冶的方式来实现的。教育不仅使人获得现成的知识，还使人通过对文化价值的摄取而获得人生意蕴的全面体验，进而陶冶自己的人格和灵魂，以充实生命的内容。

（2）凝聚功能

精神文化对校园人的言行具有潜在的激发与约束作用，对校园人的思想具有凝聚、向心的功效。校园人在参与校风、学风等精神文化建设过程中，对学校的发展目标、管理制度、行为准则等产生认同感和义务感，从而以此为标准评判是非，指导行动，这在实际效果上往往比硬性规定还要好。

（3）激励功能

丰富健康的精神文化具有激励师生员工的作用。积极、健康、向上的精神文化可以激发师生员工的求知欲望，树立正确的世界观、人生观、价值观。清华、北大之所以成为名牌大学，除了他们具有较好的办学条件、较高的学术水平和严谨的管理外，更重要的是他们长期的精神文化积淀。北大"爱国、进步"的校训激励北大学子为国家和民族命运奔走呼号，清华"厚德载物、自强不息"的校训激励清华学子脚踏实地、严谨治学。

四、职业教育的制度文化

所谓职业教育制度文化，是指职业院校以体制、机制、政策、规章等所确定的制度环境，它是在实践中逐步形成的，体现职业院校成员共同的价值取向与行为准则，对师生的思维、言行方式和生活行为习惯具有引导、约束和规范作用，是职业教育文化的重要组成部分，是维系职业院校正常秩序必不可少的保障机制。

1. 制度文化概念

制度文化主要是指学校日常管理中所遵循的上级法规文件和自己所形成的规章制度及其所昭示的价值取向。它将规范学校发展的行政权力和管理行为通过文化来实施，使之更加具有引领力、凝聚力和执行力。学校制度本身无疑具有强制性、约束性，但制度文化建设所需要的则是淡化其约束性，强化其激励性，让广大师生感受到自己是制度的受益者，而不是被约束的对象，从而把制度文化在自我管理中，升华为共同的价值追求。高品质的制度文化对师生绝不仅仅是一种规则，一种约束，而是一种方向导航，一种目标激励，并润物无声地内化为师生的自身素质，成为大家的自觉行动。

英国人类学家马林诺夫斯基曾说过，"人生而有文化，文化生而有约束。"他还说，如果人类要生而取得新的自由的话，"只有接受并使用传说的锁链"，"正是这些锁链，才是自由的工具"。意思是说，人类要取得自由，还必须接受文化的约束和制约。

众所周知，学校作为社会的基本组织之一，它必须有一整套规章制度和行为准则来保证学校自身的正常运转，维护学校的教学生活秩序，促进自身的不断发展。制度文化作为学校文化的内在机制，包括上级法规文件和自己的规章制度，是维系学校正常秩序必不可少的保障机制，是学校文化建设的保障系统。"没有规矩，不成方圆"，只有建立起完整的规章制度、规范师生的行为，才有可能建立起良好的校风，才能保证校园各方面工作和活动的开展与落实。但仅有完整的规章制度是远远不够的，还必须有负责将各项规章制度予以执行和落实的组织机构和队伍。因此，还必须加强相应的组织机构建设和队伍建设。也就是说，制度文化建设实际上包括制度建设、组织机构建设和队伍建设三个方面，组织机构建设和队伍建设是确保制度建设落到实处，并使其真正起到规范校园人言行的关键环节。

2. 职业教育制度文化的表现形式

在校园里，职业教育制度文化是以多种形式表现的，现仅就其中六种形式加以说明。

（1）学校领导体制

学校领导体制是学校内部按照一定原则所建立起来的组织管理制度，是教育领导体制的重要组成部分，是学校管理的根本性制度，更是维系学校成员相互关系、有组织的开展学校各项工作、完成学校教育教学任务的基本保障。我国职业院校的领导体制分两种：高职院校的领导体制与高等学校一样，实行党委领导下的院长负责制。中职学校实行校长负责制。我国高等学校的领导体制几经变化，先后实行过校长负责制、学校党委领导下的校务委员会制、校党委领导下的以校长为首的校务委员会负责制、党委领导下的校长负责制等。随着职业院校师资队伍的不断加强，需要在完善现有领导体制的前提下，探索"专家治校、教授治学"的实现形式，发挥广大教师的积极性和创造性，形成人尽其才的制度环境。

（2）学校章程

每个学校都有自己的章程，一个学校的章程好比一个国家的宪法一样，是学校的纲领性文件。学校章程规定学校的性质、管理体制、办学宗旨、办学规模、专业设置、教育形式等具有全局性的问题，是学校办学必须遵循的规章。在结构上，章程一般包括总则、校名与校址、办学宗旨、办学规模及教育形式、学科门类及专业设置、管理体制、经费来源、财产和财务制度和附则等。在具有二级法人单位的职业院校，还应明确二级法人与一级法人之间的权利义务关系。

（3）教学管理制度

教学是学校的中心工作，一所学校的教学管理水平直接决定其教学质量，进而影响整个学校的办学水平。教学管理离不开教学管理制度作保障，没有教学管理制度，无法实现教学管理。

教学是极其复杂的过程，从人才培养方案的制定、师资的配备、教学设施和实训设施的配备到教学运行、教学监控、教学检测、教学评价等，各个环节都需要遵循教育规律，以最终实现教育目标。在当前的人才培养模式改革中，职业院校应尽快建立和完善以下制度。

①教师资格标准与教学能力评测制度

台湾的职业院校教师一般都具有博士学位、企业经历和教学能力，我国职业院校在师资方面的差距很大，多数教师都不能很好地适应人才培养模式改革的需要，要实现教师的升级换代，就需尽快建立教师专业化发展的制度保障。

②实践教学质量监控制度

职业院校课堂理论教学的质量监控制度相对比较完善，但对实践教学的管理还非常缺乏经验，一些职业院校的顶岗实习实际上处于"放羊"状态，建立起一套完善的实践教学管理制度是一项难度很大的课题，还需要职业院校教学管理者进行较长时间的探索。

③教学评价制度及创新激励机制

现存的许多教学管理制度僵化陈旧，在管理思路上注重对教学人员行为的约束，忽视教学人员创造性的发挥，极不适应人才培养模式改革的需要，尤其不能满足建设创新型国家对职业教育提出的新要求。当前急需从教师评价制度出发，改变传统的"好人主义"评价方式，从评价理念、评价主体、评价标准、评价方法和评价程序上全面改革，以保证评价结果的公正合理。

（4）学生服务与管理制度

学生服务与管理工作是职业教育工作的起点和终点，也伴随着教学工作的全过程，对于学生职业成长和教学质量的提高具有重要的促进作用。做好学生服务与管理工作，事关职业院校稳定大局，是学校实现可持续发展的基本保障。

根据职业教育改革与发展的需要，当前应重点建立和完善以下方面的学生服务与管理制度。

①职业（专业）选择指导制度

在学生入学前，利用互联网、电话、招生章程等手段，详细介绍招生专业特点和就业去向，帮助考生完成职业定向，这对学生在校期间的学习具有决定性作用。

②学习与生活指导制度

辅导员是学生职业生涯中的向导，应该对学生的心理发展和专业发展了如指掌，不仅要完成低层次的物品发放、出勤管理、卫生纪律等工作，还应在较高层次上对学生进行心理疏导和学习指导。

③建立和完善学生社团管理制度

加强对学生社团活动的引导，通过丰富多彩的社会团活动，使学生能够尽快适应职业生活，并形成具有开放性和创造性的职业个性。

一般而言，学生服务与管理的基本制度主要有：学生行为准则、学生学籍管理规定、学生奖助学金评选办法、学生技能竞赛奖励办法、学生表彰奖励暂行办法、假期社会实践暂行规定、学生干部培养选拔任用办法、和谐班级评比奖励办法、文明宿舍评比奖励办法、学生学习生活管理规定、学生日常行为规范、学生纪律处分规定、课堂纪律暂行规定、学生日常行为量化考核标准、学生军训管理规定、校园安全管理办法、学生宿舍管理办法、学生勤工助学管理办法、特困生资助的有关规定、学生社团组织管理办法等。

（5）人事与分配制度

职业院校人事与分配制度是关于教职员工的引进、使用、培养、调配、考核、奖惩、分配、晋升、淘汰等方面的制度。人事与分配制度是人力资源开发与利用的重要保证，在职业教育改革与发展中起着关键作用。人事管理工作不能脱离职业教育改革与发展的需要，而是应该伴随着改革的进程不断进行配套改革。在我国目前的教育管理体制下，职业院校人事管理自主权受到很大限制，因而人事制度改革常常滞后于教育教学改革。譬如，适合课程改革需要的高素质教师引进就受到人事编制的制约。随着职业学校办学自主权的扩大，人事管理制度改革将会成为一个重大课题。

常见的人事与分配制度主要有：关于院系两级管理办法、关于教师引进的有关规定、关于职称评定的有关规定、关于教师进修的有关规定、教师考核奖惩制度、关于评优评先的有关规定、关于工作量津贴发放的有关规定、关于专业带头人的有关规定、关于教职工加班的有关规定、关于请假制度等。

（6）后勤管理制度

后勤管理制度是职业院校管理制度的重要方面，是保证教育教学秩序顺利进行的保障。后勤社会化是职业院校后勤管理改革的基本方向，也是提高职业院校资源利用效率的基本措施。后勤社会化既是市场经济发展的产物，也是职业教育改革的要求，在这方面还需要进行大量的探索，相关制度也需要不断完善。

常见的后勤管理制度主要有：关于学生食堂管理的有关规定、关于医务室管理的有关规定、关于校园环境卫生管理的有关规定、关于教室及桌椅管理的有关规定、关于门卫管理的有关规定、关于用水用电管理办法、关于教学设备管理的有关规定、关于车辆管理的有关部门规定、关于物资采购管理办法、关于日常维修的有关规定、关于库房管理的有关规定、关于办公用品使用的有关规定等。

3. 制度文化的基本特征

制度文化与精神文化和物质文化相比，具有以下基本特征。

（1）概括性与规范性

任何制度都是对某一方面工作的概括和规范，它告诉人们哪些是该做的，哪些是不该做的，行为与后果之间是什么关系，从而使人们的行动有了明确的参照标准。任何组织一旦有了系统的管理制度并严格实施，工作就会有条不紊进行。

（2）稳定性与连续性

任何制度一经形成就具有一定的稳定性，不可能朝令夕改，而制度的形成又是建立在对过去经验总结的基础上的，对今后的工作又是一种借鉴，它具有传承作用，正是这种传承作用使制度保持连续性。

（3）导向性与积极性

制度具有导向功能，它为人们的行动提供一个基本的框架，使人们的行动有个明确的方向，一旦失去方向，工作就会陷入混乱状态。同时，任何制度都具有积极作用，都是以鼓励人们实现组织目标为前提的，如评优评先制度、职称聘任制度、奖学金制度等。

当前我国正处于工业化与信息化相融合的阶段，既不能重复发达国家工业化的老路，也不能全盘照搬现代社会人性化管理的模式。反映在职业院校，应该将刚性的制度管理与柔性的文化管理相结合，即依法治校与以德治校相结合。依法治校就是刚性的制度管理，从严治理，用规章制度去约束人、规范人的行为，使学校秩序井然，学生行为规范统一，养成良好习惯，从而达到管理的目的。柔性的文化管理，就是以德治校，以正确的舆论引导人，以高尚的精神塑造人，以渊博的知识培养人，以高雅的气质影响人。以人为本，弘扬人文精神，通过尊重人、理解人、关心人、鼓舞人、激励人、教育人的潜移默化的效应，使遵守各种规章制度成为自觉行为和理念。所以，以德治校的柔性管理就是通过管理，达到由他律到自律，使人们在心情舒畅、民主自由、尊重个性的环境中创新和创造，将科学精神与人文精神融为一体，这才是职业学校管理的高境界。

五、职业教育的活动文化

职业教育的活动文化是职业教育文化资源中一个非常重要的方面。本节试图从职业教育活动文化的概念、职业教育活动文化的表现形式、职业教育活动文化的要求三个方面来阐述职业教育的活动文化。

1. 职业教育活动文化的概念

通俗地讲，活动文化就是师生开展的各项活动所蕴含的文化含义。职业教育活动文化就是职业教育师生所从事的教育教学活动中蕴涵的文化含义。职业教育活动文化主要体现在职业院校的校园文化活动中。

2. 职业教育活动文化的表现形式

就课外活动而言，职业院校的活动文化主要有以下形式。技能竞赛类，如数控技能大赛、网页设计大赛、平面设计大赛、动漫设计大赛等；文艺体育类，如体育文化节、文化艺术节、大学生电影节、礼仪大赛、书法绘画大赛、文艺晚会、舞会等；人文素质类，如演讲赛、辩论赛、歌咏比赛、知识竞赛、诗歌朗诵会、人文大讲堂、思想沙龙等；文明创建类，如文明和谐校园创建活动、和谐班级文明宿舍创建活动、优秀团队创建活动等；职业生涯规划类，如职业生涯规划设计大赛、创业设计大赛、创新设计大赛等。

3. 职业教育活动文化的要求

作为职业院校，在校园文化活动上要体现创新，要围绕"职"的特色出新意，让大学生在充分体现"职业"氛围的文化活动中激发热情和兴趣，学到知识和技能，受到教育和熏陶。如浙江纺织服装职业技术学院是以纺织、服装、艺术为特色的高职院校，每年开展一系列的"职业"文化活动：纺织品设计大赛、艺术小挂件制作大赛、时装设计大赛、校园模特大比拼、专业技能大赛、创业计划大赛、机器人制作大赛等，举办"企业家论坛"、公司经理人讲座、学术报告会等。这些校园文化活动，为大学生丰富课余文化生活、陶冶情操、完善品格、提高技能，提供了广阔的平台，使大学生在积极参与"职"文化的竞赛、活动中，提升对所学专业的兴趣，增强学习动力，培养起职业道德。

唐山工业职业技术学院是以工为主的省级示范性高等职业技术学院，经常举办企业冠名的职业技能大赛，如"华中数控杯"数控技能大赛、"冀中能源杯"职业技能大赛、"启奥杯"网络设计大赛等。通过这些竞赛，不仅提高了学生的技能操作水平，而且拉近了学院和企业的距离，使学生充分感受到"职业"的氛围。同时，学院非常注重学生的社会实践活动，定期组织学生出校门、进工厂、进农村、进社区，开展企业实践、社会实践，体验企业生产、社会生活。通过企业实践，使大学生在校期间零距离接触生产实际，亲身体验企业的经营理念、管理模式，熟悉企业的运行规程，把理论与实践相结合，从而为更好地掌握专业知识和技能提供了方向。利用节假日组织青年志愿者进入农村和城市社区进行社会实践，为需要帮助的人提供技术服务和智力支持，在奉献中体现价值。这些活动的开展，使大学生在学习的同时，不仅能亲身体味到真实的社会，而且在活动中学会了友爱，学会了互助，学会了生活。最重要的是培养了同学们的社会责任感，使他们的思想境界得到了升华。

除此之外，唐山工业职业技术学院的和谐文明校园创建活动、和谐班级文明宿舍创建活动和每年一度的体育文化节、文化艺术节、大学生电影节、礼仪文化大赛、辩论赛、知识竞赛、演讲比赛、诗歌朗诵会、迎新生文艺晚会等已形成长效机制，并取得明显成效。该校学生多次在国家、省、市职业技能大赛和省职业生涯规划设计大赛、省演讲比赛、市合唱比赛中获大奖。

第六章

职业教育资源的系统整合

职业院校是一个开放的系统，一方面要与外界交换信息、能量和物质，另一方面内部具有复杂的结构。从职业院校的角度来说，职业教育的资源整合就是根据学校目标从外部环境中获得所需资源，与原有资源相结合，实现学校系统结构的最优化，保持系统的正常运转。由于职业院校的目标是随着经济社会发展需要不断调整的，所需资源的数量和结构也就不断变化。因此，学校的资源整合不是一蹴而就的，而是一项长期的工作。资源整合的效果表现在结构的合理化和综合利用效率的提高。如果缺乏效率观念，每个部门的人员和经费都是多多益善，那么，这种资源整合就变成了资源浪费，这绝不是资源整合的本来目的。

一、职业教育资源利用效率

资源是由人来利用的，也是由人来开发的。人与工具的合理结合，人力资源与其他资源的合理组合，是提高工作效率的重要条件。"大马拉小车"和"小马拉大车"是资源配置不当的两种表现形式，也是工作效率低下的两个重要原因。因此，要进行合理的资源整合，就必须认真分析资源利用效率问题。

1. 职业教育资源利用效率的概念

资源利用效率是反映资源创造价值多少的一个指标。占用和消耗资源较多，创造价值较少，资源利用效率就低；反之，资源利用效率就高。职业教育过程尽管不直接地生产物质产品和创造物质财富，但通过学习者职业能力的提高可以间接地增加物质产品数量，可以用培养出合格人才的数量简明地计算教育成果。举例来说，同样都是毕业生2000人的学校，甲校教务处只有5个人，而乙校的教务处却用了10个人，显然甲校教务人员的利用效率要高。

资源利用效率可以用单个因素来考核，也可以用综合因素来考核。为了克服人浮于事，滥竽充数的现象，可以单项考核人力资源利用效率。用数学关系式表示人力资源利用效率如下：

$$人力资源利用效率 = \frac{年在校学生总数}{年在校教职工总数}$$

类似地，可用生均经费、生均教学仪器设备总值考核财力物力利用效率。需要指出的是，资源配置并不是越少越好，资源利用效率的提高必须建立在提高教育质量的基础上。当资源配置达不到最佳标准时，资源投放应该增加。

准确地计算职业教育资源的综合利用效率是非常困难的事情。简单地说，职业教育资源利用效率就是职业教育成果与职业教育资源消耗之比。但是，职业教育成果不仅仅是毕业生人数的概念，也不仅仅是用就业率可以代表的。就业质量包含了对口程度、薪金水平、成长速度、社会认可程度、学生满意程度等多种因素，有些因素带有主观成分，因而定量计算非常复杂。在市场经济条件下，职业教育消耗可以简单地折算为货币形式，但教学过程中包含着许多无形的消耗，如教师对学生的关爱、学生的相互帮助、亲友对学校和学生的帮助、兄弟院校的经验借鉴等。这些因素很难用货币计量，即便是教师的薪酬水平也并不是完全与教学工作量相一致的。因此，我们只能大致给出职业教育资源综合利用效率的核算方法，目的是分析、比较教学效率和管理效率的高低，改进资源配置和管理工作。换句话说，只要资源利用效率的分析对管理改进起到了促进作用，这种分析方法就是有益的。在现阶段，职业教育成果可以用对口就业人数来考核，职业教育消耗可以用年度教育费用来考核。对于一个专业来说，职业教育成果就是本专业的对口就业人数，职业教育消耗指本专业的各种直接消耗（专兼职教师工资、实验实习材料、专业设备折旧等）和按本专业学生总数分摊的各种消耗（学校管理费、工勤人员工资、公共设施折旧等）。这种考核方式有利于职业院校改善专业设置和课程设置，可以促进办学模式和人才培养模式的改革。

需要说明的是，对教育资源使用效果的描述还有许多不同的术语，如"教育投资内部效率"、"教育投资效益"、"智力投资经济效果"、"教育经济效率"等，反映的都是教育投入与产出的关系，但在侧重点上各有不同。这里为了便于描述资源利用的效果，一律采用"资源利用效率"的提法。

2. 专业教学成本核算

在计划经济时代，许多工厂存在着"消耗无计量，成本无核算，生产无计划"的现象，经济效率十分低下，企业改革的目的就是为了克服这种弊端。

目前，职业院校在一定程度上也存在着工厂改革前的状况，每个专业、每个学生耗费的资源没有底数。从客观上来说，职业教育是一种公益事业，一般不会盈利，需要政府投入相应的资源。目前，职业院校正在通过人才培养模式改革来提高教育质量，但这并不能成为不计成本盲目占用资源的理由。通过必要的核算，职业院校完全可以做到以尽可能少的资源占用培养尽可能多的合格人才。

成本是经济学研究的范畴，是指生产一种产品所需的全部费用。马克思曾指出："补偿生产资料价格和所使用的劳动力价格的部分，只是补偿商品使资本家自身耗费的东西，所以对资本家来说，这就是商品的成本价格。"① 马克思所说的成本价格也被称为生产成本。商品价格扣除生产成本之后的部分就是利润，是商品生产者的直接生产动机。职业教育作为一种与经济紧密联系的精神生产活动，尽管不是以创造利润为目的，但可以借用成本这一经济学的概念。一所职业院校在人才培养过程中消耗的所有资源的价值总和，就是该院校的人才培养成本；在社会服务和科学研究中所消耗的所有资源的价值总和，就是该院校的社会服务成本。人才培养成本与社会服务成本之和，就是该职业院校的教育成本。教育成本可以按照在校学生的培养周期计算，也可以按照一个学年计算。教育成本中有些项目是随着学生人数的增加而增加的，如教师工资、实习材料费等，这部分成本称为变动成本；有些项目是固定不变的，与学生人数的多少没有关系，如招生费用、网络费用等，这部分成本称为固定成本。一所学校的总教育成本除以在校学生总数就是生均成本。生均成本是衡量一所职业院校资源消耗水平的重要指标。一般而言，不同的专业人才培养成本有所不同，有些专业之间差异很人。某一专业的人才培养总费用与该专业学生人数之比，就是该专业生均成本。这一指标更便于实现成本控制。

教育成本的核算包括两个基本环节：（1）按规定的成木开支范围对教育费用进行汇集，计算出教育费用的实际发生额。（2）采用适当的核算方法，计算出教育总成本和单位成本。为了保证教育成本核算的准确性，必须做好一些基础工作：一是对各种材料和能源的消耗都要制定出定额并严格控制，使成本控制在一个大致的范围内；二是对各专业、各教学项目的消耗进行计量，并及时统计记录；三是加强材料的保管，教育学生不要相互借用、混用实习材

① 恩格斯编．资本论（第3卷）——资本主义生产的总过程，《马克思恩格斯全集》第25卷．北京：人民教育出版社，1974：30.

料。对于成本核算结果，要组织相关部门进行分析，找出成本增加或降低的原因，并将分析报告报送学校主管领导。

职业教育成本核算的目的是为了控制成本。通常教育成本控制的途径有以下几个方面：（1）对各种费用开支进行压缩，不该发生的费用绝不允许发生。（2）对各种材料、能源的消耗加以控制，通过改进技术、利用替代品等方式降低消耗。由于费用发生与消耗是不同步的，控制消耗可能会更有效地降低成本。如用电消耗是每时每刻都在发生的，但电费支出一般每个月才发生一次，当发现电费过高时，实际上本期费用已无法降低。（3）对活动和项目进行控制，对于华而不实、走形式、走过场的活动，坚决予以取消。在一定意义上说，对活动项目的控制是最根本的控制措施。因为开展活动必然会有消耗，对消耗的控制只不过是不超过标准，而取消无意义的活动可以彻底排除无效的消耗。或者说，只要所有工作计划科学合理，办学成本的控制就有了最基本的保证。

办学成本的控制不仅仅是学校领导的事情，也不仅仅是财务部门的职责，每个部门、每位教师都是成本控制的主体，都对成本的下降起着重要作用。所以，调动全体师生员工积极性非常重要，只有每位成员都有成本意识，才会在不知不觉中降低成本。例如，对于自来水这样的"公共用品"来说，如果措施不当，就会有意或无意地造成浪费，即使加强检查，也只会徒然增加管理成本，很难取得成效，一旦措施得当，每个人都主动节约用水，就会想出许多节约的办法。可见，降低成本是一项系统工程，只有采取各种有效措施才能解决问题。

3. 职业教育办学效益分析

整合资源、改进管理的目的是为了提高效益，而不仅仅是降低成本。有时成本提高一些，效益会大大提高。譬如，聘请企业技术人员担任兼职教师，必然会使成本骤然增加，但可以改变人才培养模式，使学生的职业能力得到有效发展，这种成本增加是值得的。所谓效益，就是指一项活动取得的效果和相关人员获得的利益。职业教育效益是指职业院校培养的职业技术人才对社会所产生的效果和利益。职业教育投资具有公益性和产业性。对社会来说，职业教育可以提高劳动者的职业能力，提高劳动生产率，改进产品质量，转变经济发展方式，使整个社会获得利益。对个人来说，教育投资可以获得就业机会和生活来源，或者增加劳动收入，改善生活状况。正因为如此，职业教育投资才由国家和个人共同分担，完全由国家或者完全由个人承担职业教育费用都将难以保持可持续发展。教育收益除了表现在物质方面还有许多是文化和精神方面的,难以用货币计量。如教育增加了社会和谐,使人与人之间能够和睦相处。

职业教育效果主要体现在质量提高、结构改善以及规模的适度增长等方面。质量是指用户对产品的满意程度。一件产品经久耐用、性能优良、造型美观,我们就认为这件产品质量好。相反,如果一件产品寿命很短、性能很差、外观粗糙,那么它的质量就次。职业教育质量反映在毕业生质量和社会服务质量上。职业院校主要是通过培养合格人才为经济建设和社会发展服务,毕业生职业道德水平高,职业能力强,能够解决用人单位的实际问题,为企业创造经济效益,就说明这所职业院校毕业生质量高。社会服务包括与企业合作进行技术研发、技术培训、技术咨询等内容,是利用职业院校的智力资源直接为企业服务,服务水平的高低反映出社会服务质量。一般而言,社会服务是为人才培养工作服务的,是人才培养工作的衍生品。通过社会服务,职业教育工作者可以更好地了解技术发展状态和企业需求,从而合理地调整专业设置和课程设置,更新教学内容,改进教学效果,提高毕业生质量。影响职业教育质量的因素很多,宏观因素包括教育经费投入、文化环境、社会认可度等,微观因素包括生源质量、师资质量和管理质量等。职业教育的总体结构主要包括专业结构和课程结构两个方面,具体结构则包括教师的专业机构、学历结构、职称结构、年龄结构、来源结构和性别结构,学生的专业结构、性别结构、智能结构以及实训基地机构等。当专业结构与区域产业结构相吻合时,就能较好地满足用人单位需要,这就是一种合理的结构。当专业结构不合理时,将会导致毕业生就业困难,并造成极大的资源浪费。当课程结构与用人单位的工作内容结构相吻合时,毕业生就能够很快地适应工作环境,提高工作效率,达到用人单位满意。否则,就不能适应工作岗位需要,影响企业工作的整体效率和产品质量。合理的专业结构和课程结构是由合理的师生结构、实训基地结构来保证的。职业教育质量与结构是相互联系、相互支撑的。结构合理是提高质量的前提条件,没有合理的结构,就谈不上质量。质量改善是结构合理的标志,没有优良的质量,也不能体现合理的结构。

一项投资的效益大小取决于成本与效果的比较情况。一般而言,效益的变化有以下四种情况。

(1)单位成本降低,效果增加

在降低成本的同时,增强教育教学效果,这是管理效果最佳化的状态。在办学规模或专业规模较小时,单位成本往往较高而教育效果较差,这是因为在起步阶段实训条件尚不完善，教师数量不足，缺乏专业化分工。可以说，规模过小导致了招生与教育效果的恶性循环，打破这种恶性循环的途径就是适度扩大规模，降低单位成本，同时通过规模聚集实现生源质量和教师质量的提高，这与商品市场中的薄利多销有类似之处。从另一个角度看，管理水平低下也可能造成消耗高、质量差、结构不合理的状况。通过加强管理，堵塞漏洞，就可以在降低成本的同时提高质量，收到一举两得之效。譬如，某个专业教师积极性不高时，不仅不愿意承担足量教学任务，而且还会在教学过程中敷衍了事，得过且过，对于实习材料不加节制地使用，不能及时按照规定对设备加以维护，这一切都会加大消耗、降低质量。只有教师的积极性、主动性调动起来了，这些现象都会消失。解决这类问题对办学效益提高的价值最大，因而是管理者应该首先关注的问题，我们将之称为第一类效益问题。其实，这类问题表现较为严重，多数人都很关注，发现起来并不太难。但由于问题主要反映在基层，一线人员熟视无睹，高层人员却难以发现。解决此类问题最有效的办法是通过建立激励约束机制，调动基层部门负责人的积极性，将部分问题直接在基层解决，对于宏观层面的问题主动向有关部门进行报告。

（2）单位成本提高，效果增加

以较大的投入为代价，提高教育效果，是一种难度较大的风险性决策。此时遇到的问题是某个专业、某门课程，或是某位教师存在较大潜力，通过适当投入可以使教育效果大大提高。我们将这类问题称为第二类效益问题。这类问题既考验管理者的责任意识和创新精神，又考验管理者的管理智慧。因循守旧、故步自封的保守型管理者通常对这类问题会置之不理，因为一旦投入看不到效果，损失的不仅仅是学校的声誉，还包括管理者本人的声誉。只有具有创新精神的管理者才敢于大胆尝试，只要是认准了的事情，即使一时受到挫折，也会总结经验和教训，继续进行下一次试验，直到取得成功为止。正因为这类问题的难度较大，成功的价值也就越大。譬如，对于一个具有较大优势的专业，继续引进优秀教师，购置先进的实训设备，开发新的课程体系，办成一个有特色的示范性专业，这样就可以形成一所院校的品牌，提高核心竞争力。再如，职业院校往往选择优秀教师送到国外培训，尽管学费非常昂贵，但可以学到国外先进的课程模式，从而引领本校的课程改革，对整个教学团队起到带动作用。这类投资的基本特征是，以相对较小的投入，取得非常巨大的成果。当前正在进行的示范院校建设、示范专业建设、职业教育实训基地建设和优秀教学团队建设，采用的都是这种策略。简单地说，就是使优秀的更加优秀，让中间的迎头赶上，将落后的无情淘汰。这种做法与传统的小农经济条件下形成的平均主义形成了鲜明的对照。

（3）单位成本降低，效果减少

以较大程度的成本节约，而不使教育效果有明显的降低。这种做法是可行的吗？可能多数人都不会同意。但只要换个角度想一想，你可能会得出不同的答案。如果是以较大的投入，换取很小的效果，你会这样做吗？多数人也不会同意。事实上，这类问题是面临最多的一类问题，基本特征是投入大，效果差，导致效益下降。我们称之为第三类效益问题。譬如，对一个教学能力很差的教师进行培养，或者是对一个基础很差的专业进行扶持，常常会效果甚微，得不偿失。这种事情当然是应该避免的，也容易被人们所理解。但要对某些正在运行的常规性事务减少投入，就要承担很大的压力。尽管成本的节约并没有带来明显的效果降低，但却可以成为反对减少投入的借口。这种事情在职业院校是屡见不鲜的。

（4）单位成本提高，效果减少

显然，这是一种有害无益的情况，应该坚决杜绝。这种问题的特征是投入很大但效果反而降低，可能会给职业院校带来灭顶之灾。我们将这类问题称为第四类效益问题。解决这类问题的根本措施是科学决策，严格管理。正如解决第一类问题效益明显一样，杜绝第四类问题的发生效益同样也是非常可观的。譬如，盲目开设一个没有市场需求的专业，不仅本专业招生困难、就业困难，还会给其他专业的招生和教学带来不利影响，损害整个学校的声誉。再如，一些专业购买了不适用的或是不能正常运转的设备，不仅不能给教学带来帮助，还会占用场地，浪费维护管理人员。因此，对于专业设置方案、课程设置方案、设备购置方案和师资队伍建设方案等重大问题，应该经过充分的科学论证，切忌出现简单化的倾向。特别是对于计算机软件、图书这类产品来说，由于技术发展和知识更新很快，前几年还很流行的品种和类型现在可能价值大幅度降低，如果未经选型就去购买，或是购买后闲置起来，很快就会成为废品，这样的惨痛教训在职业院校并不罕见。如果说解决前几类问题是用"加油"的方法，那么解决第四类问题就要依靠"刹车"措施。这就是平常所说的"有所为，有所不为"。

从以上分析可以看出，提高效益需要解决实际存在的问题，而对问题的准确判断要靠高超的管理能力。目前，一些职业院校错误地理解"和谐校园"的含义，不惜成本，不讲效益，一味地保持师生员工的"一团和气"，这对资源的充分利用和管理水平的提高是非常不利的。只有在科学发展观的指导下，树立精益管理的理念，才可能使办学效益逐步提高。

4. 职业教育办学规模经济

职业院校的办学规模达到适度时，可以取得最佳效益，即所谓的"规模经济"，规模过大或过小都会造成"规模不经济"。规模经济又称"规模利益"（scale merit），是指在一定规模内，随着在校生数量的增加，平均成本不断降低。在西方经济学里，规模经济主要用来研究企业经济。但作为生产力经济学的重要范畴，规模经济的含义则更为广泛，完全适用于职业教育的经济规模分析。规模经济在一定的规模范围内，固定成本变化不大，那么新增的在校生就可以分担更多的固定成本，从而使总成本下降。但是，当职业院校超过一定规模时，管理层次就会增加，管理职能也会变得越来越细，质量监控和工作协调变得更加复杂，固定成本会有更大的增加，于是出现规模不经济现象。基础教育结构简单，规模的扩大对固定成本的影响较小。职业院校则完全不同，不同专业课程、师资、设备差异很大，如果专业之间可以相互支撑，形成一个专业链条，实现一定程度的资源共享，那么专业的扩充对固定成本的影响就会较小，否则，每新增一个专业，就会使固定成本增加。不同职业院校应该根据专业教学因素、数量、组合方式、变化规律的要求，自觉地选择和控制办学规模，促进在校生数量的增加和成本的降低，从而取得最佳经济效益。规模经济或办学规模的经济性，就是确定最佳在校生规模和专业规模的问题。

职业教育规模经济包括区域职教规模经济、院校规模规模经济和专业规模经济。产生规模经济的原因有很多，主要有以下几个方面。

（1）专业化分工

从亚当·斯密开始，人们认识到分工可以提高效率。规模越大的专业和院校，其分工也必然是更详细的。在师傅带徒弟的传统职业教育模式下，师傅需要承担所有的教学工作，甚至要照顾徒弟的生活。现代职业教育采用班级授课形式，最大的优点就是通过规模化教学实现专业化分工，教师分别承担不同的课程，从而提高工作效率。但是，有分工就会有管理，教学管理人员、学生管理人员、生活服务人员、教育研究人员和教师需要协调工作，如果管理效率不高，就会影响整个组织的工作效率。

（2）学习效应

随着班级数量的增加，教师和管理人员熟练程度逐渐增加，教学工作效率得到不断提高。在适度的经济规模内，学生数量增加并不会使得成本增加很多。教师都有这样的日常经验，当重复前一次课的内容时，付出的要少得多，而且教学效果会比前一次更好。一般情况下，30 名学生的班级并不会比 15 个人的班级增加一倍的工作量。这里有一个边际成本的概念，就是增加一名学生所增加的成本。类似地，增加一名学生所增加的收益称为边际收益。在没有达到规模经济时，边际成本很小，或者说边际收益很高；当达到规模经济后，边际成本会逐步加大，可能会超过平均成本，也就是说边际收益很小，甚至变为负数。在职业教育中，某个专业的学生很少时，增加学生数量的边际成本很小，但当达到一定规模时，继续增加就要新建实训基地，组建新的专业教学团队，边际成本就增加了。根据经验，一般工科类专业的实训作业中，每名教师可以指导 15 ~ 20 名学生，过多过少都会降低办学效益。

（3）降低课程开发费用

职业教育课程是与当地行业企业动态联系的，寿命周期较短，需要不断地重复课程设计、课程实施和课程评价的循环过程。而职业教育课程的编制和实施需要校企合作，有几十名企业人员和职业院校教师参与，花销很大。在学校总规模不变的条件下，若扩大某些专业的规模，减少专业数量，可以节省课程开发费用。根据北京师范大学赵志群博士的研究，工作过程系统化的学习领域课程设计可以细分为职业资格研究（行业情况分析、工作分析、典型工作任务分析）、学习领域描述和学习情境与课业设计三个大的阶段。"课程设计的重要成果是专业课程方案，其重点是对学习领域的描述（课程标准），另外还有人才需求和专业设置调研报告以及配套的教学文件和教学材料。"[①] 无论是调研报告还是教学材料，都需要花费很大人力物力，我们当然希望适用范围越大越好，使用周期越长越好，这就是规模带来的效益。随着人才培养模式的改革，课程开发费用将会越来越高，扩大单一专业规模的必要性也越来越大。从这个角度来看，职业院校将会逐步实现专业化分工，将资源集中用于自身具有优势的特色专业，而逐步改变目前"大而全"、"小而全"的状况。

（4）降低基础设施和物品采购费用

如果一个餐厅用餐的人很少，那么这个餐厅就很难经营好，原因是固定成本太高了，饭菜的价格一定很高。只有用餐的人多了，饭菜的品种、质量才可以上去，价格才可以下来。类似地，图书馆、教室、实训基地和行政用房都有这种问题，学生多了，分摊的费用就少，反之分摊的费用就多。学生规模大

---

① 赵志群. 职业教育工学结合一体化课程开发指南 ［M］. 北京：清华大学出版社，2009：43.

了，物品采购的价格也可以降下来，这是因为，采购量大了，生产这一物品的企业单位成本就会降低，可以适当地将这一收益向购买方转移一部分。此外，采购数量大了，外购人员采购的次数就会减少，采购费用降低，或者说搜寻成本降低，这样总的费用也就降低了。许多高校拼命上规模，经济方面的动因就在这里。

（5）招生方面的优越性

规模的扩大对招生工作带来以下几个方面的优越性：一是容易引起考生的关注，便于招收优秀生源。在职业院校规模普遍较小的情况下，达到经济规模的学校就具备了改善办学条件的可能性，教学质量一般来说也比较高。所以，规模大的学校一般社会声誉较好，公众接受到的相关信息也较多，这样招收学生的质量自然就会提高，并形成一种良性循环。二是在招生手续上具有一定的优先权，可以减少一定的工作量。招生管理部门往往对规模大、声誉好的院校优先安排录取，并给予精心指导，从而加快整体进度。三是降低生均招生费用，提高招生工作效率。招生宣传费用、招生信息系统购置与维护费用和招生人员经费等项目往往固定的，并不会因招生数量减少而有所降低。因此，招生规模扩大了，生均招生费用也就降低了。但要注意规模扩大并不是所有生均费用项目都会降低，在办学实体规模扩大时，教育效果的增加小于投入要素的增加比例，收益递减，就是规模不经济。追求规模经济、研究取得最佳效益的合理规模及其制约因素和各种不同教育规模之间相互联系和配比，揭示教育规模结构的发展趋势，寻求建立最佳规模结构的主要原则和对策，对于发展社会生产力具有极为重要的意义。

以上分析主要是针对目前职业院校规模较小的情况而言的，而且假定毕业生质量能够达到用人单位要求。如果职业院校缺乏必要的教育质量监控，以降低教学要求为代价来降低成本，则不可取。一些职业院校盲目扩充专业，形成计算机、数控技术、旅游、会计电算化等所谓"热门专业"，其中一个重要原因就是单纯地追求经济效益，而实际上教育效果和总的投资效益是很低的。因此，考察经济规模应该将社会效益放在第一位，不能仅考虑院校的效益。确定职业院校合理规模对策因素很多，主要的制约因素有：

①产业规模

职业教育是为区域经济社会发展服务的，专业结构和办学规模应该与当地产业结构和产业规模相协调。如装备制造业的规模和产品结构决定了机电类专业的规模和专业设置，当某一行业规模很大时，还可以建设专门的职业技术院校；油田规模决定了石油类专业的规模结构，在没有油田的地区很难开设石油专业等等。当然，由于职业教育也具有一定的超前性，确定办学规模和专业结构时应考虑产业结构调整的情况。

②生源情况

职业院校规模通常还受到当地人口资源规模及劳动力资源规模的限制。大城市职业院校规模较大，中小城市规模相对较小。由于我国有几个人口出生高峰，招生规模会受到适龄人口波动的影响。目前，我国中等职校的生源以初中毕业生为主，高职院校的生源以高中毕业生为主，有少量中等职校毕业生。2005 年前后初中毕业生达到高峰，是中等职校生源最充足的时期，2008 年前后高中毕业生达到最高峰，是高等职业院校生源最充足的时期。生源高峰过后，由于生源总量的逐步减少，职业院校招生面临较大压力，招生成本将会有所提高。

③专业特点

专业规模和学校规模的大小，与专业群物质技术装备和工艺流程有关。如钢铁企业属于大型联合企业，面向这些企业的职业技术学院相对就较大；汽车修理专业因工作对象品种众多，要求的实训基地规模很大，专业规模太小将难以承担巨大的成本。而对于旅游、酒店管理、会计电算化、物流管理、计算机应用技术、软件技术等专业来说，因为实训条件简单，规模可大可小，较为灵活，这也是许多职业院校纷纷举办这些专业的原因。

④内部管理水平

职业院校规模越大，管理就越复杂。当规模扩大以后，如果管理水平不相应地提高，将会导致严重的管理混乱。譬如，在专业规模不确定的情况下，就盲目地建设实训基地和专业教室，将有可能造成巨大的浪费。学校规模扩大以后，随着管理人员增加和管理职能的细化，管理层次和管理部门也会增加，这样就会增加协调的难度，对管理人员素质要求就大为提高。目前，一些规模较大的职业院校开始设置二级学院，就是为了适应管理升级的要求。一般而言，管理层次的多少与规模正相关，而与管理能力负相关。院校长和中层职能部门管理能力强，管理层次就可以少一层，相反，就要增加管理层次。

⑤国家教育政策影响

职业院校的招生规模与教育结构有关，在适龄人口一定的情况下，普通教育规模扩大，职业教育规模就会减少。在"普高热"的影响下，一些地区高中在校生曾达到高中阶段学生的 65%，中职学校招生遇到较大困难。为了推进城市化，促进农村劳动力转移，国家大力发展职业教育，并鼓励实行中等职业教育免费政策，使普高生与中职生的比例保持在1∶1，这必然会扩大职业学校的规模。

⑥经济社会发展水平

经济较为发达的地区，对人才的素质要求高，职业技术院校的规模就大一些，而经济落后的地区，产业发展水平很低，劳动密集型产业占主导地位，大量使用普通工人，职业教育的规模就会相对较小。经济发展水平对职业教育内部的规模结构也有影响，发达地区高职院校规模加大，而落后地区高职院校规模就较小。

5. 确定职业院校规模经济的方法

职业院校既要扩大规模实现规模经济，又要防止规模过大出现规模不经济的状态。因此，需要找到一种确定规模经济的方法。当经济效益达到最佳状态时所对应的经济规模，就是规模经济。规模经济是通过一定的办学规模来实现的，经过教学要素的合理配置使学校获得最佳规模经济效益。可见，研究职业院校的规模经济应通过对教育规模的分析，确定它的最佳经济规模，按照这个经济规模组织教育教学活动，以使学校获得最佳效益。确定企业最佳经济效益的方法很多，下面介绍几种通常的方法。

（1）会计分析计算法

会计法是对同一院校不同时期不同规模的成本或不同规模院校同一时期的办学成本、教育效果的对比分析，从而确定院校规模经济的方法。会计法包括多种具体方法，常用的方法有：

①短期成本法

短期成本法是指在现有院校规模扩大前的短期内，只调整师生规模（而不调整固定资产的投入量），与其各种教育成果相对应的成本。短期成本法实际上是以盈亏平衡分析法为基础，所以在实际工作中要将短期成本划分为变动成本和固定成本，将收支平衡时的在校生数量定为起始规模，效果最佳时所对应的在校生数量称为最佳经济规模。

②最小总费用法

最小总费用法是指通过制定各种可行的在校生数量方案，并分析计算出各种方案的总费用，然后对各方案总费用进行分析比较，选择其中总费用最小的在校生数量方案，就是最佳的经济规模。这种方法的数学表达式如下：

$$F(Q) = C(Q) + S(Q) + I(Q) * E(d)$$

式中 F(Q) 是年在校生数量为 Q 的总费用，C(Q) 是年在校生数量为 Q 的教育成本，S(Q) 是毕业生使用中的费用，I(Q) 是新建、改扩建所需的全部投资，E(d) 是投资效果系数。

上述公式表明，在一定的教育技术组织条件下，达到在校生数量为 Q 的经济规模所需支付的年总费用。它包括教育过程和使用过程中的支付、在标准投资回收期内每年应分摊的基本建设投资和贷款利息。

③最小费用函数法

最小费用函数法是依据院校的经济规模，受到内部和外部因素，以及内外部关连因素影响和制约的客观规律，而建立的数学模型：

$$F(Q) = V(Q) + D(Q) + G(Q)$$

式中 F(Q) 是生均总费用函数，V(Q) 是生均内部费用函数，D(Q) 是生均外部费用函数，包括家庭费用、实习企业费用、政府费用等，G(Q) 是生均内部与外部关连费用函数。

运用规划论方法对上式求解得到变量 Q，从而得到优化后的在校生数量 Q 值，即获得职业院校最佳效益所对应的经济规模。求解企业最佳经济规模的具体方法是，在费用函数方程参数量已知的条件下，求最优解。有两种情况：当费用函数无约束条件时，对费用函数求导，并令 F'(Q) = 0，即可求出最佳规模 Q 值；当总费用函数有约束条件时，即在一定条件下求极小值，这时要运用规划论来解，通常情况是建立表达式 F(Q) 结构关系的三个函数与一组约束不等式，便可运用规划论方法求解出变量 Q 值。通常情况下，上述函数和不等式具有非线性，需用非线性规划方法求解。关于最小费用函数法的具体应用，这里不作详述，有兴趣的读者可参阅规划论的相关著作。

④成本函数法

成本函数法是指在产出一定的条件下，对投入要素进行优化配置时，将会实现生产成本最小的目标。它的数学表达式是：

$$minC(Q) = PK \times K + PL \times L$$

式中 C(Q) 是成本函数，K 是投入的资金，L 是投入的劳动，PK 是投入资金 K 的价格，PL 是投入劳动 L 的价格。

利用数学优化方法，在满足一定生产函数关系的产出水平上可以找到成本函数 C(Q) 的极小点。把不同产出水平上许多这样的优化点连接起来得到长期成本曲线，利用曲线拟合技术，选用适当的函数对曲线进行拟合，可以得到既描述生产过程的内在联系，又反映产出与成本相互关系的长期成本函数。这种方法能最近似地反映理论成本曲线，由此得出的职业院校经济规模具有适用价值。

（2）工程法

工程法是依据专业及工艺特点，在办学能力平衡的前提条件下，综合考虑成本和投资两项费用来确定职业院校的起始规模和最佳规模。具体操作时需列出若干可行方案，分别计算各个方案的费用，从中选出计算费用最小的方案，即为合理方案，该方案所对应的办学能力则称为最佳经济规模。

上述各种方法，在实际工作中有一定的适用价值，由于经济规模受多种因素制约，因此，上述各种方法都有局限性。其中短期成本法是一种静态分析法，只能适用于短期经济活动分析，所以适用性较差。最小费用函数法在实际应用中由于费用受多种因素影响，客观上很难找到稳定而准确的数据，所以建立准确费用函数同样是困难的，因此由它确定的规模也不会十分准确，只能提供一种定量方法，作为参考，实际工作中要结合各种因素，综合考虑后确定的经济规模可能更准确。成本函数法也是应用数学模型，描述职业院校中各项经济活动及其之间内在联系和相互制约的经济技术规律，从数学关系式的角度是科学的、有价值的，但在实际工作中，职业院校的教育教学活动是复杂而微妙的过程，数学模型是不可能准确描述复杂的教育教学过程的，因此成本函数法也是为决策者提供一种具有参考价值的定量分析方法。工程法是从办学能力平衡的角度出发，以设备和教师负荷率（或设备利用率、师资利用率）为依据来确定学校的经济规模，这种方法是根据学校的教师素质、管理人员素质、学生素质、设备技术素质、管理工作素质状态，考虑到资源的合理配置，从而确定的经济规模，这个规模能真实地反映职业院校的现状，而它不一定是效益最佳规模。在实际工作中，应结合会计法对职业院校进行综合分析研究，最终确定一个合理的规模。

当前，职业院校应着重防止出现规模不经济的现象。波特在《竞争优势》一书中提到，规模大到一定程度将会产生规模不经济，如工厂员工过多将会集体要求增加工资，使劳工成本上升，而且规模大时管理费用也要增加。在一些行业，如高档时装，因为稀缺才贵，规模就不经济了。职业院校也有类似的情况，随着规模的扩大，教师平均工资也在上升。而且，随着高等教育的大众化和普及化，职业院校毕业生社会认可度相对降低，无形中加大了教学和管理成本。

6. 职业教育社会效益

从总体上来看，职业技术教育是一项公益事业，可以对整个社会的发展起到促进作用。无论专业设置还是办学规模的确定，最终都要看社会效益的大小，内部办学效益的提高必须建立在社会效益提高的基础之上。办学成本的控制，目的是减少浪费，提高资源利用效率，而不是为了最大限度地赢利。职业技术教育的社会效益主要体现在以下几个方面。

（1）促进创新型国家建设

我国是世界上人口最多的国家，人口总量相当于美国、日本、德国、法国、英国、意大利六国之和的 4.6 倍，但经济总量仅相当于六国之和的 13%。我国 45 种主要矿产资源人均占有量不足世界人均水平的一半，石油、天然气、煤炭、铁矿石、铜和铝等重要矿产资源人均储量分别相当于世界人均水平的 11%、4.5%、79%、42%、18% 和 7.3%。这种人口众多、资源相对不足的国情，决定了我国必须走创新型国家之路。建设创新型国家已经被确定为我国发展战略的核心。所谓创新型国家，就是主要通过创新而不是资源投入来实现经济社会发展。《国家中长期科学和技术发展规划纲要（2006～2020 年）》中所确定的具体的创新指标是：研发经费占国内生产总值的比例在 2.5% 以上，科技进步贡献率超过 60%，对外技术依存度低于 30%，本国人发明专利数量和科技论文被引用数进入世界前 5 位。建设创新型国家，需要建立一个完整的创新体系，需要各种层次的创新人才。培养一线创新人才和高素质劳动者，正是职业教育的基本职能。通过职业教育，可以将我国的人口优势转化为人力资源优势和创新优势，推动高端制造业和高端服务业的发展。

职业教育，特别是高等职业教育，应将培养目标锁定在具有创业能力的技术技能型人才。创业人才的核心能力是资源整合能力，他们可以将物质资源、人力资源和信息资源合理地组合起来，形成现实生产力。通过创业人才的乘数效应，可以创造出更多的就业岗位，吸纳更多的具有创新能力的人才。1999年召开的第二届国际职业教育大会曾提出："21 世纪将有 50% 的中专生和大学生要走自主创业之路。"在职业院校普遍开设创业教育课程，培养学生的创新能力和创业能力，是突出高职教育特色和实现培养目标的基本措施。我国 2007 年新增城镇就业人员 1204 万人[①]，而"全年普通高等教育招生 566 万人，

① 人力资源和社会保障部，国家统计局 . 2007 年劳动和社会保障事业发展统计公报 ［R］. http：//www. stats. gov. cn/tjgb/qttjgb/qgqttjgb/t20080521_ 402481634. Htm.

毕业生 448 万人。各类中等职业教育招生 800 万人，毕业生 530 万人。"① 但是，目前我国高职院校学生创新意识和创业意识很弱，不具备创造性人格，创新创业教育的任务紧迫而艰巨。培养具有创业创新能力的技术技能型人才，必须依靠具有创新人格和创新能力的教师。由于我国职业教育的"先天不足"，尚未形成占有主导地位的创新文化，教师创新能力普遍很差，教学模式和管理模式僵化是开展创新和创业教育的最大障碍。虽然一些院校也开设了创新教育课程，但常常是流于形式，缺乏针对性和实效性。建设集教学、研发、培训和生产功能于一体的校内实训基地，是实现创新人才培养目标的物质条件。目前的实训基地功能单一、规模较小、效益不高，阻碍着职业教育的改革与发展。通过建设综合性的实训基地，不仅要为师生的技术研发和工艺革新提供一个技术平台，同时还要提供新技术、新产品投入生产的资源条件，起到"创业孵化器"的作用。

（2）加快工业化和城市化进程

现代化的过程就是农业人口和农业产值所占比重不断减少，非农业人口和非农业产值所占比重不断增加的过程。一般来说，随着工业化进程的推进，城市化进程将会不断加快。但是，由于我国城乡二元结构的存在，非农产值所占比重与城镇人口所占比重很不协调，存在着大量的从事非农产业的"农村人口"，即所谓的"农民工"。他们处于游动状态，职业已经是工人，但固定居住地在农村。根据《2006 年中国统计年鉴》显示的数据，三次产业的比重依次为 12.6%、47.5% 和 39.9%，第二、三产业比重合计为 87.4%，而城镇人口比重仅为 42.99%。要改变这种现状，需要产业结构的重大调整。在信息化社会已经到来的情况下，实现工业化和城市化必须走新的道路，以信息化带动工业化，以工业化促进信息化。产业结构的调整，需要职业教育提供人才支撑。城市化的关键问题是经济问题，城市化的核心是"变"人，也就是将农村富余劳动力培养成大量的从事现代化建设所需要的各种层次的专业技术人才。职业教育是转移农村富余劳动力促进城市化进程的桥梁和纽带，是促进城市化进程的载体和平台，是促进城市化进程实现可持续发展的动力。

职业教育是推进新型工业化的人才保证，没有发达的职业教育，就难以实现可持续发展，新型工业化就会化为泡影。要推进新型工业化，就必须大力发

---

① 国家统计局. 中华人民共和国 2007 年国民经济和社会发展统计公报 [R]. http：//news. hexun. com/2008~02~28/104103826. html.

展职业教育。要走好新型工业化之路，首先必须要有与之相匹配的技术工人。在发达国家工人队伍中，技术工人高达75%。技术工人中，高级技工占35%，中级技工占50%，初级技工占15%。而我国在推进新型工业化的进程中，技术技能型人才严重不足，只有发展职业教育才能培养出大批具有熟练操作技能的蓝领与能够得心应手地应用现代技术的灰领。当前市场对工业技能型人才的需求量日益扩大，这主要基于以下两方面的原因：一是市场经济下我国工业化进程的加快，反映出工业技能型人才的岗位性需求，这扩展了需求的"量"；二是知识经济及信息化社会所孕育的高技术大踏步进入制造领域，反映出工业技能型人才的应用性需求，这提升了需求的"质"。全面建设小康社会，要形成全民学习、终身学习的学习型社会，促进人的全面发展，没就业的要经过职业培训后就业，已就业的要经过职业培训学习新知识，掌握新技术，下岗失业人员的再就业，需要充分发挥职业教育机构的师资、设备、教学经验等方面的优势，广泛开展各种培训，提高再就业率。就业市场的大量需求，是职业教育发展的基础。随着市场经济建设的不断深入，投资创业环境的好坏越来越成为一个城市发展的决定性因素。发展职业教育，培养足够数量的掌握现代技术和技能的职业技术人才，正在成为新型工业化和新型城市化的必要环境。

（3）促进和谐社会建设

职业教育对促进和谐社会建设的作用是多方面的。

首先，职业教育能够促进劳动者文明程度的提高，从而提高整个社会的文明程度。职业教育培养生产、建设、服务和管理一线的劳动者，他们是社会的主体，广大劳动者道德素养和职业能力提高了，将会促进各个人群之间关系的和谐，减少不必要的纠纷和摩擦，促进精神明建设。

其次，职业教育可以有效地沟通城乡联系，促进城乡交流。农民工之所以不能迁移到城市，一个重要原因就是在文化上不能融入城市。在城市职业院校读书的过程，也是一个融入城市生活的过程，城乡学生一起学习、一起生活，可以有效地增进了解、加深友谊，使农村学生更好地养成城市生活习惯，城市学生更好地了解中国国情，这也有利城乡劳动力的双向流动，使农林、卫生、建筑等专业的学生到农村服务，农村学生到城市落户。因此，职业教育的过程也是一个城乡文化融合的过程。

第三，职业技术教育可以降低就业压力，防止两极分化。职业技术教育是面向大众的教育，关系着千家万户的民生问题。目前的职业院校中，工农家庭子女占多数，相当一部分来自城乡贫困家庭，通过接受职业教育实现就业，是缩小城乡差距、减少贫困人口的重要措施。此外，通过增加受教育时间，可以在一定程度上削弱就业高峰的压力，使人力资源与物质资源的配置比例得到适度调整。特别是随着免费中等职业教育政策的逐步实施，12 年义务教育的实施将成为可能，这对于延缓就业压力具有重要作用。

第四，提高社会化服务水平，应对老龄化社会的来临。随着工业化和城市化的不断发展，社会化分工将会进一步细化，家庭护理、家政服务以及社会工作等将会实现专业化。特别是随着老龄化社会的到来，一大批"421"家庭将会出现，这对我国的社会结构是一个重大改变，对老年护理人才的需求将会迅猛增长。这些人才都需要通过职业教育来培养的，而且在职业院校毕业生中所占比重将会逐步加大。以服务教育促进服务质量的提高，是社会和谐的重要因素，也将成为职业教育越来越重要的职能。

总体来看，职业教育对社会和谐的促进作用是智力资源与自然资源合理结合的结果。或者说，通过职业教育可以使社会资源的利用更加合理化，从而保证社会的和谐发展。

（4）促进新农村建设

农业是国民经济的基础，发展农业，就要建设现代化的农村。在建设新农村的目标体系中，"生产发展"是直接的、需要优先实现的关键目标，它是决定新农村建设目标得以实现的第一要务。要实现"生产发展"，就需要有一大批能为新农村建设发挥推动作用的人才队伍。然而当前我国面临的严峻现实恰恰是农村建设人才的奇缺。针对农村生产实际和劳动力素质现状，党中央、国务院多次强调"农业的根本在科技、在教育"。我国农村劳动力数量众多，但农民的科技文化素质总体不高。"盼致富、无思路；想致富、无技术；求致富、无门路"是普遍状况，农民的科技文化素质低下已经成为严重制约农业科技成果转化和农村产业结构战略性调整进程的瓶颈。农民是新农村建设的主体，农民素质的提高关系到新农村建设的成败，必须把提高农民素质作为一项战略工程提上议程。

新农村建设需要一大批高素质的职业技术人才，主要包括以下几个方面：

一是农村管理人才。目前我国实行村民自治制度，村民委员会是农村主要的管理机构，管理人员主要由村民组成。但是，由于多数农民没有受过专门教育，组织经济建设、管理乡村事务的能力较弱。随着农业的发展，农业也不再是单纯的种养，不再是简单的从田间到餐桌。农业产业化与县域经济的发展与成熟，需要大批量的创业型人才和专业化管理人员。而传统农民是自产自销的小生产者，由于缺乏现代管理和市场营销知识，很多农民在利用农业科技之后，生产虽获得丰收，但收入并未增加。为此，必须加强对农民管理和市场营销知识的培训，使农民成为自主创业型人才和现代管理人才。通过职业教育培养面向农村的乡土管理人才，可以促进农村管理水平的提高，从而改进我国的整体管理水平。

二是农村经济技术人才。现代化的农业应是相对独立的行业，把从事农业生产和经营活动作为一种职业。这一职业要求有较高的基础素质和一定的专业能力，农业从业者要大规模地使用现代农业机械和先进的农业科学技术，有适应现代化农业发展和参与市场竞争要求的生产及经营理念。农业经济的发展，不仅需要一批植保、园艺、动物养殖等方面的技术人才，还需要懂经营的农业经济人才，来组织农产品的生产、加工、运输、销售等活动。建设社会主义新农村的首要目标是生产发展、生活富裕，这就必须以"农民增收"为根本，而农民增收关键是生产和就业。根据国家统计局的调查，我国现有农村劳动力4.8亿，占全国劳动力总量的70%，在这些农村劳动力中，有1.5亿左右为富余劳动力，而且以后每年还会新增1000万人。大量的农村富余劳动力带来人力资源的低效或无效配置，是劳动力的浪费，事实上成了农村经济发展的负担。而且这些富余劳动力的一个突出的特点是其中大部分从未受过正规职业教育，有一些连基本的文化知识都欠缺，甚至还有大量文盲或半文盲存在。因此，发展农村职业教育和农民工培训，开发农村人力资源，提高农村劳动力文化素质和科学技术水平，能大幅度增加农民收入，促使农民致富。加强农民职业教育与培训，增强他们的致富本领，是从根本上解决农民增收问题的有效途径。

三是新农村建设人才。农村基本建设包括村庄建设、农田基本建设、乡村交通通讯电力设施建设等方面。随着农村经济的不断发展，农村对基础设施水平的要求将会越来越高，并逐步实现农村与城市等值化，这就也需要职业教育培养相应的建设人才。目前，我国农村建设专业技术人才奇缺，据农业部门统计，农村各类专业技术人才仅占农业劳动力的0.71%，而其他各行业专业技术人员占劳动力的比例为17.26%，比农业部门高出23倍。新农村建设还需要大量的农村服务人才。农村也是由公民组成的社会区域，与城市一样需要子女教育、医疗保健、文化娱乐等项服务，需要建设精神文明，提高农村社会服务水平，农村职业教育承担着培养本土服务人才的重任。

目前，我国的农村职业教育比较薄弱，在专业开发、课程开发方面还远远不够，是职业教育发展的一个重点。建立有效的农民职业技术培训体系是促进社会主义新农村建设的体制保障。目前我国农民人均受教育年限只有7.3年，40%多没有接受九年义务教育。4.8亿农村劳动力中，受过技能培训的仅占1%，这种情形已经严重影响到我国农业发展、农民增收和整个国家的现代化国家进程，大力开展农村职业技术教育是当务之急。

（5）促进现代服务业的发展

自20世纪60年代初始，世界主要发达国家的经济重心开始转向服务业，服务业再就业与国内生产总值中的比重不断加大，全球产业结构呈现出由"工业型经济"向"服务型经济"转型的总趋势。在信息化的作用下，现代工业技术构成发生了重大变化，对操作型劳动力的吸纳作用越来越小。为了实现充分就业，需要在产业结构上采取两个方面的调整措施：一是大力发展劳动密集型的特种加工工业，如纺织、工艺编织、艺术品加工、食品加工等。二是大力发展服务业，特别是软件外包等高端服务业，在知识经济时代走出一条新路。服务业自动化程度最低，但对人的素质要求越来越高，这就为职业教育带来了很大的发展空间。

现代服务业是伴随着现代技术变革、产业分工深化与经济社会演进过程而发展起来的新型服务业，以为现代生产活动提供相关服务的生产性服务业为主导，同时包含一些新型的满足个人更高精神需求的现代消费性服务行业。前者主要有金融保险业、房地产业、现代物流业、信息服务业、管理咨询业、会展业、中介代理业、科研与综合技术服务业等，后者主要包括以现代信息技术为支撑的满足个人精神需求的相关服务，如网络游戏、现代远程教育等。现代服务业的核心是生产性服务业，对职业构成产生了巨大影响。一是涌现出大批新的职业岗位，如游戏美术设计师、游戏软件工程师、游戏测试员、手机游戏开发工程师、手机增值业务测试员、3D游戏设计师、3D游戏美术师、行业分析员、游戏管理员等。二是产生了许多高端复合岗位。如软件工程师与项目经理，既要有丰富的专业技术知识，又要有较高的管理能力，技术与管理并重。三是原有岗位的高移升级，服务岗位的内涵发展。例如传统护理职业采取的是以疾病为中心的护理模式，其基本要求是重视治疗操作和对病人症状及体征的观察，护理的重点是执行医嘱和完成常规护理工作。而现代护理职业采取的是以患者为中心的护理模式，要求对患者做整体护理，重视心理与环境的调解，强调护理关系和谐与患者的主观能动性，加上现代护理使用的仪器、设备、技术水平较高，使得护理职业的教育层次由中专高移到大专直至大学本科。职业教育院校的新专业设置应落实培养目标与教育层次定位。例如社区服务与管理专业，如果面对的是一般社区，则按其管理要求与服务内涵，中等职业教育即可满足其工作要求；如果面对的是现代社区或涉外社区，由于其工作内涵涉及信息管理、智能保安以及多种多样的高端生活服务，因此从业人员必须经过高等专科层次的教育才能满足工作要求。

职业教育的社会效益也可表现为经济效益，这就是职业院校毕业生职业能力提高所引起的国民生产总值的增量与职教投资之差。与物质生产领域的经济效益相比，职教投资的社会经济效益具有间接性、迟效性和多效性等特点。因此，职教投资的社会经济效益计算非常复杂，通常有以下几种方法。

（1）相关系数分析法

相关系数分析法是通过计算相关系数分析国民经济指标与职业教育水平的相关程度，进而分析职业教育与经济发展相互依存、相互促进的关系。① 具体的计算方法有两种：一是以历史上一段时间职教投资与国民生产总值为依据，计算出相关程度，测定职业教育所起的作用；二是以某段时间职业教育水平与人均 GDP 之间的关系为依据，测算相关系数。这种方法的优点是比较简单，缺点是只考量了职教投资与人均 GDP 的相关性，但不能分清是职教带动了GDP 增长，还是 GDP 增长促进了职教投资。

（2）劳动简化法

劳动简化法依据马克思的劳动价值论，认为复杂劳动是倍加的简单劳动，将受过职业教育的劳动力折合为标准劳动力，从而估算出劳动力的扩大效应。这种方法比较成熟，但劳动力折合系数存在一些不足，单纯地依靠受教育时间不能准确地计算职业能力的提高程度。

（3）生产函数法

生产函数法将资本和劳动作为两种基本的投入要素，得到柯布—道格拉斯生产函数：

$$Y = AK^{\alpha}L^{\beta}$$

公式中 Y 代表一定时期的产量或收入，K 代表同期资本投入，L 代表同期劳动投入，α、β 分别代表资本产出弹性系数和劳动产出弹性系数，A 为常数。

随着科技的不断发展，在资本投入和劳动投入所影响的产出之外出现了"剩余"，这个剩余就包括了职业教育的影响因素。

---

① 厉以宁. 教育经济学 ［M］. 北京：北京出版社，1984：229～240.

美国经济学家舒尔茨和丹尼森都对教育对经济增长的贡献进行了测算，揭示了教育对增长的影响规律。我国学者对于教育对国民经济产出的影响也作了大量研究，这对于建设创新型国家和和谐社会，实现教育决策的科学化，促进教育的健康发展，无疑都具有非常重要的作用。但由于我国人均受教育年限较低，特别是职业教育还很不成熟，扩大教育规模仍是一种整体趋势。

7. 职业教育投资

职业教育投资是将货币形式的资产投入到职业教育领域，用于提高学习者的职业素养水平，是职业教育资源配置的基本途径，是职教基础能力建设的重要措施。没有职业教育投资，就无法建设职业院校的校舍、实训基地和图书馆等基础设施，也无法引进高水平的职业教师。职业教育投资具有消费性和生产性两种性质，具有非营利性，对经济发展起着促进作用。因此，职业教育投资既不同于基础教育，又不同于普通高等教育，应该由政府、企业和学习者个人三方负担。但是，职业教育投资除了坚持获益原则之外，还要坚持"能力支付原则"，富人多支付一些，穷人少支付一些。由于我国具有城乡二元经济结构，存在大量的贫困人口，对于老、少、边、穷地区职业学校和学习者的投资应该以政府和企业为主，个人承担部分采用"转移支付"的方式。温家宝总理将职业教育称为"穷人的教育学"，讲的就是这个道理。

（1）政府投资

政府投资是职业教育投资的主要部分，对职业教育的可持续发展起着重要的物质保障作用。政府代表着公民的利益，可以利用税收、信贷等手段获得资源配置权，发展各种公益事业。职业教育是经济发展方式转变的战略措施，也是政府投资的一个重点领域。目前，我国政府对职业教育的投资主要有以下几种形式：一是财政拨款。由政府财政部门将经费拨付到职业院校或主管部门，主要有教育事业费和基本建设投资等形式。二是校办企业税费减免。减免学校税费，等于国家向学校投资。三是专项补助或奖励性支持。包括职业教育实训基地、精品课程建设、示范专业建设、示范院校建设等项支持。四是学生资助。包括国家奖学金、国家助学金以及对职业学校学生学费的减免等。五是科研拨款。包括对职业院校承担的各种科研项目的经费支持。目前，我国政府职业院校主要由地方政府举办，对职业院校的事业费和基建投资主要由地方财政负担，而专项补助包括中央财政补助和地方财政补助两种形式，通常按照1：1的方式分担。

（2）企业投资

通过订单培养等方式，职业院校可以设置企业指定的专业和课程，直接为企业发展服务。这种直接面向某一用人单位的教育方式，决定了用人单位是主要受益者，教育活动所耗费的资源也应主要由用人单位补偿。特别是企业投资兴办的职业院校，主要是为企业自身培养人才的。企业为盈利部门，也完全有能力支付职业教育投资。企业的职业教育投资包括拨付到"订单班"或所属职业院校的教育经费、对所属院校的基本建设投资、对职业院校学生的资助、按合同拨付的合作研究项目经费等。对大型企业和某些特种行业来说，企业投资应逐步成为职业教育投资的主要部分。

（3）学习者投资

职业院校学生，特别是高职院校的学生，通过接受职业教育可以提高个人收入水平，应该承担一定比例的教育费用。在高等教育阶段收取学费，也是世界各国较为通行的一种做法。从职业教育获益原则来看，职业教育应分为一般职业教育和特殊职业教育两大类。一般职业教育公益性强，可使整个社会或整个行业获益，应该主要由政府和企业投资；特殊职业教育私人性强，主要是提高学习者的收入水平，对于这类职业教育主要由学习者个人投资。计算机应用技术、自动化技术、物流管理、机电设备维修等专业的教育主要是促进企业发展方式的转变，有利于创新型国家建设，属于一般职业教育；而珠宝鉴定、装潢设计、模特表演、电器修理等专业，主要是为个人发展服务的，属于特殊职业教育。但是，考虑到我国计划经济条件下形成城乡二元经济体制，为了促进社会发展，对于贫困农村地区应实行免费职业教育政策。

二、教育资源与社会资源的循环利用

从总体上看，我国的职业教育处于一种与社会分离的状态。学校封闭办学，教学活动仅考虑自身的系统性，教育工作的中心在教学而不是在就业上，基础课教师所占比例较大，一些优秀专业人才不愿进入职业院校工作。中小学的教育目标是向普通高校输送优秀学生，而没有考虑职业院校学习的需要。企业对学校的毕业生认可度很低，对新聘用的职业院校毕业生需进行一段时间的针对性培训，一些中小企业在招聘员工时将"具备一年以上的实际工作经验"作为必备条件。之所以出现这种恶性循环的现象，症结就在于职业院校缺乏制度创新，盲目照搬国外的做法，没有形成一种针对我国国情和劳动力市场特点的制度设计。突出职业教育的实践性、职业性和开放性，实质就是进行教育资源和社会资源的系统整合，使职业院校的教育活动成为企业生产经营活动的准备过程，企业也将职业教育作为生产经营活动的一部分。

1. 职业院校专业设置与调整

专业设置是职业院校开展教育活动的基础和前提，也是资源配置的基本依据。专业设置不当，就不能起到促进经济社会发展的效果，从而导致资源的重大浪费。目前，各个职业院校按照"专业融入产业，教学融入企业，课程融入岗位"的要求，对专业设置和课程设置作了较大调整，呈现出良好势头。但从总体来看，还存在着一些不容忽视的问题，主要表现在：职业院校之间缺乏合理分工，专业重复设置，计算机、旅游、会计、物流管理、数控技术、艺术设计等热门专业和办学条件简单的专业一哄而上，造成社会性的资源浪费；专业设置过多过滥，缺乏服务重点，特色专业不突出，导致资源分散，不能产生规模效益；不同程度地存在着"重招生市场、轻就业市场，重校内条件、轻社会需求，重经济效益、轻社会效益"的现象，在招生时未能对学生进行很好的职业指导，一些学生对专业的选择较为盲目。

（1）专业选择

专业是人们以教育规律和社会需要等为依据，针对某一职业或职业群，为学习者设计的一定时间内完成的学业。普通高等学校的专业主要是依据学科分类来设置，相当一部分专业设置是在职业大类中，按学科分类设置专业。这样设置的专业，可以有更深的理论基础，培养的毕业生有更广的适应性，是一般普通高等学校提出的宽基础、通用性的专业设置模式。高职教育专业的设置以职业性为主，这是高职教育与普通高等教育的主要区别。如我国 2004 年公布的高职教育专业目录的分类，就是坚持"以职业岗位群为主，兼顾学科分类"的原则。高职专业的设置虽然具有兼顾学科领域、技术领域等特征，但主要是依据职业特征来设置和划分。根据我国政府 1999 年颁布的职业分类大典 GB/6565，我国现代的职业分为 8 个大类、66 个中类、413 个小类、1838 个细类。高职教育的专业主要是针对职业小类，就是针对具体职业来设置专业。从目前全国高职专业参考目录来看，77 个专业分类，532 种专业，相当一部分专业是与职业小类直接对应的，按职业来设计学生的学业。中职教育的专业设置主要针对职业细类或职业岗位，这与高职教育是有明显区别的。所以，从专业设置的一般规律来看，所有的专业都是针对职业的，普通高等教育针对的职业面比较宽，中职教育面对的职业面比较窄，高职教育处于两者之间。

我国职业教育研究人员认为，"从本质上看，专业设置的过程是调整学校与社会之间互动关系的过程。调整所体现的互动关系，突出表现在职业学校专业设置的驱动因素与原动力。"① 由于专业设置关系到资源的分配，因而也关系着政府、企业、学校和学生各方的利益。专业设置能否满足社会需求，促进社会和谐，是检验资源配置是否合理的一个基本标志。姜大源研究员将专业设置的驱动模式分为"供给驱动模式"和"需求驱动模式"，并认为供给驱动模式是计划经济的产物，就是职业学校相应的专业设置及培养的人才由政府的教育行政部门或行业办学部门通过招生分配计划来保障"供给"。由于专业设置往往滞后于经济发展，这种供给常常无法满足近期需求和动态变化的市场，是一种"短缺型"模式。在社会主义市场经济条件下，由于培养目标既要满足社会需求，又要满足个人需求，所以专业设置是根据动态的劳动力市场相对灵活地进行。市场经济条件下的专业设置是一种市场主宰的"需求驱动"模式。需求驱动的第一要素是社会需求，表现为行业、地区对专业设置的选择导向作用，即用人部门对专业的认可和评价因素。经济发展的梯度性使得劳动力市场呈现不同的社会需求态势。地区、行业或产业的需求信息更多地具有不对称性，故专业设置不能"大一统"。例如，不发达地区的劳动力结构呈"金字塔型"，对熟练劳动者的需求较多。但另一方面对能给地区经济或行业发展注入活力的"精英"的需求也比较迫切。欠发达地区劳动力结构呈"橄榄型"，对熟练劳动者的需求较少，对中职教育人才的需求提升。而发达地区或新兴产业领域，劳动力结构为"哑铃型"，对研发型人才和售后服务人才需求量大，生产技术人才大量被机器代替。需求驱动的第二个要素是个人需求，表现在学生心理对专业设置的牵引拉动作用，即学生个人对专业的选择与意愿因素。由于学生的职业兴趣和能力发展各不相同，以及劳动工资的差异影响着学生对专业的选择，所以在专业选择中所体现的学生就业观念，对专业设置会产生制约作用。特别是社会需求与个人需求之间常呈现不对称状态。一些学生受个人兴趣、爱好、家庭及舆论影响，只注重利益取向，不顾及个人的能力趋向，导致专业供需的结构错位，主要表现为"学生愿学的，企业需求量小；企业需求量大的，学生又不愿意学"。故专业设置需要将社会需求与学生的个人需求，即学生个人兴趣与能力结合起来考虑。因此，学生的这种择业倾向和意愿，将直接影响学生专业学习的动机和效果，也会影响职业教育的供给与市场需求的

① 赵志群. 职业教育与培训学习新概念 [M]. 北京：科学出版社，2003：146～149.

平衡关系。

国际上，市场需求驱动模式运行时特别注意兼顾社会需求与个人需求。当学校把当地经济建设的发展需要作为自己一切教育活动的出发点时，其所设置的专业就得到了社区的认可。在美国，学校还以人为本，为学生制定个人专业发展计划，以促进学生的个性发展。个人专业发展计划包括 12 个主题，将专业学习过程分为专业意识阶段、专业计划阶段、专业准备阶段，在自我意识与社区认识、专业目标、专业偏见与就业技巧、经济与职业信息、专业开发与发展倾向、职业定位与学业计划等方面，鼓励学生根据个体需要去建立专业目标和采取达到目标的行动。通过专业发展计划，学生将学会如何科学地做出选择，促进未来就业。

（2）专业群

职业院校必须根据职业需要设置专业。但是，市场需求是多种多样的，如果专业设置过多过滥，将会造成资源不足，影响教育质量。按照一定的原则，将具有共同资源基础、技术基础和社会关联基础的相近专业组建成专业群或专业链，是促进资源利用效率提高的有效措施。专业群一般应坚持以下原则：第一，有共同的行业基础或行业背景。职业教育需要校企合作，并面向某一行业的需要，具有相同或相近行业背景的专业群，既便于配置资源，又有利于专业的灵活调整。第二，有共同的课程内容。一个群内的各专业的相同课程内容可以联合授课，实现规模效益，提高课程质量。第三，有共同的实验实训设施基础。第四，有共同的教师队伍。第五，有核心专业。在行业中发挥骨干作用，并对其他专业具有带动作用的专业就是核心专业。专业的行业背景一致是专业群的根本条件，课程、教师和实训条件的相近是行业背景相同的具体表现。专业群组建的另一个重要功能，是有利于学生职业能力的迁移。由于市场的多变性，职业院校毕业生的职业和工作岗位的变换是正常的事情。通过学分制的实施，学生在专业群的平台中可以方便地学习相近专业的知识和技能，使职业能力实现迁移。

专业群是与课程建设、教师队伍建设和实训基地建设紧密相关的。所谓专业群组建，就是以提高资源利用效率为目的，将相关专业的资源加以整合，形成群体优势。专业群组建具体需要完成以下工作。

①核心专业和相关专业的确定

核心专业应为需求规模较大、教师力量较强、实训条件较好，而且具有一定经验积累的专业。这个专业的资源应该能够支撑其他相关专业的基本教学，对外围专业有示范引领作用。核心专业的带头人一般应为专业群的带头人。确定相关专业的基本原则是："内聚性强，耦合性弱。"所谓内聚性，就是一个专业群内各相关专业与核心专业的关联程度。所谓耦合性，就是专业群内专业与其他专业群的关联程度。简单地说，就是专业群内各专业最大程度实现资源共享，而专业群之间最大程度地减少资源共享。如果专业群之间必须共享资源，一般应为教师或实训设备的共享，尽量避免专业之间的相互支撑关系，更不能出现两个专业方向相同的情况。譬如，计算机应用专业群中的多媒体技术专业设置平面设计方向，艺术设计专业群中的装潢艺术设计专业也以平面设计为主，这时就出现了专业群之间的强耦合，这是绝对不允许的。类似的现象还有计算机专业群中的计算机应用技术、软件技术、计算机信息管理等专业，与财经管理专业群中的经济信息管理、自动化专业群中的计算机控制技术，都可能出现方向一致的情况。

②专业群课程开发

所谓专业群课程开发，就是确定专业群内各专业的课程设置方案。专业群课程分为三个层次：一是文化基础课程，是以培养学生通用能力和道德素养为目的，各个专业群共同开设的前导课程，如思想道德修养、制图、语文、工程计算、计算机应用基础等。职业院校在这些课程的教学上比企业具有优势，应该加以充分重视，绝对不能随意删减。特别是在职业院校学生文化基础较差的条件下，文化基础课需要适当加强。二是大类基础课程，或称为群内基础课程，是一个专业群内各专业共同开设的课程，如自动化专业群中的电气技术基础、工程制图、电气测量等。这些课程培养学生必备的基础知识和基础能力，处于专业课程的核心地位，因此又称专业核心课程。通过这些课程的开设，可以为学生一生从事对应行业工作奠定牢固基础，在专业教学中具有十分重要的地位，是课程建设的重点。专业核心课程是专业群组建的基本依据。三是专业课程，传授某一专业特有的知识，培养该专业的专门能力。如软件技术专业的软件测试，电气自动化专业的数控机床维修等。专业课程的开发，必须由具有丰富工作经验的企业实践人员参与。德国学习领域课程开发范式对于我国职业教育专业课程的开发具有重要的借鉴作用。不同的专业三段课程的比例不尽相同，并且与所在区域、专业方向和企业要求有关。譬如，以培养机械加工能力为主的数控技术专业基础性课程份量可以小一些，而技能操作时间可以适当加大；以电气设备维修为目标电气自动化技术专业，由于工作过程的智能化程度较高，需要的原理知识较多，数学、电工基础、单片机原理等课程的份量需要加大一些。

③专业群教师配备与调整

与专业群课程设置相一致,专业群的教师配备也分为文化基础课程教师、专业核心课程教师和专业课程教师三类。其中前两类教师是专业之间共享的人力资源。职业院校的教师资队伍建设是一个最为薄弱的环节,各类教师普遍都难以达到改革与发展的要求。文化基础课程教师主要来自于师范院校,存在的主要问题是不了解专业特点和职业工作过程的需要,教学中缺乏有的放矢,易使学生产生厌学情绪。大类基础课程教师主要来自于工科院校,主要问题是缺乏教学设计能力和工程实践能力,不能很好地了解学习者特征,对于教学内容的难度和结构把握不准。专业课程教师由企业实践人员和部分校内专业教师组成,存在的主要问题是企业人员难以克服教学工作与本职工作的矛盾,而校内专业教师技术研发的能力不足,不能与兼职教师默契配合。专业群教师队伍建设是一项长期的艰巨任务,建设模式也需要不断地探索。从改革实践来看,职业院校教师队伍建设应采取"换、培、聘"相结合的策略。"换"就是换掉文化基础课程中没有师范教育背景,而且学历较低、教学效果较差的教师,代之以师范院校的硕士以上毕业生,逐步实现"博士化"。"培"就是针对专业基础课程教师实践能力不强的缺陷,分期派送其到国外职业院校或国内的职教师资培训基地培训,逐步实现"双师"化;"聘"就是大批聘任企业兼职教师,组成兼职教师人才库,使被服务行业的所有专业人员都成为职业院校的潜在教师资源,逐步实现专业课教师"企业"化。政府在职业院校师资队伍建设中的投入不应少于实训基地建设的投入。

④专业群实训基地建设

所谓专业群实训基地,是指为了开展本专业群的专业教学活动而设置的专项实训室和综合实训室的集合。专项实训室是为了训练技能而设置的专业教室,如电子组装实训室、焊接实训室、计算机应用实训室等,优点是可以实现教师的专业化分工,便于提高教学水平,设备利用率较高;缺点是不能训练整个工作过程,过于偏重于操作技能,不利于培养学生的综合能力。综合实训室是按照工作过程需要将相关实训设备组织在一些,形成具有模拟生产功能的较大规模的实训场所,如金工实训基地、电工电子与自动化实训基地、软件开发实训室等,优点是接近真实的生产过程,便于培养学生的综合职业素养,缺点是设备配置方案较为复杂,容易造成部分设备闲置。各个专业群之间,实训设备可以有一定比例的重合,但应保持在40%以内。根据专业特点,实训室可以建在校内，也可以建在企业。对于钢铁冶金、石油化工、火力发电等相关专业来说，校内建设生产性的实训基地较为困难，需要在企业设立学习型工作岗位，但目前国家没有相关配套政策。

⑤专业群文化建设

文化是一个专业群的灵魂，是专业群共同接受的价值观。没有形成专业群文化，专业群的内聚性将会削弱。专业群文化包括四个层次：一是专业精神，表现为对行业职业的热爱和自觉遵守的职业道德，如计算机应用专业、艺术设计专业的创新意识，机械制造、设备维修等专业的严谨态度，护理专业的人道主义精神，服务类专业的顾客至上意识等。二是专业制度，根据专业群特点制定体现专业价值观的行为规范，如实训室安全操作规程、材料消耗计量办法等。三是专业形象，包括专业教学环境和师生个人仪表等，机电类专业教学环境应采用静谧的蓝色基调，艺术类专业、计算机专业应采用五彩的炫丽色调。四是专业行为，具有专业特色的各种活动，包括专业教育活动和课外文化活动，如入学后的实训室参观、安全教育等。通过文化建设活动，最终形成校企融合的专业文化。

（3）专业设置评价

评价专业设置是否合理，是资源利用评价的一个重要面。根据学校外部环境的变化和学校自身的特点，提高专业设置的质量和保证其发展的可持续性是各职业院校普遍面临的当务之急。专业设置评价体系建立的根本目的就在于提高专业设置的社会效益和教育效益。一个良好的专业设置评价体系，必须建立在广泛的支持和参与之上，利用多元化的评价主体对专业设置进行全方位、多角度的考察和评价，使得评价结果可以相互印证，结合使用，减少误差，从而使评价结果更具权威性。从宏观上讲，应将内部评价与外部评价（政府主管部门评价、社会团体评价等）相结合，充分发挥学校在评价中的参与意识和主体作用，使评价不仅仅成为迎合包括政府部门在内的校外检查与监督，而真正成为学校的一种自觉需要。最终的评价结果既体现外界需求，又反映出本校特色。从微观上讲，学校内部各种评价主体（包括学生、专业教师、教学管理人员等）的结合，有利于建立良好的专业设置内部协调环境。完整的专业设置评价内容应是全程性的评价，是将过程评价和结果评价融为一体。长期以来，职业院校专业设置信息的反馈主要依靠学校行政管理系统的自我反馈，没有专门的反馈机构，忽视基层教学组织、教师、学生及用人单位的反馈意见，往往是正反馈多，负反馈少，而对反馈信息缺乏科学的处理方式，或反馈不及时，或随意处理，不易形成激励机制。因此，有必要借助专业设置评价机构网络建立一个渠道畅通、反馈迅捷、具有激励效应的专业设置评价信息反馈体系，做到"及时发现问题、及时反映问题、及时解决问题"，提高专业设置评价效果与质量。

2. 职业院校教育资源与企业生产资源的共享

校企合作是各国职业教育的一个显著特征。企业、职业教育机构、学生三者之间形成开放的系统，保证资源的共享和信息的畅通。企业保证职业教育的实用性和现实性，根据市场变化和企业要求确定职业教育接受者应具有的素质和技能。而学生在整个职业教育活动中处于中心地位，他们根据自身特点选择相应的职业教育课程，并利用资源进行学习，他们的学习质量和学习程度是判断职业教育成功与否的关键。这三者之间有机配合的程度和有效性决定整个职业教育体系的有效性。校企合作的实质是企业的生产资源发挥教育作用，学校的教育资源发挥生产作用，通过资源共享提高系统的资源利用率。从我国职业教育的实践来看，校企资源共享机制可从人力资源、物质资源、文化资源三个方面着手建立。

（1）人力资源共享机制的建立

职业教育是劳动预备教育，教学内容就是实际工作内容。这种教育的特点决定了教师素质结构与企业技术人员素质结构有一定的重合，客观上要求教师是一种典型的复合型人才，需要在知识和能力结构上同时具备讲师和工程师（经济师、技师）的素质，参加"两种实践"，即教育教学实践和工程技术实践；推动"两种创新"，即教育创新和技术创新。作为教师，需要具备教育科学基本知识和教学工作的基本技能，从事以人才培养和学生服务为核心的教育教学活动；作为工程师，则需要具备必需的科技知识和专业理论，具有进行相关产品设计、开发、生产和售后服务的基本能力。前者以精神生产为主，工作对象是人，需要热爱学生、关心学生、了解学生，建立起融洽和谐的师生关系；后者以物质生产为主，工作对象是物，需要通过产品研发和工艺创新提升企业的自主创新能力。"双师"型教师在本质上是一种具有较强生产实践能力的教师，其本职工作仍然是教育教学，但需参加必要的工程实践活动，以适应职业教育的特殊要求。有些优秀的工程师未必能成为合格的教师，也有些优秀的教师难以成为合格工程师。由于"双师"型教师的素质要求具有特殊性，因而需要较长的培养周期。在澳大利亚的 TAFE 学院中，将一名大学毕业生培养成具有"双师"素质的教师需要花费十年左右的时间。我国大规模的职业教育刚刚起步,"双师"型教师队伍建设还非常缺乏经验,一些地方在实际工作中出现了一些简单化的做法,只注重工程技术素质而忽视教师素质,其结果并不是形成真正的"双师",而是由一种倾向转到了另一种倾向。譬如降低对教师资格的考核要求,将一些毫无教育经验和教育知识的企业技术人员直接推上讲台;将"双证"教师等同于"双师"型教师,而且不顾专业教学需要一律考取技师证;对"双师"型教师重使用、轻培养等。

解决"双师"型教师队伍建设的现实问题,需要依靠校企合作完成。在目前条件下,主要有三种途径:一是通过科学的程序和标准从实践工作岗位选拔优秀技术人员,再进行两年左右的教师资格培训,然后担任职业教育教学工作;二是建立职业院校教师定期到企业挂职工作的制度,在参与企业技术研发的同时,掌握新知识、新技术、新设备;三是建立高水平、长学制的职业技术师范院校,培养专门的职业教育硕士。以上三种培养方式是相辅相成的,从企业聘用教师可以改善职业院校教师队伍结构,增加职业教师总量。但目前较难吸引到高水平的技术人员,而且这些教师也需要不断更新知识结构。定期下厂是改善教师素质结构的有效办法,但目前还缺少校企合作的完善机制。建立职业教育硕士培养制度,是实现职业院校教师专业化的可靠途径,但需要有一个过渡过程。总之,建设具有复合素质的"双师型"教师队伍还需经过一段艰苦的历程。

根据美国著名心理学家霍华德·加德纳的多元智能理论,大多数人的大脑都存在着一个优势区域,有的人语言智能较强,而另外一些人动作智能较强,同时有几种智能占优势的天才只是少数。我国正处于工业化和城市化的过程中,职业教育的规模将会不断扩大,将教育质量的提高寄希望于少数天才身上,显然是不切实际的。职业教育的培养目标是在生产、管理和服务第一线工作的实用型人才,这种工作目标决定了职业院校教师的基本价值取向应该是理论与实践相结合。但是,职业教育又是一项复杂的系统工程,需要由多种人员协作完成,人的各方面素质也不可能是均衡发展的,对教师的素质要求不应该整齐划一,而是应表现出不同的个性。因此,应在"双师型"教师队伍的建设上进行一些制度创新,通过科学的组织和管理,使传统的学术型教师与工程师、技师密切协作,在整体上形成"双师结构"的教师队伍。由于兼职教师制度实施时间不长,许多方面还不完善,在实践中可采取以下策略:一是采用弹性工作时间,必要时可以采用夜间授课、双休日授课的方式;二是优先聘用相关企业的优秀技术人员;三是鼓励和帮助企业技术人员评聘教师系列职称,增强他们对教师职业的认同感。建设一支专兼结合的"双师"队伍，形成学习型组织，是职业教育走向成熟的一个重要标志。

在实践中，应该注意纠正企业兼职教师选择中的偏激做法。有的职业院校选择技师作为教师，这种过于强调操作技能的做法存在着片面之处。首先，随着信息化时代的到来，职业教育所培养的技能已不是单纯的动作技能，即使在工业技术领域，传统的技师已经越来越不适应生产的需要。我国要在实现信息化的同时实现工业化，体现出"后发优势"，就必须培养一大批介于技能型与工程型之间的"灰领人才"，或者称为技术型人才，这也是目前我国最缺乏的一类人才。其次，不同层次的职业教育对教师的要求有所不同，中职教师需要的技能水平较高，而高职教师所需要的知识水平较高。对高职院校的教师来说，"讲师＋工程师"的素质结构更适合于教学的需要。

在校企人力资源的共享方面，澳大利亚 TAFE 的经验非常值得借鉴。澳洲职业院校聘任的专业课程教师都是具有五年以上企业一线工作经历的技术人员，在从事教学工作过程中还必须每年到企业一线实践，由企业专家对其实践效果会进行严格的考核与评估，实践环节不合格的教师学校不予续聘。这种不间断的企业实践使专业教师能够真正获得"双师型"的基本素质。同时，澳洲职业学校也会从企业聘任技术经验丰富的技术人员作为兼职专业教师，通常兼职专业教师比例达到30%以上。

（2）物质资源的共享机制

我国过去的经济增长主要依靠加大资源投入来扩大规模，在技术上只是低水平的重复和模仿，企业缺乏自主创新能力。与之相对应，在职业教育中较多地强调对知识和技能的传授，忽视对学生创新能力的培养，教师从事的也仅是一种重复性的劳动。在发达国家的教育环境中，爱迪生、爱因斯坦尽管学术成绩不好，但仍然可以成为科学家、发明家。但在我国的教育环境下，学术成绩不好就终生与科学家和发明家无缘了。究其原因，最根本的就在于社会对创新能力的漠视，企业没有将创新作为发展的主要动力。我国目前已将建设创新型国家作为发展战略的核心，要求企业提高自主创新能力，改变生产增长方式，这对职业技术人才提出了新的要求。工作在生产、管理和服务一线的高技能人才在企业自主创新中的作用表现在三个方面：一是根据生产过程存在的实际问题，提出技术改进的需求，为开发方案设计提供实践依据；二是独立进行一些实用发明创造，对产品的某个部分和工艺的某个环节加以改进；三是按照新技术、新产品、新工艺的要求，提高自身操作水平，使技术创新在操作层面得到最终实现。为了培养这种具有创新能力的一线人才，企业和职业院校都需要加大投入，这就为校企之间物质资源的共享奠定了基础。实现上述培养目标，需要系统整合企业的生产资源和职业院校的现有资源。

①在企业建立校外实习基地

在基地中，让学生利用企业生产设备完成半年以上的顶岗实习。通过校企统筹安排，可以让职业院校学生在企业一线完成必要的训练，借助于企业生产条件开展实践教学。这种教学方式不仅能够充分利用企业资源，还能对学生实用工作技能进行最有效的培养。目前，许多职业院校实践教学资源不足，职业教育的特色不鲜明，学生实践机会很少，对职业教育没有兴趣，很难达到预期的培养目标，这也是整个职业教育缺乏吸引力的重要原因。相对而言，企业不仅实践资源丰富，而且反映了现实的生产技术水平，还可以使学生找到就业机会。因此，校企合作是解决现阶段中国职业教育实践教学资源不足最好的办法。另外，尽管职业院校购置的实训设备可以不断更新，但技术水平仍可能与企业存在较大差异，很容易造成资源的浪费。而学生在企业实习，也便于企业发现所需要的优秀人才。

②校企可以共建校内实训生产性基地

实训基地由职业院校提供生产场地，由企业建设并免费使用，专业教师和学生参与生产技术过程。这样，生产人员由企业人员和学校师生共同组成，企业既可以以较低的成本生产某些产品，又可以培训员工，实现一种互利双赢的效果。为了实现生产活动与教学活动的顺利衔接，职业院校应该采用一年顶岗实习的培养模式，使替代生产人员的实习学生能够源源不断地补充上来，保持生产活动的连续性。寒暑假期间，根据生产活动的需要，可按排适量的学生实习。校内生产型实训基地是职业院校的一部分，实训活动主要是为了培养学生实践能力，具有很强的社会效益，在本质上属于公益活动，应该受到国家政策的鼓励。当然，对于校内实训基地的生产项目及产品应该慎重选择，既要符合教学工作的需要，又要适合市场的需要。要防止危害公共利益的现象，不能在校内生产环境污染严重、劳动强度过高、产品质量低劣的产品，更不能生产国家禁止的违法产品。

（3）文化资源的共享机制

校企合作不仅仅是完成实习，或是聘用几个兼职教师，更重要的是将企业文化融入培养过程之中，同时也向企业输入创新文化，促使企业发展方式的转变。目前，各职业院校在校企合作开发课程、教材，共建实习基地等方面都作了大量的工作，取得了一些有益的经验。但是，校企之间还存在较大的文化冲突，合作的深度和广度都不尽如人意，"剃头挑子一头热"的现象较为普遍。建立校企文化相互促进的机制，是校企合作的一项重要内容。

唐山工业职业技术学院在校企文化融合方面进行了有益的探索。为了推行工学结合的人才培养模式，该校利用国有企业改制之机，接收、买断了若干小型企业，形成了"前校后厂、产学一体"的办学特色。各系建立了与专业对接的校内生产性实训基地，机械工程系对接陶瓷机械厂，自动化工程系对接综合实训基地，艺术设计系对接美术瓷厂，管理工程系对接瓷都宾馆。这些校内生产性实训基地既是校内实习场所，又是学院的二级法人单位，实行自主经营，自负盈亏，一厂两责，目标管理。厂系组建了"校企交叉，双向任职"的领导班子，系主任或书记兼任工厂副厂长，副厂长兼任系副主任。专业教师和工厂技术人员实行"双岗双责，流动管理"，专业教师兼任工厂工程师或设计人员，工厂高级技师或工程师兼系里的实习指导教师。工厂具有生产经营和教学实习的双重功能，既出产品，又育人才。这种人事制度保证了生产活动与教学活动在目标、内容和时间上的协调性，丰富了工学结合的内涵和职业教育文化

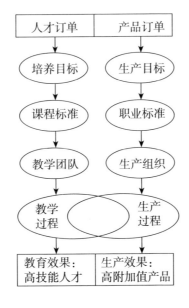

图 6-1 人才培养模式运行图

特色，在教育活动中实现了产学研一体化，在经营活动中实现了产供销一条龙，使教育资源和生产资源循环利用，教育人员和技术人员优势互补，教学过程和生产过程相互渗透，有效地提高了资源使用效益。目前，机电实习厂数控实训中心生产的飞机配件、轮船配件和陶瓷机械已远销到美国、意大利等国，美术瓷厂生产的大型陶瓷壁画《清明上河图》面积达 1450 平方米，没有学生的参与是很难完成的。

"前校后厂、产学一体"的办学模式为工学结合的人才培养模式搭起了坚实的平台，有效地推动了专业教学改革。企业实践工作者是课程改革的重要推动力量。课程改革实质上是一种文化改革，是一个"冻结、变革、解冻"的过程。改革进程中有一个"临界点"，开始时只有少数人员能够理解和支持，阻力非常大。但当改革推进到一定阶段后，教师的改革积极性会普遍提高，改革会成为一种主流意识。企业的优秀实践工作者在职业发展历程中积累了丰富的专业经验，在职业院校的课程改革中起到了很重要的作用。

职业教育改革的最后成功需要有制度文化的保证，需要探索一种职业院校特有的组织制度文化。校企联合体是一种新型组织形式和制度文化，既不同于已有的教育组织，也不同于传统的生产组织。在物质生产领域，要使供应、生产、销售各环节形成一条龙；在精神生产领域，要使目标制定、课程实施、质量考核有机衔接；在总体目标上，又要实现生产、教学和科研的一体化。这种复杂系统的协调是一种难度极大的工作，目前在实践层面可供借鉴的经验很少。因此，在系统科学理论的指导下，找出校企一体化组织的运行规律和管理制度，是职业教育发展中亟待解决的一个问题。

（4）校企认证制度的共享机制

学历证书是职业学校发放的一种学习经历的证明，表明学习者通过规定课程的学习所达到的知识能力水平，是一种能力认证制度。而职业资格证书是表明劳动者具有从事某一职业所必备的学识和技能的证明，是劳动者求职、任职、开业的资格凭证，是企业招聘、录用劳动者的主要依据，是一种资格认证制度。学历教育与职业资格证书制度的根本方向和主要目的具有一致性，都是为了促进从业人员职业能力的提高，二者都以职业活动的需要作为基本依据。但是，二者又有很大区别。职业资格标准的确定仅以社会职业需要为依据，主要是为了满足企业需要，是关于"事"的标准；职业教育活动是以职业活动的社会需要和学习者的个人发展需要来开展的，要按照社会职业需要和学校办学条件划分专业，专业培养目标面向具有相近职业功能的职业群。一个专业可能对应一种职业，也可能对应多种职业。通过专业学习，学习者在获得毕业证书的同时可以获得多个职业资格证书，而对于没有对应职业标准的专业，就无法获得职业资格证书。学历教育与职业资格的考核方式也存在明显不同。职业资格鉴定只是一种终结性的考核评价，而学历教育既注重毕业时和课程结束时的终结性考核评价，更注重学习过程中的发展性评价。为了达到教育目标，学历教育可以采用标准参照，也可以采用常模参照，而职业资格鉴定仅采用标准参照。事实上，一些获得高级职业资格的毕业生到企业后从事的却是中级或初级岗位的工作，甚至是非对口岗位的工作。实施"双证书"制度，就是通过改革实现"双证"融通。"双证"融通应主要体现在课程标准与职业标准的融通、课程评价方式与职业技能鉴定方式的融通、学历教育管理与职业资格管理的融通。

由于体制性障碍和观念性障碍，目前的《职业大典》尚不能容纳全部职业，特别是知识要求高、专业性强的技术和管理职业，《职业大典》并没有收录，也没有相应的职业标准。高职教育培养的是既有足够理论知识、又有较强实践能力的实用人才，而目前的职业标准使一些专业感到无所适从。以酒店管理专业为例，在《职业大典》中仅能对应"前厅服务"和"客房服务"两个职业（工种），而且最高等级均为三级，高职学生在毕业时完全可以达到最高等级要求，问题是该专业的毕业生将来的职业发展途径是什么，在职业标准中没有答案。高级服务员在经过一段工作后可能要转到中高级管理岗位，《职业大典》中却没有相应的职业类型。因此，我国应该尽快消除职业资格管理的体制性障碍，由一个部门统一管理所有职业，并制定每一个职业的职业标准。目前职业教育还没有成熟的专业标准和课程标准，各职业院校的课程设置比较散乱，有些难以达到职业标准的要求。教育行政部门虽然对新开办专业的教学计划进行审核，但由于力量有限，加上各地具体情况千差万别，效果并不理想。为了实现"双证"融通，应在政府有关部门的指导下，成立一个由教育专家、职业专家和技术专家组成的专业认证委员会，负责组织制订专业教学标准，规定专业设置应具备的条件、专业培养基本目标和课程设置的基本框架，并对各职业院校的人才培养方案进行认证。各职业院校应该在专业标准框架下，根据当地经济社会发展的实际需要，创设教学条件，开设满足要求的课程。对于偏离专业标准要求、以升学为导向，或是办学条件欠缺严重，"偷工减料、缺斤短两"的学校，政府应该出亮"黄牌"加以限制，必要时取消其颁发毕业证书和职业资格证书的资格。专业标准中应对人才培养模式作出规定，突出"校企合作，工学结合"的作用，制定出课程标准的"标准"。

3. 职业院校与社区的资源共享

职业教育与生俱来的开放性，决定了职业院校必须为社区服务，将学校的文化体育设施与社区居民共享。与此同时，随着社会主义市场经济的深入发展，职业院校的后勤服务需要走上社会化的道路，充分利用社区生活资源办学。如美国社区学院非常关注社区功能，把"建立新型美国教育学校"与"创新型社区"相提并论，甚至提出"社区即学校"、"居民即学生"的口号，社区学院以社区为依托，一切教育活动，特别是专业设置都以当地企业和团体的需要为中心，并充分利用社区医院、图书馆、法院、博物馆及各种学校的设施形成的网络，为社区教育、调查研究、社会实践服务。

（1）文体资源的开放共享

职业院校具有较大规模的文化体育活动场所，基本能满足学生文化生活和体育锻炼的需求。但是随着学校每年招生量的不断扩大，学生总数不断增加，学生对体育锻炼、文化生活内容和环境的要求不断提高，场地器材等硬件设施已很难适应新形势下的发展要求。社区体育文化活动以辖区内的自然环境和体育设施为物质基础，以社区成员为主体，以满足社区成员的体育文化需要、增进社区感情为主要目的，就近就地开展区域性体育文化活动。它的功能是提高居民的身心健康水平，丰富业余文化生活、提高生活质量，沟通社区居民之间的感情。近年来，我国对社区体育文化设施也进行了大量的投资。

相对而言，职业院校体育文化人才较为集中，可以更好地为社区服务。特别是在体育方面，国家对各个职业院校体育教学师生比有一定的要求，目的是保证体育教学、训练、群体竞赛活动的需要，同时要求体育教师具有良好的职业素质和道德修养。体育教师具备了一定的体育知识、技术与技能，能娴熟地运用科学锻炼方法来指导人们的体育锻炼实践。而社区体育辅导员无论在规模上还是在水平上都无法与职业院校教师相提并论，一个社区的体育辅导员大部分人员未有经过体育专业系统学习，缺乏科学锻炼的知识和正确的训练方法。但是，对多数地区而言，社区的文化设施要优于职业院校，可以为学生提供文化活动的方便。因此，职业院校和社区相互开放有利于双方文体活动的开展和水平提高。社区文化体育设施向学校的学生开放，学校的体育文化设施向社区的公众开放，这是促进社区和学校文化体育联动发展的重要途径。学生与社区成员锻炼时间与习惯不同，学生锻炼时间和体育教学时间一般都安排在每周一至周五的上下午时间，而社区大部分成员这一段时间或上班或进行其他社会活动，他们一部分锻炼时间是安排在周末或每天的早晨以及晚上进行。如果学校和社区能利用双方锻炼的时间差，这样双方的体育资源就能被充分地利用和调配，体育资源就能获得共享。

如果要使职业学校与社区文化体育资源得到充分地利用和共享，就必须得到政府和有关部门的大力支持，对文化体育资源进行统一配置，逐渐形成职业院校与社区互动的良性循环。

（2）职业院校后勤社会化

职业院校的后勤社会化改革已经取得了一定成就，在一定程度上强化了人才培养工作的中心地位，降低了办学成本。但是，许多职业院校的后勤社会化程度还不高，改革也不够彻底。有的学校只是在内部组建了后勤集团，对食堂、公寓和保洁等项工作进行了形式上的承包，但并没有真正脱离母体。封闭式办后勤、校内办后勤的内部循环模式并没有打破，相对于新型管理模式的应用，以及后勤企业社会化服务的规范化、集团化、专业化经营，还有很大的差距。职业院校后勤长期形成的单一行政管理体制是计划经济的产物，这种管理模式显露出了很大的弊端。学校对后勤企业统得过多、管得过死，使后勤企业和员工不能充分发挥其主动性和积极性，降低了劳动效率，也浪费了后勤资源。

①推进职业院校后勤新型保障体系的建立

近年来，随着职业院校后勤社会化的不断深入，职业院校后勤社会化改革的目标进一步明确。职业院校后勤社会化改革的目标，就是要建立"市场提供服务，学校自主选择，政府宏观调控，行业自律管理，职能部门监管"的新型职业院校后勤保障体系。职业院校后勤新型保障体系的建立是社会化改革的必然，是提高社会整体资源效益和运行效率的内在要求。建立职业院校新型后勤保障体系不可能一蹴而就，既要积极探索，又要稳步推进，以确保后勤社会化改革的深化和师生情绪的稳定。通过不断深化改革，使职业院校后勤逐渐从学校母体中分离，最终成为独立法人的经营实体，接受市场规律的调节。

②改革后勤管理机构

随着后勤社会化制度的实施，后勤管理的职能逐步由直接管理转为间接管理，由具体服务过程管理转为服务效果管理，由内部管理转为外部管理，客观上要求后勤管理机构改革。职业院校后勤服务企业是一个自负盈亏、自主经营的经济实体，与被服务的职业院校之间是一种平等的法人关系，不存在管理与被管理的问题。一些院校成立财经管理办公室，依法统一管理学校与服务集团的经济来往，取得了较好的效果。值得注意的是，学校的任何人员均不得在后勤服务企业兼职，也不得插手后勤企业的内部事务，否则，一旦产生经济纠纷学校将会承担法律责任。原有的后勤管理机构撤销后，对相关职工应进行妥善安排，对某些符合条件的职工经过培训后可以充实到其他岗位，一些职工辞职后可以参加后勤企业的工作。

③妥善引入竞争机制

由于服务场所和服务时间上的固定性，职业院校的后勤服务具有一定的垄断性。如果缺乏必要的竞争机制，就难以保证服务质量，学生的利益将会受到侵害。但是，如果竞争过于激烈，将会导致服务企业无利可求，不利于后勤服务企业的可持续发展。因此，职业院校服务设施的规模应该有适当的冗余量，而且不宜过于集中，在服务业务发包时，每项服务业务至少要选择两家接包企业，但要注意保持企业的盈利水平不得明显低于社会同类企业平均水平。

4. 校际之间的资源共享

职业技术教育内容多样、环节较多、情况复杂，通过校际合作可以实现"互惠互利、优势互补、资源共享"，共同提高办学水平与人才培养质量。职业教育的校际合作形式主要有合作办学、共同培养、相互培训交换师资、课程资源开放等。校际合作需要首先确定合作目标、合作内容和合作方式，只有能够取长补短时，合作才能够顺利进行并取得实效。合作必须要有明确的计划，并严格按照计划行动。校际之间资源共享主要有以下几种形式。

（1）互派教师，相互交流。这是校际之间资源共享最常见的形式。为了交流教学经验，可让本校的优秀教师深入到合作院校的教学第一线参加对方的教学活动，并且经历一个完整的教学周期。为了交流管理经验，可选派本校管理人员深入到合作院校的管理第一线，挂职参与对方院校的教学管理，并经历一个完整的教学管理周期。为了确保互派人员学习的实效性，派出前院校要对派出人员的学习目的作细致要求，派出后要对外派交流人员进行追踪考核。派出人员在学习期间必须定期提交内容详实的学习汇报，学习完成后必须做出有价值的总结汇报和工作计划。对派出学习人员返校后的工作要有具体安排，这样才能够学以致用。对派出人员完善的考核管理制度，是职业院校确保校际合作相互学习具有实效性的基础。目前，示范性职业院校主要通过与国外职业院校的交流来提高教学与管理水平，这对于吸收国际成功的职教经验，推进我国职业教育的国际化具有重要作用。但国际合作成本较高，为提高资源效益，应尽快建立起国内院校之间合作交流的长效机制。

（2）课程资源共享。职业院校课程资源的共享是另一种行之有效的合作形式。职业教育办学质量源于丰富的教学资源，这包括师资资源，软硬件资源，图书资料资源等等。校际合作资源共享是优化拓展教学资源的一条重要途径，而互联网则是不同地域院校轻松实现教学信息及资源共享的有力技术支持，通过网络视频学生还可以轻松实现跨校听课和异地观摩，这为校际合作共同培养模式提供了坚实的硬件基础。学生可以通过网络实现跨校选课互修学分，真正做到优化教学资源的开放式教学模式，同时不同院校教师之间也可以通过互联网进行交流学习。

（3）合作办学。合作办学是职业院校之间较为高级的合作形式。我国职业教育的重点和难点都在农村，促进农村富余劳动力向城镇非农产业转移，是职业教育最重要的任务。也就是说，我国职业教育的重点对象来自农村，就业方向却在城市。这一特点决定了城乡职业学校合作的必要性。农村职业学校办学成本较低，方便农村家庭子女就读，但工业教育资源不足。城市职业学校资源丰富，实训设备优良，但生源不足。采用城乡职业学校"一对一"的对接方式，使学习者实现分段学习，将成为我国职业教育的一大特色。与此同时，通过城乡职业学校的教师交流，让农村职业院校教师到城市挂职锻炼，城市职业院校教师到农村职校进行帮扶，可以提高我国职业教育的整体水平，在全国范围内实现职业教育资源效益的最大化。"3+2"中高职院校对接办学模式也具有重要的教育价值。这种模式的优点是可以实现职业能力的递进提升，使中职毕业生有一个上升通道，从而实现高职院校拉动中职院校的效果。

5. 校企一体办学模式

校企合作是职业教育取得成功的必要条件，是发达国家职业院校的通行做法。但是，我国的校企合作却是职业院校"剃头挑子一头热"，企业既不愿为学生实习提供条件，也不愿参与学校的教学活动。在当前经济社会条件下，校企一体办学是实现产学研一体化的合理途径，是沟通校企联系、充分利用资源的有效措施，是促进职业院校科学发展的最佳制度设计。这种模式沟通了教育与经济之间的联系，推动学校资源转换成为企业的生产资源，企业生产资源也转换成为学校的教育资源，在社会大系统内实现了资源的循环利用。校企一体化构成的"结合体"在资源利用上有以下几方面特征。

（1）学校教育目标与企业经济目标的一体化

在校企分离的条件下，学校的工作目标是提高人才培养工作的质量和效率，改善劳动者素质，整体上属于教育目标导向，而不是以盈利为最终目标；

企业的本质则是以最低的成本生产最多的产品，实现利润最大化，整体上属于经济目标导向，提高人员素质并不是企业的终极目标。校企合一的组织机构是一种教育组织与经济组织的结合体，组织制度的改变使得组织必须建立起教育目标与经济目标相融合的机制。这种组织以促进经济社会发展为最终目标，生产企业必须通过提高自主创新能力和劳动者素质实现可持续发展，学校则必须以企业的产品质量来评价教学质量、以企业的经营成败来评价教育的成败。

（2）学校教育过程与企业生产过程的一体化

以就业为导向的办学模式，需要以实践为导向的课程模式来支撑。实现教学过程与生产过程的融合，首要的就是要彻底打破传统的学科课程体系，构建基于工作过程的课程体系。这不同于过去修修补补的教学改革，而是对职业院校专业教学做一次大手术。实践表明，只有在校企紧密结合的条件下，学校才可能彻底打破原有学科体系，按照生产过程的需要来设计教学过程。构建产学紧密结合的课程模式，要求生产过程采用先进合理的技术，适合职业学习的需要，教学过程则要以促进生产改进为目的，结合生产过程的实际需要选择先进实用的教学内容，使教学过程适当超前于生产过程。教学活动与生产活动的融合，必须以科研活动为纽带。教学要素和生产要素的重组需要按照科学方法精心设计。学生在企业实习会加大生产成本，延长生产工期，对企业的市场竞争带来不利影响，该项"成本"只有依靠学校教师的技术服务来弥补。换句话说，只有自主创新型企业与创新型职业院校的结合，才有可能形成高水平的紧密结合。通过技术开发研究，专业教学活动与企业生产活动之间也就形成了稳定的衔接，从而达到一种"专业引导产业，产业支撑专业"的互动效果。

（3）学校教育人员与企业生产人员的 体化

在现代职业教育中，职业院校教师的知识、能力要求涵盖了企业专业人员的知识、能力要求，或者说职业院校教师须具备"双师"素质。在校企合一的组织中，通过科学的人力资源建设，可以使企业的部分专业人员成为教学人员，同时也使学校的部分教学人员成为企业技术人员。"双师"人员承担双重岗位职责，是一种高层次的复合型人才。目前，我国还没有培养这种人才的专门机构，只能靠自身培养。其基本途径有两种：将工程技术人员派往师范院校进修，学习教育科学知识，获得教育教学能力；或将教学人员派往企业挂职锻炼，获得工程实践能力。在目前的条件下，这些高层次人才应由科研部门统一管理，既承担工厂的产品研发和技术改造任务，又承担相关专业的专业建设与改革任务。

"前校后厂、校企合一"的职教机构集教学、科研和生产三种功能于一体，集高职教育、中职教育和短期培训于一体，集精神文明建设与物质文明建设于一体，是一种"出人才、出产品、出成果"的新型组织形式。这种组织在功能上不仅仅是学校、企业和科研单位的简单叠加，在管理方式和管理难度上也发生了质的变化。从现有经验来看，准确、合理地进行三种功能的定位是保持职业教育机构高效工作的关键。

①培养目标定位。培养生产和管理一线所需的实用型专门人才是职业教育机构的基本功能，职业技术人才是职业教育机构的"主导产品"，生产和科研都是围绕着教学活动进行的。准确进行职业教育机构的培养目标定位，是进行生产定位和科研定位的基础和前提。职业教育机构中包含着高职院校、中职院校及培训机构，对不同层次的学习者必须有不同的培养目标定位。高职院校学生在认知和技能的发展水平上应明显高于中职院校的学生，毕业生须具备高尚的职业道德、高超的操作技能和较强的学习能力、创新能力，具有指导中职院校毕业生工作的能力。中职院校学生需要掌握中级或初级职业资格所要求的基本知识和基本技能，一般应以直接就业为目标，在工作一定时间之后，可以回到学校继续学习新的知识和技能。无论是哪个层次的职业教育，都不应该是单纯地传授知识和技能，而应将重点放在开发学习者的潜能。更准确地说，职业教育不是在培养劳动者，而是在培养劳动者的职业能力，这种理念更利于职业院校的教育质量监控。

②企业产品定位。企业产品的定位既决定着自身的增长方式，同时也决定着职业教育机构的教学模式。过去的许多校办产业都是以单纯的盈利为目的，靠自身经济收入弥补办学经费的不足，职业教育机构中的企业不同于传统意义上的校办产业，而是将校办产业作为一种教学资源。对于职业教育机构中的企业而言，产品定位需要坚持三个原则：产品及生产工艺与学校的专业设置相协调，适应学生的实习需要；以教师作为主要开发力量，在自主技术创新方面具有示范作用；具有较高的盈利能力。就如同学校培养目标定位需要企业人员的参与一样，企业的产品定位需要学校教学人员参加，以确定企业的工作项目能否转换为教学项目。职业教育机构中的企业产品对学生有着潜移默化的影响，应符合技术含量高、消耗水平低、经济效益好的特点。从总体上看，职业教育机构企业担负着生产物质产品、培养实用人才、传播创新文化等多种功能，与普通企业有着本质上的区别。

③科研目标定位。职业教育机构中的科研工作既不同于普通高校，也不同

于专门的科研院所。其研发项目主要有两大类：一是应用技术研发；二是课程研发。具备较强的自主创新能力，是职业教育机构的一个基本特征。作为实用技术人才的培养机构，如果不能研发出先进适用技术和新产品，不具备技术创新能力，也就无法自主开发独有特色的实用课程，更不可能培养学生的创新能力。职业教育机构承担着自主技术创新示范者的角色，除了研发内部企业生产的产品之外，还可以为地方企业开展一些技术服务，带动区域经济的发展。技术研发能力的高低，是影响职业教育机构凝聚力和辐射力高低的关键因素。一些职业院校的成功经验充分说明了这一点。职业教育集团机构创建的一个逻辑起点，就是能够开发和实施工学结合的职业教育课程，实现产学研一体化。课程改革是职业教育改革的核心，新型的人才培养模式必须依靠新型课程模式的支撑才能存在。目前，许多职业院校的人才培养模式改革仅限于理念层面，付诸行动时便会阻力重重，根本原因就在于尚不具备自主开发课程的能力。只有企业技术人员与学校教学人员融合，才能使职业教育机构真正具备开发新型职业教育课程的能力。因此，校企一体职业教育机构的创建，其本身就是一种集成创新。

校企一体职业教育集团机构目前尚属新生事物，建立完善的发展机制还要有一个艰难的历程。目前，构建校企合一的职业教育集团机构还有一些问题有待解决。从整体上看，校企一体职业教育集团机构属于一种公益性组织，生产和科研都是为教学服务的。但是，在目前的管理体制下，学校人员和企业人员有着不同的身份，在工资、保险等方面实行不同的制度，这在一定程度上影响了技术人员与教学人员的融合。教师既从事教学工作，又从事技术开发和技术管理工作，需要有足够的时间保证，但教师数量相对不足，影响工作质量。同时，政府人事部门对教师编制实行严格控制，使学校无法聘用足够的教师。职业教育集团机构最理想的管理体制，应该是"一系一厂（场）"、工学合一的管理体制。但是，由于目前真正胜任"双师"岗位的专业人员较少，学校与企业并存的体制将会持续一定的时期。在这种情况下，校企之间存在某些不和谐因素也在所难免，管理者的任务就是逐步加大"双师"比重，使教学资源与生产资源的融合程度不断加大。同时，努力创造条件增加教学人员与生产人员的沟通，减少双方之间的矛盾。

6. 职业教育集团化办学——河北省曹妃甸工业职业教育集团的个案分析

职业教育集团化办学模式的主要特征是依托产业，联合企业，加强学校与企业、学校与学校、学校与地方政府的联系，整合教育资源，实现资源共享，实现职业教育的规模化、集约化和高效化。在没有财政经费的特定条件下，唐山工业职业技术学院负重奋进，执著创新，以开放式办学广泛吸纳社会资源，以开放式教学充分利用教育资源，实现了由小到大、由低到高、由弱到强的发展，由一所名不见经传的普通技校发展成为河北省示范性高职院校，并牵头组建了河北省曹妃甸工业职业教育集团。通过将"生产资源转化为教育资源，教育资源转化为生产资源"，形成了"前校后厂、校企一体、贴近区域、多元发展"的办学格局，引起了社会的关注。这里对该集团的办学模式做一些简要分析。

（1）资源整合，构建职业教育集团核心层

在长期的办学实践中，学院坚持"以需求和发展的观点看职教，以顽强和创新的精神办职教"。自 1995 年以来，通过实行"低成本扩张"战略，相继兼并、买断、接收了 15 个中小型企业和学校，通过拆、迁、改、建、添，形成了学校的教学区、生活区、实习区。通过生产资源与教育资源的系统整合，学院的五个系都有了校内生产性实训基地，艺术设计系有了唐山美术瓷厂，机械工程系有了唐山陶瓷机械厂，自动化工程系有了综合实训基地，管理工程系有了北方瓷都宾馆，信息工程系建成了校内网络实训中心，形成了校内"前校后厂、产学一体"的办学优势。校内专业与校内企业的一体化，构成职教集团化的内核，并成为学院办学模式的突出特色。所谓核心层，就是指学院法人的各个组成单位。

校内企业是学院的二级法人，担负教学和生产双重职能，对内是校内生产性实训基地（实习工厂），对外则是提供产品和服务的生产经营单位。校内企业领导班子由学院委派，厂系领导交叉任职。这种管理体制保证了生产活动与教学活动在目标、内容和时间上的协调性，各专业可以根据生产周期制定和调整教学进程，实习厂也可以根据教学需要合理安排生产进度。由于"校企合一、产学一体"，使实习厂既出产品，又出人才，体现出生产经营与实践教学的双重功能。生产性的实习实训环境和企业化的育人环境，保证了教学过程中的实践性、职业性和开放性。教育化的生产环境，促进了企业的文明生产和技术进步，转变了企业生产的发展方式，加快了企业产品开发。企业化的教育环境，加速了人才培养模式的转化，工学结合有了可靠的载体，促进了学生职业能力的发展。教育与生产的相互转化、相互促进，使资源得到了充分利用。

依托学院实习厂，数控实训中心成为国家职业教育实训基地，电工电子实训中心和汽车实训中心分别成为河北省职业教育实训基地。学院被国家三部委列为"承担全国数控紧缺人才培训任务的 90 所院校"之一，被国家七部委确定为"在百所职业院校推进实施职业资格证书制度国家试点单位"。2006 年，学院被确定为"全国第二批农民工培训示范基地建设单位"，面积达两万平方米的大型实训车间的建设已初见规模。2007 年，学院在高职高专院校人才培养工作水平评估中取得"优秀"结果；2008 年，学院被河北省教育厅确定为省级示范校建设单位。

（2）资源互补，建设职业教育集团紧密层

职业教育集团化办学的目的在于合理配置和利用教育资源，使资源由"死"变"活"，避免重复建设，降低办学成本，提高办学效益。在不改变原有建制、法人和人财物隶属性质的情况下，学院与有关单位密切合作，优势互补，在招生、教学、就业等方面统筹规划，形成了职业教育集团的紧密层。紧密层是职业教育活动密切相关的各个法人之间以契约方式组成的联合体。主要有四种紧密合作方式：

一是校际合作、对接办学。学院先后与河北省外的北京、天津、广东等地的 8 所院校合作，进行委培式的对口招生，进行专业对接，实行"2＋3"培养模式。在唐山市内与 6 所中职学校联合办学，实行"五年一贯制"培养模式。通过对接，盘活了这些学校的闲置教育资源，实现了办学低成本和互利双赢。

二是校政合作、建立分校。学院与曹妃甸工业区临港区域的唐海县政府密切合作，联合成立了"唐山工业职业技术学院唐海曹妃甸校区"。新校区由该县的县级领导任校长，学院派出一名副院长为常务副校长，并派出优秀管理人员，用学院先进的办学理念、建设思路和管理机制建设分校。经过双方携手合作，改善了原有办学条件，加强了各项管理，提高了教学质量，提升了办学水平。以类似的方式，学院与唐山古冶区政府合作建立了"唐山工业职业技术学院古冶校区"，与开平区政府合作建立了"唐山工业职业技术学院东校区"。这种办学模式不仅有利于区域内本土化人才培养，也强化了职业教育集团化的功能。

三是校企合作、互利双赢。学校先后与校外一百多家大型企业共建了实习基地，搭建了优势互补、双向服务、互利双赢的平台。一方面，企业在学校搭建了"订单式"人才培养的平台。企业根据人才需求，与学院签订用人协议，学校负责定向培养。如机电工程系与唐山宏冶机械公司、唐山松下电焊机有限公司签订了用人就业协议后，企业与学校共同制定教学计划、课程设置、实训标准，学生的基础理论和专业理论学习在学校完成，毕业实习和毕业设计在企业进行，学校与企业共同完成人才培养的目标。另一方面，学校在企业搭建学生实习平台。学生在企业进行顶岗实习，企业积极为实践教学、毕业设计提供良好的条件。如唐山中材重型机械公司安排机电一体化专业学生顶岗实习，与学院一起制定实习计划，指定技术人员作为指导教师，并为实习生免费提供交通工具、午餐和实习补助，校企双方实现了双赢。一些紧密层的合作企业除接纳学生实习之外，还在学院设立了奖励基金，奖励在教学中表现优异的师生。通过校企紧密合作，优势互补，双向服务，形成了高技能人才培养的合力，将企业的主体作用与学校的基础作用融为一体。

四是国际合作，对等交流。学院先后与瑞士维维实用艺术学院和瑞士BSC商业学院建立了友好合作关系，实现了免费互派留学生对等交流，学院先后派出10名学生赴瑞士进行学习深造，瑞士也先后派出10名学生来学院学习。通过取长补短，相互融汇，提高了教学质量，扩大了对外的辐射力。目前，学院又与德国IB集团签订了共同建立汽车检测与维修培训基地的联合办学协议，德方专家与学院专业教师共同制订了汽车检测与维修实训基地建设方案。

（3）资源共享，形成职业教育集团的松散层

松散层处于职业教育集团的外层，联系方式灵活多样。联系对象既可以是单位法人，又可以是自然人，既可以是职业院校、企业，又可以是本科院校、社会团体。

一是学院实习厂对外开放，为兄弟院校提供实习服务。学院的美术陶瓷厂在国内具有一定的影响，该厂曾多次接纳清华大学艺术设计学院、中央美术学院、河北师范大学美术学院、唐山师范学院等院校的师生来厂进行实践教学和创作活动，并与学院师生开展交流，起到了共同提高的作用。

二是主动为西部和农村地区服务。学院与甘肃、山西及河北省张北地区政府联系，提出免费为这些地区培养高技能人才的构想。目前，学院已先后免费接纳了22名贫困学生来学院就读，并给他们提供勤工俭学机会，解决学习、生活中的困难。张北县政府给学院赠送了"情洒塞外高原，爱献贫困学子"的锦旗，以示感谢。中国职协给予通报表彰，并颁发了"智力扶贫特别奖"。学院还被中国高等教育学会等五个部门聘为"中国西部地区教育顾问单位"。

三是为社会开展培训服务。学院建立了再就业培训基地，为企业下岗职工开展培训。近几年，学院的国家职业技能鉴定所为唐山各地区多个工种、数百

名技师学员进行了培训、考试和论文答辩，为建立企业技师社会化考核进行了有益探索。

四是聘请国内外知名学者、艺术家为客座教授，广泛吸纳智力资源。学院聘请国内数控专家陈吉红、张春源，美术大师贾永林、祝青君，职业教育专家杨黎明，高级工艺美术师程彪，装潢专家孙陪都以及瑞士维维实用艺术学院艺术系主任杰克·考夫曼、瑞士 BSC 商业学院院长卡洛斯、加拿大籍华人美术家周维奇、爱尔兰籍华人教授刘晓玲等为客座教授。这些专家定期来院讲学，为学院带来了先进的教学理念和浓厚的文化氛围。

通过多年的实践探索，唐山工业职业技术学院开创了一条职业教育集团化的办学之路。在建设理念上，坚持以服务为宗旨，以就业为导向，走产学研结合发展道路。在目标定位上，通过资源重组实现职业教育的社会化、开放化。在组合方式上，坚持多元化、多渠道、多层次，核心层、紧密层、松散层等多种组合形式并存。在运行模式上，坚持集约化、信息化、实效化，注重职业教育集团化的规模效应，充分利用价值规律和市场化手段，协调集团成员之间利益关系，通过人财物的优化组合与合理流动，提高资源利用效率，达到效益最大化。

职业教育集团化的办学之路，促进了人才培养水平的提高，促进了学院又好又快发展。在学校的规模上，学生人数由十年前的 450 人，增加到目前各类在校生 7800 多人；在办学层次上，由只有 2 个专业的中职教育发展到现在拥有 35 个专业的高职教育；在学校体制上，由原来企业办学、自筹自支改变为政府直属、财政拨款，为学院发展增加了活力；在品牌专业建设上，以艺术设计专业国家专业教学改革试点为引领，建成了数控技术、电气自动化技术、酒店管理和艺术设计四个省级示范专业；在课程建设上，开展了基于工作过程的课程改革，在数控技术、酒店管理和物流管理等专业与企业合作开发了项目课程体系；在教学模式上，实行了学做一体、产学互动、"双证"融合，毕业生中获取"双证书"的学生达到 90% 以上，深受用人单位欢迎。一批优秀毕业生成为企业骨干，有的提升为中层干部，有的选派到国外深造学习，有的破格聘为省级陶瓷艺术大师，有的破格聘为软件开发工程师。

按照《唐山市经济与社会发展"十一五"规划》和《关于加快科学发展示范区建设的决定》，围绕河北省建设沿海经济社会发展强省和唐山市建设"四点一带"沿海产业区的战略目标，学院树立了"融入曹妃甸、服务新唐山、面向京津冀、辐射环渤海"的办学理念，依托曹妃甸工业区精品钢材、装备制造、石油化工、现代物流四大主导产业链，建设适应社会需求、利于学院发展的专业群，更好地为区域经济发展服务。根据唐山"四点一带"建设规划，学院将向曹妃甸滨海新城整体搬迁，占地110公顷的新校园建设已动工建设。经过学院和社会各界的共同努力，一个崭新的唐山工业职业技术学院将矗立在渤海之滨。

参考文献

［1］中华人民共和国教育部高等教育司，全国高职高专校长联席会．必由之路——高等职业教育产学研结合操作指南［M］．北京：高等教育出版社，2004 年．

［2］中华人民共和国教育部高等教育司，全国高职高专校长联席会．提升内涵——高等职业教育教学与科研管理工作指南［M］．北京：高等教育出版社，2005 年．

［3］李进，陈解放．上海高校的合作教育理念与实践探索［M］．北京：高等教育出版社，2004 年．

［4］姜大源．职业教育学研究新论［M］．北京：教育科学出版社，2007 年．

［5］姜大源，李璞编．职业学校专业设置的理论、策略与方法［M］．高等教育出版社，2005 年．

［6］石伟平．比较职业技术教育［M］．华东师范大学出版社，2006 年．

［7］石伟平．时代特征与职业教育创新［M］．上海：上海教育出版社．

［8］陈宇，王忠后，陈健等．人力资源经济活动分析［M］ 北京：中国劳动出版社，1991 年．

［9］赵志群．职业教育与培训学习新概念［M］．北京：劳动科学出版社，2003 年．

［10］赵志群．职业教育工学结合一体化课程开发指南［M］，北京：清华大学出版社．2009 年．

［11］陈孝彬．教育管理学［M］．北京：北京师范大学出版社，1999 年．

［12］厉以宁．教育经济学［M］．北京：北京出版社，1984 年．

［13］范先佐．教育经济学［M］．北京：人民教育出版社，1999 年．

［14］马庆发．当代职业教育新论［M］．上海教育出版社，2004 年．

［15］陈永芳，颜明忠．德国职业教育的专业教学论研究［M］．北京：清华大学出版社，2007 年．

［16］（美）D. John McIntyre，（美）Mary John O'Hair 著．丁怡译．教师角色［M］．北京：中国轻工业出版社，2002 年．

［17］徐国庆．实践导向职业教育课程研究：技术学范式［M］．上海：上海教育出版社，

2005 年.

[18] 南国农. 教育现代化的必由之路 [M]. 北京：高等教育出版社，2000 年.

[19] 南国农，李运林. 教育传播学（第二版）[M]. 北京：高等教育出版社，2005 年.

[20] 何克抗，李文光. 教育技术学 [M]. 北京：北京师范大学出版社，2002 年.

[21] 白平同. 高校校园文化论 [M]. 北京：中国林业出版社，2000 年.

[22] 王邦虎. 校园文化论 [M]. 北京：人民教育出版社，2000 年.

[23] 安文铸. 现代教育管理学引论 [M]. 北京：北京师范大学出版社，2001 年.

[24]（美）E. 希尔斯著. 傅金坚，吕乐译. 论传统 [M]. 上海：上海人民出版社.

[25] 顾明远. 论学校文化建设 [J]. 西南师范大学学报，2006 年第 5 期.

[26] 何克抗. 基于 Internet 的教学模式 [J]，中国电化教育，1998 年第 4 期.

[27] 吴玖玖. 高职院校实训基地建设与实训教学探索 [J]. 实验技术与管理，2005，(9).

[28] 马树超. 工学结合：职业教育与用人单位对接的关键举措 [J]. 职教论坛，2007，(1).

[29] 邱川弘，刘纪玮. 论高职院校校内实践教学基地的职业环境 [J]. 实验室研究与探索，2002.2.

[30] 王丙利. 高等职业教育实训基地建设的研究与探讨 [J]. 黑龙江教育，2006，(1，2).

[31] 李沛武，刘桂兰. 高职高专教育专业设置及其与地方经济建设的关系 [J]. 中国高教研究，2004（11）.

[32] 姜大源. 论职业教育专业设置的驱动模式 [J]. 职教论坛，2002（3）.

[33] 王建勋，冯和平等. 高职院校专业设置与管理 [J]. 教育与职业，2001（12）.